U0448055

紫图图书 出品

惯习

Habitus

[德] **多丽丝·马丁**
Doris Märtin 著

刘于怡 译

广东人民出版社
·广州·

目录 | Contents

Chapter 1

惯习：
决定人生高度的隐形力量

003 · 你的成长环境如何塑造你的惯习？

005 · 细微差异的力量：那些看不见的成长差异

007 · 资本的累积：成功者惯习的核心要素

011 · 成长环境如何决定你的社会行为模式？

013 · 惯习如何改变？突破原有思维框架

017 · 站上顶峰的真正门槛在哪里？

019 · 如何破译精英阶层的惯习密码？

Chapter 2
知识资本
让你的能力匹配野心

025 · 文凭无用论？你需要的不是证书，而是知识资本

028 · 学历通胀时代，如何让你的学位更值钱？

031 · 专业能力决定高度：知识资本的核心竞争力

035 · 目标清晰才能走得更远：确立人生方向

039 · 广泛的兴趣塑造更全面的个人竞争力

043 · 创造力并非天赋，而是可训练的能力

047 · 深谙职场法则，精准把握晋升机会

052 · 进阶路径 构建多维知识体系，全面提升竞争力

055 · 思维对话 能力胜于关系，掌握核心技能更关键

Chapter 3

物质资本
财富影响你的选择空间

- 062 · 你的财富观，决定你的社会阶层
- 065 · 财富不是万能的，但没有财富是万万不能的
- 069 · 一夜暴富的神话与现实
- 072 · 金钱如何塑造个人决策与生活方式
- 077 · 金钱观的塑造：如何调整对财富的认知？
- 081 · 低调的富人为何不炫耀？财富的隐性规则
- 084 · 资金储备的价值：经济独立与安全感
- 087 · 接受外部帮助但不依赖：强化财务自主性
- 092 · **进阶路径** 强化财务独立，摆脱经济束缚
- 094 · **思维对话** 财富自由始于自立，积累资本才能掌控未来

Chapter 4

社会资本
藏在关系中的助力

- 103 · 家庭背景如何决定你的社交圈？
- 108 · 社会环境对人际交往模式的影响
- 111 · 社交不仅仅是结交朋友，更是资源整合
- 116 · 破圈：如何进入更高级的社交层？
- 119 · 高质量人脉比广泛交友更重要
- 123 · 导师、社群与影响力：精英阶层的隐形资源
- 129 · 如何构建你的个人影响力？
- 132 · 权力、地位与影响范围的隐性逻辑
- 136 · 进阶路径 精准拓展社交圈，建立高质量人脉
- 138 · 思维对话 真正的人脉来自价值交换，而非单向索取

Chapter 5

文化资本
你的品位如何影响社会地位

- 147 · 文化资本如何成为社会竞争的关键因素？
- 151 · 饮食、消费习惯如何区分社会阶层？
- 155 · 重新定义社会地位：生活方式的变迁？
- 158 · 语言、音乐、运动如何体现文化层级
- 163 · 礼仪仍然是社交竞争中的关键资产
- 166 · 全球化视角下的文化资本运用
- 170 · 低调奢华：精英阶层的身份象征
- 174 · 进阶路径 塑造个人风格，培养高阶文化素养
- 177 · 思维对话 现代社会分层更精细，文化资本决定你的圈层

Chapter 6

身体资本
外在形象如何影响社会评价

- 187 · 你的外在如何成为你的社交名片
- 191 · 自信的肢体语言胜过千言万语
- 196 · 健康和精力是高阶层人士的必备资本
- 201 · 形象管理:为什么成功人士如此在意外表?
- 205 · 马拉松与高尔夫:社交场上的"身份象征"
- 208 · 进阶路径 管理身心状态,打造最佳个人形象
- 211 · 思维对话 外在举止透露气质,优雅的人更受信赖

Chapter 7

语言资本
表达方式决定你的高度

- 220 · 说话方式暴露你的社会阶层
- 224 · 语言的力量：如何让你的表达更具影响力？
- 227 · 高水平沟通带来的隐性收益
- 232 · 高端社交中的语言规则
- 238 · 语言的权威感：清晰表达与坚定语气
- 240 · 精英沟通方式的核心特征
- 244 · 不必强调使用语言展示成功
- 247 · `进阶路径` 精练表达方式，增强沟通感染力
- 249 · `思维对话` 顶尖人士交流时，绝不会流露嫉妒与抱怨

Chapter 8

心理资本
思维模式塑造人生高度

- 258 · 远大目标与安全感：成功的心理基础
- 262 · 坚定信念的重要性：如何真正相信自己
- 267 · 精英的责任感：展现自我的艺术
- 270 · 成长型心态：如何面对挑战与不确定性
- 274 · 自律与得体行为：社交世界的隐形规则
- 277 · 压力管理与创造力：如何在失败中重整旗鼓
- 282 · 超越自我：持续成长的心理动力
- 285 · 进阶路径 持续优化自我，塑造稳定人格魅力
- 288 · 思维对话 做自己真正热爱的事，成功更容易到来

- 293 · 结语　你准备好跃向巅峰了吗
- 303 · 致谢
- 304 · 参考书目

Chapter 1

惯习

决定人生高度的隐形力量

> 所谓的"精神世界",并不想钳制或约束我们,它要我们一步一步向上跃升。
>
> ——赫尔曼·黑塞

它就像气场一样，总是环绕在人身边，无论是去开会或约会，参加商务餐叙或投票，还是去看房子、参观幼儿园或逛超市，它都与你同在。它决定你如何计划人生，是否受人尊崇；决定你思考、居住、饮食及说话的方式；决定你是否能随遇而安，是否勇于尝试；决定你在社会上的地位，以及是否能接受生活的挑战且茁壮成长。

这个它，就是所谓的"惯习"，决定我们在这个世界的所有行为。每个人都有惯习，但某些人身上具备的惯习，能使人披荆斩棘，走出康庄大道；而另一些人身上的惯习，不仅使人无法展翅高飞，甚至在大步向前时形成障碍。不过，惯习可以改变。至于如何改变惯习，就是本书的主题。

你的成长环境如何塑造你的惯习？

斑鬣狗是一种群居动物，生活在一个相当复杂的社会结构里。居主导地位的雌性斑鬣狗，率领一群数量最多可达一百只的斑鬣狗，形成阶级分明的族群。也就是说，对一只刚出生的斑鬣狗来说，出生在哪个洞穴，影响它日后的成长轨迹。如果它的母亲在族群里地位较高，那么这只幼兽更容易获取资源和保护，其"兽生"也会相对顺利。这是柏林莱布尼茨动物园与野生动物研究中心研究员奥利佛·汉那及贝蒂娜·瓦赫特在坦桑尼亚的研究结果。根据在恩戈罗恩戈罗火山口多年的研究经验，他们得出了这一结论。

地位较低的雌性斑鬣狗，分娩后不久就要出去追捕猎物。而斑鬣狗界的"王子""公主"却可以在母亲的庇荫下安心成长，因为地位较高的雌性斑鬣狗不必自己出去猎捕，它只要命令其他鬣狗出去，之后再从那些地位不够高的雌性斑鬣狗那里，取走需要的食物即可。它的后代也直接受益于这样的优势：出生在上层洞穴的幼兽，能得到较好的保护，也可以获得更好的营养，因此成长较快。而且它们从小便熟悉母亲的典型行为模式，可说是从母乳时期就获得一种成功的惯习，更有利于它们在群体中生存和竞争。这样的雌性斑鬣狗，也会变成斑鬣狗社会中的领导者；雄性斑鬣狗则会加入新族群，它们知道如何讨得最具主导优势的雌性斑鬣狗的欢心，能比对手更早且更频繁地产生后代。

领养的斑鬣狗幼兽也跟养母的社会地位一样，从这一事实中，我们可以看出斑鬣狗幼兽的地位是由社会继承而得。领养与亲生的幼兽之间的地位高低，与它们是领养或亲生无关。

就像斑鬣狗一样，人类也是以不同的条件开始一生的发展。

一个人的成长环境，会形成不同程度有利于成功的惯习。这也造成一个人在行为、生活方式、社会地位、语言、资源、成功机会及生活期望等各方面前进的推力或阻力。

细微差异的力量：那些看不见的成长差异

我十六岁去法国做交换生时，第一次明确体会到惯习导致的差异。我们这一群来自巴伐利亚东部的中学生，到离埃菲尔铁塔十公里左右的巴黎近郊参访游学。随团老师将我这个来自典型西德中产家庭的小孩，分配给这样一个接待家庭：一家人住在灰暗无光的公寓大楼住宅区里，接待父母是轮班上工的工人，晚上打开意大利饺子罐头热一热就是晚餐，拉开厨房抽屉还会发现蟑螂。这种地方我待上一天已经非常勉强，但随团老师只是耸耸肩，在没有手机、没有通信软件的年代里，爸妈也帮不了我。这时，我的一位朋友说服她的接待妈妈，让我跟她住在一起。如同童话一般，我突然置身于一个经济优渥的家庭里：雕花天花板、古董家具，接待父母之间仍然使用敬语称呼彼此，餐桌上谈论的是家庭音乐会、龙虾，书架上是封面烫金、内页采用圣经纸印刷的七星文库版法国文学经典名著。这个家庭是典型的法国社会中具有较高经济地位和文化品位的代表。不过这样的生活方式也和我家截然不同，尽管这一切都让人心动，我努力想融入，也受到非常友善的对待，但是我仍然无法摆脱身处异境的陌生感：无论我多努力，我的数学或法文成绩再好，这仍然不是我的世界。

短短几周巴黎的经历，塑造了我对美好生活的向往，也令我生出从未有过的野心。不过，要等我进入大学后的第四或第五个学期，我才能够理解两个完全不同的环境。这两种环境对我来说都是陌生的，都有自己存在的方式。那年我修的课程书单出现法国社会哲学家皮埃尔·布尔迪厄的著作《区分》。当时才刚出版的这本书，如今已成为社会学的经典。书中，布尔迪厄分析了不同阶级典型的生活方式和人生观。我还记得，这是一本精彩的书，尽管该书超过千页且不容易消化，但它让我学到了一个专业术语，可以精确描述我在法国当交换学生时的体验，这个术语就是惯习（Habitus），源自拉丁文动词 habere，意思是拥有、持有、随身携带。

我从布尔迪厄那里学到，我们面对这个世界的态度、偏好、品位判断、行为准则及习惯，都是从惯习衍生出来的。成长环境及所受教育带给我们的经验，塑造了我们面对这个世界的基本态度：家庭收入是入不敷出还是绰绰有余，孩子房间里摆的是五十本书还是 PlayStation 游戏主机，休息日去哪里度假或者根本没去度假，父母鼓励孩子发展的是勤奋还是想象力，爸爸喜欢慢跑还是打猎，以上在我们生活中视为平常之事，决定了我们如何定义人生，以及生活中追求的目标。许多我们认为应该注意的事物，都与我们成长的社会条件有关，但在表面上看起来却似乎只是个人决定而已。这也就是说：

惯习既是社会环境的结果，但同样也是表现。
不必特别做什么事，它就会折射出我们所处的社会环境。

身处一个跟我们想法类似，生活习惯相近且有相同行为举止的群体中，我们最自在。身处其他的社会环境，我们就会觉得陌生，缺乏熟悉感。这一点，无论身处哪个社会位置，每个人都一样。不同的地方是：虽然每个人的惯习都是从原生家庭带出来的，但在世人眼里，不同惯习的价值是不一样的。虽然今日划分社会阶级的界线已越来越模糊，也有越来越多的人能自在地游走于不同的阶段之间，但基本上，进星级餐厅吃饭，总是比自己在家做物美价廉的健康饮食更引人注目。隐藏在这两种不同价值后面的，是很现实的逻辑：

在地位与区别的游戏里，主导阶层的惯习是衡量万物的尺度。它享有更多的声望且能开启更多的机会。

那些拥有前 10%，甚至前 3% 更好惯习的人，会脱颖而出，没有的人就无法展翅高飞。这很不公平，可是现实就是如此。

资本的累积：成功者惯习的核心要素

到底什么是最好的？谁是精英中的精英？是那些赚最多钱的人，还是拥有最多钱的人？是大企业的继承者，还是彩票得主？是有好父母的人，还是企业的最高管理者、引导社会政治或艺术风潮的人？是为世界上各种问题，比如医学、计算机科技，或是交通等带来创新解决方案的人，还是握有大权的从政者或法官？是各行各业中的顶尖专业人士，比如顶级厨师、奥运冠军，或是赢得超级名模大赛的人，还是在 YouTube 上，有好几百万订阅者的网红？

不管怎么说，有钱并不代表一切。对一个有意义的人生来说，想要称得上伟大、有影响力，以及完成自我实现，除了财富之外，其他资源也同样重要。这些能带来更多发展机会的有利条件，布尔迪厄称之为资本形式。资本形式除了财富和能力之外，还有许多形式，包括成长环境及社会关系、教育、处事形式，以及审美感受、口才，懂得什么是合宜的说法及语气，有充满自信的外表，还有乐观和健康的心理。

想要脱颖而出有许多方法。一个人是否能够完全发展自身的潜能，需要靠不同类别的资本：经济资本、知识资本、社会资本、文化资本、语言资本、身体资本和心理资本。所有资本都会汇集到惯习上。当一个人身上融汇的资本越多，就能够获得机会与发展空间。

经济资本：所有物质财产，从收入、金融资产、不动产、企业价值，到退休金额及保险金额计算，以及预期继承的遗产。

知识资本：包括毕业证书，以及再进修、专业知识、职场知识、学术和职务上的头衔，还有知道如何充分利用个人知识和技能的能力。

社会资本：包括认识什么人，以及与个人或团体打交道的能力；一个能给予力量的家庭后盾；一个能让人知道各种可能性的榜样；能带来助益的人际关系；充满干劲的人生导师；能直接接触的决策者；彼此鼓励的同伴；具有影响力、权力与知名度的人。

文化资本：熟悉能增加声望并产生区别的语言及品位偏好。像熟悉高雅文化及彬彬有礼的行为举止便是典型的文化资本。近年来的新趋势则是正念和可持续生活，或者勇敢展现自我、大方展现个性。

语言资本：如口才辨析、与人沟通的能力，知道如何针对主题提出创见，能分辨事理且能从各角度切入谈论问题。最重要的是：知道在什么场合该用什么方式说话。

身体资本：指个人觉得自己多有魅力、多健康，以及是否充满活力。对部分陌生人来说，外表成为他们判断一个人社会地位、韧性及内在价值的依据。

心理资本：乐观、热忱，有创意且能坚持不懈。一个人能否发挥潜能，实现自我，或者是否一生平庸，取决于他的心理状态是否平稳健康。

这七种资本在一个人身上就像一张资本清单：每个人拥有的资本结构都不一样，各种资本质量高低不一。有些人很有钱，也有充沛的社会关系；有些人则因为良好的能力及教养大放异彩；还有些人在同龄人已经准备退休的时候，仍然表现出很高的生产力。比起生在物质条件较差的家庭里的人，富裕家庭的小孩打从呱呱坠地起便拥有更多、更好的资本。即便接受一样优秀的教育，也无法保证所有人能产生相同的收获。

麦克斯、珍妮弗和玛丽，大学都曾学习经济学，毕业成绩都是一流的，也在同一家热门的知名企业实习。从社会人口学的定义来看，这三人相似程度简直称得上三胞胎。但三人之间还是存在差异：二十六岁的麦克斯的父亲是主治医生，母亲是管弦乐团成员，她大学在斯德哥尔摩大学和耶鲁大学就读，并从祖父母那里继承了一座位于瓦尔兴湖畔的别墅。二十四岁的珍妮弗是靠助学贷款、打工及钢铁般的意志读完大学。二十五岁的玛丽非常熟悉这家热门的知名企业，她的学士论文就是在那里写的，营销主管是她的嫂嫂。

成长于资源丰厚家庭的孩子，身上所具有的资本大半是从父母及祖父母那里继承来的，他们更容易获得机会。对这些人来说，有宏大的计划是理所当然的事，天之骄子几乎是一出生就在罗马。就像坦桑尼亚恩戈罗恩戈罗的斑鬣狗女王幼兽一样，不仅拥有美好的童年，还得到了几乎完美的保障，保证这一生从出生到死都在社会中占据优势位置。从事精英研究的米歇尔·哈特曼（Michael Hartmann）证明，良好的出身会带给人极大的优势。他分析研究各国顶尖企业高层人士的履历后，得出以下结论：

在德国，分布于前 4% 职位的高层管理人员，多半出生在富裕的且有显著资源优势的家庭。

富裕的父母会将他们的优势及特权地位传给下一代。尽管富家子弟还是要自己奋斗，才可能在企业、政治及文化界成为顶尖者，但情况仍然对他们有利，因为精英界招进新员工的最高准则就是相似性原则：想坐上握有改变社会国家大权的位置，最好就和现在坐在这个位置的人一样。当然专业能力及资格也很重要，否则奥托贝森管理研究院[1]的研究就不会出现 14% 的顶尖领导阶层出身于劳工家庭这个数字了。但是，有能力只是必备条件之一，一旦某人拥有主导阶级的惯习，他就更容易出人头地，而且平均来

1　WHU-Otto Beisheim School of Management，德国和欧洲颇具声誉的商学院之一。

说，获得成功的速度会快一倍。

成长环境如何决定你的社会行为模式？

当一些家庭的父母还在帮孩子厘清什么是一般过去时和现在完成时时，另一些孩子则必须独自面对学业上的种种挑战。大出版商的儿子从小就在双语环境长大；母亲是企业顾问的十几岁的女孩，和父母到多伦多待了一整年。社会顶尖阶层的孩子从小便跟随父母，身处一个代表高尚且美好的环境里。九岁的小女孩可以在歌剧演唱家狄安娜·达姆娆（Diana Damrau，德国著名花腔女高音歌唱家）的独唱晚会上献花，因为父亲是乐团监事会成员。她现在看起来还有些害羞，但很快就会泰然自若。十一岁的男孩接受商场上父辈朋友的邀约，坐在球场贵宾室中观看决赛。中场休息时，他以精辟的语言向一位市政府的财务专员介绍他就读的文理中学的办学理念。还有一位十六岁的女孩，坐在家族会议室里，一起讨论企业重大决定。太夸张了吗？或许有点夸张，但上层阶级的父母看法不一样：

下一代的责任感与恰当地应对进退必须提前训练，才能从小就学会用来标示差异及展现优越的惯习。

中产阶级家庭比较着重培养的品格，即培养求知欲、自律并控制冲动。德国青少年生活环境调查显示，中间上层阶级的父母带给下一代的是批判能力、生态及环保意识，以及文化修养，如语言、音乐、社会参与。中间下层阶级的家庭传给下一代的核心态度是积极进取、脚踏实地，以及遵守规则。无论前者或是后者，成功导向及坚实的价值观都是教育的焦点。两者也都注重礼貌，鼓励进取，但对培养社交技能的精进和较不常见的兴趣，大半持怀疑的态度。

追求成就与地位的惯习，是所有中产阶级的典型特征。

即使上层、中间上层及中产阶级之间的界线模糊，出身上层阶级与中间阶级的下一代仍非常不一样。唯一相同的是：只要条件允许，小孩必须拿到高中毕业文凭。

在社会弱势群体中，有这种要求的父母只占三分之一。布尔迪厄用拉丁文 amor fati 表示这种自我限制的态度，即臣服于命运之下。也就是说，一个人的抱负，会以其他处在同样环境中的人取得的成就为效仿目标。因此穷人家的父母，比较希望儿女接受商管职业教育，而不是到顶尖大学的商管科系研究全球经济产业。

在低薪资且工作不稳定的环境里，求生技能的惯习发展，远比在上层环境来得强劲。

目标必须切合实际，人们才会努力达成目标。眼前没有能够效仿的人生发展计划榜样时，人们就不会为自己或孩子制订这样的计划。尽管如此，但在努力应对生活的基本需求时，也会培养出不同的能力，像务实的态度、高挫折容忍度、团结，以及严格对待自己。

就像所有分类必会简化一样，布尔迪厄也将惯习分成三种阶级形式，这么做是为了彰显并描述社会差异。但在实际生活中，世界显然复杂多了：每个人的惯习是七种资本形式的特殊混合，因此会出现混合形式。这种情况特别容易发生在当某一项资本特别充沛，但其他资本缺乏时。只要某一项资本高于平均值，就可以产生自信与声望。但若想拥有财富、优越感，以及权力，七种资本都要够充沛才行。

托比亚斯，三十岁，是顶尖大学里的新生代研究员。他的关键资料如下：顶尖的专业知识、广泛的国际学术联系、口才出众、合同期限短、收入不稳定、自我形象不稳定。在专业、文化、沟通及社会资本上，他遥遥领先，但在物质及心理资本上，显然还需要提升。

惯习如何改变？突破原有思维框架

不同社会阶级之间存在差异，而且不只是细微的差异而已。因此长久以来大家总是认为：有人赢在起跑线上；有人会受出身带来的惯习牵制。布尔迪厄的名言，常被拿来引用以支持这种说法：知道一个人的惯习，凭直觉便会知道他不可能出现什么行为。如此说来，被视为高尚的惯习是少数群体的特权，一般人就无缘窥得惯习全貌的秘密规则吗？

不！

光是想象一个呆板僵化的惯习是不够的。倾向与喜好的发展，自然与个人生活经验息息相关，人们当然也会根据环境调整自己的行为举止。在每个阶层、每个行业，人们都会充分利用机会，调整自己并适应新环境，投资改善个人的外貌与地位，在这个世界发挥自己的长处，并因此持续提高自己的水平。布尔迪厄讲得很清楚：新经验的累积，致使惯习不断变化。他自己就是最好的例子。

> 布尔迪厄生长在20世纪30年代法国比利牛斯山地区，父亲是农家子弟，职业是邮差，还担任过小村邮局局长。从出生环境来看，布尔迪厄处在一个边缘的位置，既不属于农夫，也不是中产阶级，因此他缺乏归属感。他长大后去城市就读中学，到巴黎上大学，成为人类学及社会哲学的顶尖学者。他在巴黎法兰西学院的教授职位，使他能在这个全球独一无二的学术机构发挥重大的影响力。

惯习是能改变的，人也是会蜕变的。能意识到惯习如何决定个人的世界观、品位及抱负的人，最容易成功蜕变。这点在心理学家妮可·史蒂芬斯（Nicole M.Stephens）与其团队的实验中已获得证实。研究人员将出身不利于教育环境的大学新生，分组并接受两种不同的引导课程。其中一个课程着重解释造成学业成绩低落的可能障碍，并教导学生如何跨越。另一个课程则特别针对父母没有大学文凭的学生会遇到的难题，找出克服的方法。当学年结束时，那些曾分析检讨自己出身劣势的学生，成绩明显比对照组的学生好。不仅如此，他们在成绩上的优良表现，就跟出身中上阶层的学生没两样。这个结果表明：

出身带来的惯习虽然是我们的一部分，但并不能阻止我们成长发展。

而且如今机会再好不过。想想五十年前，家长、老师与教会都具有很难反抗的权威。如今，受高等教育或专业教育的人口大增，人们可以自己决定要相信什么、为什么而活、跟谁一起在哪个地方过怎样的生活。

数字化及全球化使我们的生活更加活泼多样，获得信息的途径多种多样，而且大部分是免费的。当你觉得生涯规划太过狭隘时，也有权利动手改变。比起上一代，我们更常换工作及生活伴侣，也更常改行和搬家。我们更容易认识新奇有趣的生活方式，更方便接受他人的启发，也更容易融入陌生的企业文化中。我们的视野大增，有了更多的渴望，并看到更多从前连做梦都无法想象的可能性。

同时无可避免地，我们也会看到自己能力的极限，并在刚开始时对身处环境所需的惯习感到不适应，甚至觉得一切都不对劲。这种情况会使我们不安且自信心大受打击。面对新环境的社交密码，需要启动学习机制，而且此时还没有网络研讨会可以参加。不过，所有新环境引起的惶恐与不安，都是一种鼓舞，它能促使你走出个人的阴影，使你的能力提升到更高的等级。

这时候，对七种资本形式的认识，就可以助你一臂之力。无论是物质或非物质资源，都可以进行系统地扩增，并直接影响个人惯习的变化。这一过程就像计算机游戏一样，获得剑或药草之类的虚拟宝物后，就可以借由这些东西的帮助，扩大个人的行动空间，提升对未来的展望。

不过别忘记，变化与成长还是存在限制，因为从小养成的惯习是根深蒂固的。虽然新经验会带来改变，但不像我们期望的那样迅速。或许你也有过类似的经验：升职后进入一个要求更高的新环境；搬到一座充满挑战的城市；进入顶尖大学，竞争对手是精英中的精英；加入著名的社交俱乐部；与一个比原生家庭还要讲究社交礼仪的上层家族联姻。无论多么努力融入新环境，要在新环境中站稳脚跟还是很困难的。特别是刚开始，一切都很陌生，就像一个刚晋升的新人，处处如履薄冰，甚至觉得自己是个名不副实的骗子。

会有这种经历并非个性软弱所致。在新环境中，这是很正常的现象。

无论命运将我们带到哪里，惯习永远紧跟在我们身后，拖着我们的大腿，我们要经过一段时间的调整，才可能适应已经改变的环境。布尔迪厄将惯习这种因循的特性称为迟滞现象。多看书、学习社交礼仪，或是参与管理训练课程，虽然可以在人格发展上助你一臂之力，但新习得的行为举止显得生硬不自然无可避免。

只有在新环境生活一段时间后，我们才会开始真正适应新的游戏规则。到那时，我们才会产生真正的归属感，行为不再显得刻意，而是自然而然的。这时，我们逐渐培养出来的惯习，再也不是硬套上去，而是发自内心的真实习性。就像精英研究专家沙姆斯·拉赫曼·汗（Shmus Rhman Khan）所说：我们出生时并没有自带品位、观念及倾向，而是在生活中一次又一次不断重复演练，直到这一切不再带有表演——可能对我们有利的表演——的痕迹，变成像天生即是如此的自然本性。

也因此，在刚进入新环境时，建议不要急着马上参与所有活动，而是放慢速度，给自己时间适应。先观察，从后面慢慢追上，并抱持信心。只要培养时间够长，合宜得体的惯习自然就会形成。

一旦成功形成，惯习的因循特性便会转成优点，因为无论正向或反向，都会产生迟滞现象：从高层阶级往下滑落，之前养成的惯习一样会长久持续下去。没落贵族就是最典型的例子，没了属地，权威仍在。尤有甚者，惯习一旦形成后，便会根深蒂固，并传给下一代。

站上顶峰的真正门槛在哪里？

杰夫·贝索斯（Jeff Bezos）[1]、海伦·费舍尔（Helene Fischer）[2]、唐纳德·特朗普（Donald Trump）[3]、前英国女王、安娜·奈瑞贝科（Anna Netrebko）[4]、匡特家族[5]及文莱苏丹[6]有什么共通性？他们全都站在社会阶层的顶峰，想再更高是不可能的了。因此，当我们问顶峰是什么意思时，似乎很容易回答：当一个人比绝大多数的人都更有钱、更有权势，享有更多名声，以及拥有更高的成就时，

---

1 杰夫·贝索斯：亚马逊集体创始人，亚马逊公司董事会执行主席。
2 海伦·费舍尔：德裔俄国女歌手。
3 唐纳德·特朗普：第45任和47任美国总统。
4 安娜·奈瑞贝科：俄罗斯女高音歌唱家。
5 匡特家族：德国最富有的家族之一。
6 文莱苏丹：文莱达鲁萨兰国的国家元首和政府首脑。

便是站在社会顶峰。这听起来虽然很合理，但并未回答关键问题：

界线在哪里？

区隔大众与有格调的佼佼者之间的界线在哪里？一个人要脱颖而出，必须有什么样的成就及表现？如果一个人身处社会阶层的前三分之一，也就是共同创造了德国79%所得税收入的群体，那么他就属于社会顶峰了吗？或者更窄，年收入为前10%的人才是？甚至应该更罕见，例如年收入为前1%或0.1%的人？如果把门槛定到这么高，那就是一个超级富有的家庭组成的世界，年收入从百万到数百万美元。

无论界线定在哪里，不管界线是宽或窄，这都没有标准，都是任意的。

不仅如此，定义什么是顶峰还有另一个问题：身处顶峰或非常上层这种感觉是非常主观的，并且和个人所处的社会地位，以及眼光极限有关。你对自己的期望是什么？如何定义最高成就？什么是最有价值的东西？什么样的人让你觉得杰出？

视角不同，结果也不一样。对身处前3%的精英而言，互联网行业的主管或资深药剂师都在他之下。而身处后三分之一阶层的人，就有可能认为互联网行业主管的生活已经相当奢华，一旦自己提升至平均水平，便已深感欣慰。因此，当人们地位升得越高，对顶峰的定义也就会谈得越来越清晰。

> 身为一般外科主治医生，她在病人眼中就像披着白袍的女神，她的兄弟批评她根本不懂一般薪资的人过的

是什么样的生活。相反的,一位自己开诊所,赚得盆满钵满的同事认为:你们这些大医院医生的生活真是悲惨。她自己的目标是升上主任医师的位置,升到她这一专科的顶尖位置,这对她来说就像职业生涯中的奥运比赛。

顶峰不只是统计资料上的排序及门槛问题,也是个人认知问题。从这个观点来看,所谓顶峰,就是对你个人来说最高的位置、终身成就,以及丰裕富足的物质条件。

如何破译精英阶层的惯习密码?

这本书不是为了前 3% 的人写的。这本书的阅读对象是像你和我这样的人,认为教育很重要,能为社会做出较多贡献,收入也足够生活,甚至可能过得不错。这些人其中可能包括会计师、研究人员、医疗技术助理、经理、教师、创业者、政治人物、手工艺大师、项目经理、大学生、心理师、医生、网页设计师、老板、企业顾问等等。这些人大部分都具有成就导向的惯习,希望能实现梦想,在自己的领域里更上一层楼,摆脱无法成大事的障碍,找到进入更有意思的社交圈的途径,在竞争中脱颖而出,升上更高的等级,希望拥有更多创造空间且自己变得更有影响力。简而言之:希望培养出一种惯习,能在金钱与能力之外,为自己创造更多的机会与可能。

你需要的,并不是什么秘密知识。因为所有能够丰富惯习的资本形式,全是可以精准描述的系统。因此,高尚的惯习并非遥不可及。看这本书，你就会了解：

> 出身成功、富裕的家庭，比别人多了什么优势——但这优势可不是他们的专利。

> 惯习中哪些因素会使人坚强，又对一个人的成就、机会及影响力有什么意义。

> 如何利用上层阶级的秘密规则，发展出与众不同的优秀惯习。

> 如何进入新的社会圈层——无论是上层、下层、横向的还是介于两者之间，为什么无法马上在陌生环境里找到归属感是很平常的事。

> 如何为小孩创造出最佳的起始条件——就算你付不起哈佛学费。

> 如何打开高人一等的谈话对象及目标群体的心房，并与其平起平坐。

无论你是正在追求事业上的大展宏图，想发挥特殊的才能，还是期望自己的成就能得到更多的肯定，提高你的惯习层次，不仅能使你更接近目标，还能开阔视野，增加更多的可能，并且提供机会，创造你在这个世界上的新地位。

Chapter

2

知识资本
让你的能力匹配野心

知识资本:

1. 学位、学历及证书。知识的基本价值,是由市场对所学知识的需求来决定。
2. 一个人拥有并能借此图利的知识与技能。

你一定听过这样的说法：有学识及专业能力当然很好，但真正能使一个人脱颖而出的，却是性格、投对胎、自信，再加上一点肆无忌惮之类的行为举止。最好还能结交贵人，并懂得最新或卷土重来的复古潮流。

这种说法不能说毫无道理。主持像 Bibis Beauty Palace 这类节目的美妆自媒体博主，自然也可能赚大钱；在某些突然脱颖而出的成功人士身上，有时也看不出他为何成功；也有创业者完全不具备任何专业资格证书，仅凭灵敏的嗅觉，利用从前东欧发展出来的奇特技术，重新包装后高价出售并获得财富；每天都可能有中等才华的毕业生获得每个人都梦想得到的工作，只因为他们的父母有合适的人脉；还有某人当上企业总裁，只因董事会和监事主席喜欢这个人。

的确，有时我们觉得商界与政界高手其实对他们负责的事情并非真正了解，对专业可能只懂一点皮毛，也常忽略行动背后蕴藏的抽象及概念思考。不过，认为这些自我风格强烈的赢家完全无知，是相当偏颇的。他们在事业上当然发挥了自己的长处，像对市场、对产业的熟悉度，懂得受众及客户的需求，通晓技术窍门，知道该推什么样的产品上市，几乎有未卜先知的能力，知道如何迎合市场趋势。还有最重要，也最常被人轻视的：知道自己想要什么、要达成什么样的目标。

我们当然可以将那些被吹捧成众望所归之人当成一时的明星，但也可以拿他们的成功作为对照，以一种更细腻的方式检视个人知识库。到了这个地步，我们应该会发现世上没有人比得上Google的数据库。不过，未来也不是单靠资料汇总就可以，大脑存有的大量资料，就像书架上的《百科全书》一样，已然失去它的重要性。大脑现在更重要的工作是持续思考，只拥有资料是不够的，重要的是如何运用。

> 21世纪成功的关键在于，是否能运用知识创造经济价值：活用知识，对已知进行批判性思考，尝试联结各种知识，并公开分享，化繁为简，或转化成高超的技能。

各种形式的知识仍然是珍贵的资本，至少在我们所处的社会还是这样，这也是为什么有人称它为"知识社会"。对个人而言，知识也是资本。尽管它不总是对应某个职称头衔，没有明确的实际权力，也无法直接变现。但知识能给予一个人优越感、创造力及表现能力。一个人拥有越多知识，气质就越加从容自在。

文凭无用论？你需要的不是证书，而是知识资本

他是城内最优秀的牙医，诊所设在一幢堂皇的古老建筑内，就连给病人使用的厕所的天花板都有四米高。洗手盆及镜子对面的长墙上，挂着各式各样镶框的进修证书，一排四张：口腔外科

专科牙医证书，一般诊所及牙医诊所医疗产品使用准备专业课程、导引式植牙应用课程、牙医诊所卫生及质量指标密集课程等的结业证明。

这种在诊所厕所展现个人专业能力的做法，不是每个人都看得顺眼。但无论如何，大多数人多少还是会注意各种学位、职称头衔，以及奖状等。这也不是没有道理的。放在名字前后的各种头衔缩写：博士（Dr.）、教授（Prof.）、法学硕士（LL.M.）、工商管理硕士（MBA）、理学硕士（M.Sc.）、文学硕士（M.A.）、研究助理（RA），放在电子邮件签名档的职称，网页上的获奖清单，以及穿着印有耶鲁字样的帽衫参加在攀岩场举行的团队活动，都能使人刮目相看。因为它们是一种象征资本，无须大肆宣扬就能说明一切。头衔的意义是如此重大，因此几年前德国威斯巴登市工匠协会甚至决定为工匠师傅颁定头衔缩写（me.MarieMuster）。此后工匠师傅也跟律师、医生、工程师或教授一样，可以在自己名字前面加上 me.，低调显示出自身的价值。

学位与头衔的分量不只存在于名片及名牌上，就像手机游戏里增强玩家竞争力的道具一样，学位头衔可帮助人在现实生活中增加快速晋升和取得更高成就的机会。

特别是对没有特权背景的人来说，想提高社会地位，就算不是唯一，但也是最好的契机，就是接受良好教育。上一代的社会地位越低，下一代的收入及个人发展前景就越受学位及学识的影响。

英国奢华品牌（Burberry）前任首席设计师里卡

多·提西（Riccardo Tisci）出生于意大利南部，是家中九个孩子中最小的一个。父亲去世后，他在社会公寓长大，青少年时期便打工赚钱，维持生计。当时他唯一的慰藉是哥德次文化的世界：黑衣、白脸、厚底靴，"但我不做傻事，我有好成绩，而且努力工作。"十七岁时他便到伦敦，进入著名的中央圣马丁艺术与设计学院学习时装设计。2014年金·卡戴珊（Kim Kardashian）结婚时，身上穿的正是他为纪梵希设计的婚纱礼服。

不过，良好的教育并非到达顶峰的唯一途径。超级富豪及名人在大学仅读至一半就决定辍学的，也为数惊人，他们不汲汲营营地在取得学位方面努力，很年轻就有独特的创意及人生计划。但就算是这些人，还是在大学待了几个学期。在关键的年代，比起继续读完剩下的学期拿到学位，他们有更重要的事情要做。

偏偏是比尔·盖茨（Bill Gates）这样的人，十九岁便中断大学学业。跟他一样的还有奥普拉·温弗瑞（Oprah Winfrey）、女神卡卡（Lady Gaga）、马克·扎克伯格（Mark Zuckerberg），他们都在《福布斯》全球最具影响力的富豪排行榜上名列前茅。不过，比尔·盖茨并不认为自己可作为他人职业规划的榜样："我认为接受良好教育，也就是读大学，这样的价值常被轻忽。深具挑战的工作需要大学毕业生。"

2017年慕尼黑IFO经济研究所接受德国资产管理公司委托，进行一项关于教育的大型研究计划，其结果与比尔·盖茨的说法不谋而合。就统计资料来看，在教育上多花一年时间，不仅能丰富人格发展，更是一门好投资。基本上，投资于教育上的所有付出，就一生的职涯发展来看，每年平均收获利息高达10%。从金钱角度来看，投资在正确、良好教育收到的回报，几乎比任何其他形式的投资回报都要高。

比较接受和未接受完整教育的人的职业生涯总收入，便可看出明显的差距。

比起未接受过专业训练的人，接受完整专业训练者的税后职业生涯总收入平均高出十四万三千欧元。比起接受完整专业训练者，获工匠师傅认证及技师证书的人，其工资再多出十二万九千欧元，技术学院毕业生的工资则多出二十六万七千欧元，大学毕业生的工资则多出三十八万七千欧元。收入差距最大的行业和职业是医学及牙医：拥有医学院学位，职业生涯总收入会比医技人员多一百万欧元。至于这样的差距是大或小，生活条件不同，感觉就不一样。对一般中产阶级家庭而言，二十五万欧元已经不是小数目了。但对继承慕尼黑两栋公寓住宅的富家子弟而言，上述职业生涯总收入差距实在不算什么。

以上是统计数据，现实生活里自然有更多更细腻的差别。同样拥有高等学位，不同行业、不同学科领域，收入也有极大的差别。就像顶尖的工匠师傅收入没有上限，一家绩优中小企业的经营者，职涯总收入远远超过拥有高等学位的雇员。就算没有学术理论背景，光凭出色的工艺技术一样能赚大钱。特别是，当你自己出来开公司当老板，或是继承公司。

学历通胀时代，如何让你的学位更值钱？

可以确定的是，像你我这样大多数的人，不会凭空拥有一家绩优企业。因此，如今拥有高等学位也就益发显得重要。这点统计数字会说话：在 ABBA 的歌曲《滑铁卢》(Waterloo)和《舞后》(Dancing Queen)盘踞音乐排行榜冠军的 20 世纪 70 年代，德国拥有高等学位的人仅占总人口数的 6%，拥有工匠师傅证书者也是同样比例。四十年后，拥有上述两类证书的人已占总人口的 30%。这个数字与 SINUS 市场及社会发展研究中心[1]确认的主导阶层社会环境比例几乎是一致的。对比这两个时期，未接受专业训练者的人口比例从 38% 降了一半，目前仅为 16%。这样的趋势如今仍然继续维持：2018 年结束中学教育的应届毕业生中，超过一半具有大学申请资格；2017 至 2018 年的冬季学期，德国有两百八十万名大学生，创下历史新高。

就连大学毕业生也对这波高学历浪潮感到讶异。在社交礼仪训练课程上，一位年轻的硕士说自己出生于阿尔高地区的村子，当年他上大学时，全村只有他一个大学生。十年后有了一百八十度的大转变：今年，全村的

---

[1] 一家德国的市场和社会研究公司，以深入的消费者研究和行为分析而闻名。

高中毕业生都离家上大学，这样的情形我们从未见过。追求学位的新一代正在形成。

无论是学士、硕士还是博士，学历显得益发重要。尽管这些头衔不再让人一看便肃然起敬，但大家在比谁学历高时，拿不出手就会引人侧目。理由很明显：学位头衔因获取者数量暴增而贬值。若大家都崭露头角，对个人来说就更难脱颖而出了。

面对这种情形，顶尖富豪已经有所回应。在美国，最富有的前1%的人投资在子女大学教育上的金钱，是同样非常注重子女教育的前10%富人的两倍。他们希望通过这样的投资，确保子女在人生这场赛事中，能一开始便领先群雄。手握最负盛名的文凭，最好能进入高薪且最具前景的职场，例如对冲基金、私募股权及创投公司、投资银行及管理顾问公司等等。

同样的，德国教育系统也在分化中，除了一般的公立文理中学之外，高标准的收费教育机构如雨后春笋般纷纷冒出：双语学校、国际学校、艺术或音乐中学等等。中学如此，大学也不例外，它们不断试图在大众及精英教育之间找到平衡，并为了争取卓越计划及优先排名而奋斗。理由很简单，当社会上每两人就有一名学士或硕士时，单单学位头衔本身没有什么地位优势，因此，母校名称代表的声望与优势就更重要。

想在学位装备竞赛中脱颖而出虽然难上加难，但追逐文凭及学位之路并没有其他替代的可能性。就算出身上流阶层，一样得挤进大学之门。没有大学学历，再好的出身及人际关系，效果都得打对折。不过，这道门槛也不算太高。德国大学生服务中心指出,父母亲都有大学文凭,他们的小孩拿到大学文凭的概率是其他人的四倍。这很容易想象,受过高等教育的父母跟世上所有父母一样,希望孩子至少跟自己一样好,因此他们的孩子没有学士或硕士学位是无法想象的。在奥迪或阿迪达斯等热门企业里,没有大学文凭的新世代,根本不可能有机会升到顶尖职位。

至少有学士学位,通往高层职位的门路才可能开启。

学位当然还有加分的可能。就像法律人士口中的"全套战袍":漂亮完美的空当年、名牌大学、令人称羡的实习经验、优秀的毕业成绩及双学位,还有国外硕士学位,最好是斯坦福大学、牛津大学、苏黎世联邦理工学院或伦敦帝国理工学院,当然,有博士学位更棒。社会学教授迈克尔·哈特曼(Michael Hartmann)便曾指出:想成为精英,就要上大学。今天德国90%的精英都有大学学位。德国国会也显示同样的趋势:第十九届七百零九名国会议员中,五分之四具有学士或硕士学位,五分之一拥有博士学位。

从数据中我们可以看出,高等学位几乎可说是职涯发展的保障。不仅如此,它还会增加文化及社会资本。也就是说,高学历不仅可以从未来的收入里得到回报,还能改善惯习,提高生活水平,带来更有意义的人际关系。虽然出身中下阶层的大学研究生很难与那些出身良好的同学表现完全一样,但是进大学研读,可以消弭差异,开阔视野,并使得彼此的品位与企图心相近。比较起来,专科教育则将焦点放在提升实用的专业能力,较少关注在个人发展上。

然而,再完美的教育水平还是无法提供保证,教育单纯只是使人更能干，并不代表一个人真能进入精英阶层，因为具有同样资格的竞争对手太多了。只不过，缺乏这些正式的资格证明，想跻身于大企业的精英管理阶层，无疑是天方夜谭。除非自己创立公司，就无须受限他人。

克莉丝蒂娜·劳特（Christina Reuter）与芙兰齐·克内（Fränzi Kühne）都是三十出头，两人不久前刚成为母亲，且都成为德国有史以来最年轻的监事会成员。前者在凯傲集团，全球第二大堆高机和仓储设备制造公司；后者则在德国电信公司Freenet。不过，两人的晋升之路并不相同，克莉丝蒂娜·劳特较为典型：大学在亚琛与北京[1]就读工业工程，拿到工程博士学位后，在亚琛工业大学机械工具实验室担任总工程师、小组组长及项目负责人。芙兰齐·克内走的则是完全不一样的路：在柏林潘科区长大，法律系念一半辍学，与两位朋友一起创立数位代理公司TLGG，为德国联邦经济部、Spotify和宝马提供咨询服务，在纽约设有分支机构，并朝着领先全球的数位商业代理企业迈进。

专业能力决定高度：知识资本的核心竞争力

若询问政界、商界和文化界杰出人士成功的原因，答案几乎是

---

[1] 德国亚琛工业大学和中国北京大学的合作项目名称。

一致的：能力及勤奋最重要。像德国萨克森邦首任总理库尔特·毕登科夫（Kurt Biedenkopf），就是很典型的例子。他口才辨给，很少有政治人物能与他匹敌。关于这点，毕登科夫曾说过："不会，还是懒得学，这两者有很大的差别。这当然得花时间训练，你知道我花多少时间准备一场四十五分钟不看讲稿的演讲吗？"

1930年出生的毕登科夫是老一代的人，但不仅仅是年长者，同样年轻一辈的顶尖成功人士也喜欢强调动力及努力的重要。年纪轻轻便名列知名企业监事会的克莉丝缇娜·罗伊特（Christina Reuter）提到她的成就时说："先立下目标，为了达到这个目标，我时时都得竭尽全力工作。"德国知名小提琴家茱莉亚·费舍尔（Julia Fischer），二十三岁便成为音乐学院教授，也同样强调努力勤奋的绝对必要："音乐家这种职业是一辈子的事，连日常生活也必须配合。不只在星期一到星期五工作，连星期六、星期天、圣诞节、生日都一样要工作。"

修炼自我、精进专业、恪守纪律，或许还要加上牺牲个人生活——大多数成功人士都认为想要事业飞黄腾达，个人的决心、毅力与出色的表现是最重要的先决条件。最多再加上家庭的支持，但从没听过有人会将资产阶级的惯习、出身、强大的经济后盾或良好人际关系列入成功因素里。难道是因为精英容易高估自己的贡献，并且把因出身优势获得的胜利视为自己的功绩？

关于高阶经理人的统计数字特别能说明这一点。精英研究专家迈克尔·哈特曼多年前便指出，商界中拥有顶级阶层职位者，出身分布极不平均。受访者中，工人阶级出身并拥有博士学位的人，只有十分之一能进入企业决策中心，而大资产阶级出身者则有五分之一。具有同等能力与资格，家世良好的人有双倍的机会获得晋升。特别是想进入跨国大企业决策中心，或者成为全球前十大管理顾问公司的管理团队成员的人。这也证明了拥有与目标环境相类似的惯习，是晋升的加速器。

但在今日，优越的惯习与出色的专业能力不再有直接的关联。

竞争若是激烈，不仅需要展现自己在社交场合中的自如表现和最佳契合度，还必须具备真正的能力。就像哈特曼所言："那些因为个人出身背景而升上高位的人，并非穿着昂贵西装的闲散汉，而是勤奋工作且做出不少成绩的人。"

一定是这样的，不然无法解释他们的成功。试想：一位身着白袍，受人尊敬的外科主任医师，遇到复杂的手术时总是回避亲自执刀；或者，一家总是端出可口香槟给顾客品尝的理发店，染剪技术却停留在二十年前；又或者，一位在做简报时侃侃而谈的企业顾问，却在被问到细节时支支吾吾，含糊其辞。如今，了解专业发展现状，是属于知识资本中必要的一环，至少分析当今时事，比起分析过去的历史重要多了。

根据美国心理学家安德斯·艾里克森（Anders Ericsson）在1993年提出的说法，理论知识的习得只是开始，接下来要经过一万小时的训练，才能将知识内化成自身技能。一万小时这个数字如今仍然相当具有争议，毕竟一个人能多快吸收某项专业知识并将其化为行动，与个人天赋息息相关。但是，这并不影响下列事实：唯有努力不断扩展自身能力，才可能内化习得的知识，将专业惯习变成个人惯习。能够从各种细节推导出大局，准确抓住最佳化的契机,才能在专业领域中创造新局面,并在精神及时间上仍有余裕,赢得除了知识以外的所有重要资源:人际关系、自我展现、办公室政治。

一位年轻的耳鼻喉科医生,无论家世背景如何,不管妈妈是医院院长,还是餐厅清洁工,专科医生培训就是五年。然后,第一次执刀的时刻来临了:扁桃体摘除手术。手术并不复杂,教科书上就有,他也亲眼看过主治医生执刀过程。在哪划下第一刀,如何以镊子夹住扁桃体,如何缝合伤口,全按照教科书指示操作。之后这位医生摘除了无数个扁桃体,并在不断重复中,这台手术对他而言愈来愈轻松。直到某一天某位病患发生术后并发症,这位医生进入学习曲线中的上升阶段。

毫无疑问,高水平的专业能力与学识绝对值得投资。这样的知识资本可能保障你的工作职位,带给你高薪,也许还能带来机会,让你参与具有挑战性及前瞻性的项目;或者为你带来声望,使你成为业界权威;又或者启发你的灵感,想出绝妙的商业模式,使你能在等级位阶及竞争游戏之外,昂扬独立。无论如何,丰富的知识绝对是优越感及安全感的基础:你知道该说什么、该怎么做。这是好现象。

不过,还有个问题得解决,特别是在职业生涯发展及升迁至高阶的时候。没有专业知识虽然万万不行,但就像学历一样,高水平的专业技能只在特殊情况下才可能成为唯一卖点,还必须配合适当的专业惯习,才可能产生加乘效果,发挥最大功效。仅靠专业能力便爬上职业巅峰的神话,早已被哈特曼揭穿:"能交出漂亮成绩的人有上百位,但拥有资源背景的只有三四位,他们是最可能获得顶尖职位的人选。"因此,哈特曼建议出身普通的精英:"要比其他竞争者能力优秀百倍,这是个愚蠢的建议,却是唯一的建议。"这世界确实不够公平,但有企图心的人都知道必须这么做。

目标清晰才能走得更远:确立人生方向

奥地利哲学家、艺术家丽兹·希恩（Lisz Hirn）曾说,成功既是相对的,也是绝对的。这同样适用于最顶尖的成功。就像剧院里哪个位置最好,每个人的看法可能大相径庭,社会顶尖阶层的位置也是。想要过富裕、受人尊敬、施展抱负的生活,有各种可能性。就拿德国几位占据顶尖位置的名人为例:德国前总理安格拉·默克尔（Angela Merkel）,年收入估计为三十一万五千欧元。宝马集团继承人苏珊娜·克拉滕,总财产估计为两百五十五亿美元。日化用品企业劳诗曼连锁美妆店老板迪尔克·诗曼（Dirk Rossmann）,是白手起家的亿万富翁。乔瓦尼·迪洛伦佐（Giovann dil Lorenzo）,《时代周报》总编辑,拥有一百五十万名读者。格哈德·里希特（Gerhard Richter）,是当今在世的艺术家中作品价格最高的画家。

以上五位都处在社会顶级联盟里,分别属于权势精英、富豪精英或文教精英,有些甚至全部涵盖。尽管如此,还是有些差别,五人分别在不同的社会领域活动:政治、商界、媒体、艺术,他们的收入及财产也差别极大。他们的能力与经验都不同,走在相异的人生道路上。因为惯习不同,所以在行为举止上有微妙的差别,他们的影响力及权势所及的范围也不一样。

想达到巅峰地位并拥有成功人生，在许多不同的社会领域均可以实现。出生在成功家庭的人，人生道路常常已先规划好了，例如加入不断扩张的家族企业，或加入祖母开设的公证人事务所。但对其他人而言，却还有种种问题：我能升到多高？驱使我向上的动力是什么？我喜欢做什么事？对我来说，实现成功人生最重要的条件是什么？财富？社会大众的赏识与肯定？实现梦想与活出意义？创新？善行？个人生活的幸福？寻求挑战？还是安逸舒适比较重要？在考虑这些问题时，最好也将惯习列入考量：哪个领域让我有如鱼得水的感觉？我在哪个领域最容易一展所长？或者换个说法：在目前的人生发展阶段，我的惯习为我带来什么？

我在何处会受到重视，何处可能不太适合我？

只有少数人会及早考虑到这些问题。人们会受到他人成功的影响，并起而效仿。管理及职场顾问斯文雅·霍费特（Svenja Hofert）曾在她的博客上提过这个问题："人们将个人经验及惯习分殊化的意愿很低，大部分人根本未曾意识到这是个问题。此外，惯习也会因地区文化而有所差异，如城市惯习与乡村惯习，在特别的世代间，还有德东与德西地区的差别。甚至同城市的不同区域也有差别，就像汉堡，在桑哈活动的居民（Schanzen publikum [1]），与布兰肯内泽（Blankenese [2] Burqer）的居民的惯习就大不相同。"

受到权力、金钱和声望的吸引，具有优秀学历的求职者大多

---

[1] Schanzen publikum：Schanze，汉堡著名地区，以其活跃的文化氛围和夜生活而闻名。充满活力，吸引年轻人和创意工作者。

[2] Blankenese：以其美丽的住宅、风景和丰富的历史而闻名，通常被视为一个富裕和较为保守的社区。

朝着巨额金钱流动之处发展，例如跨国企业、大型律师事务所、投资银行或管理顾问公司。在那里，只要升上顶尖位置，成为合伙人、执行长或总裁，财富及社会地位也会跟着一起达到巅峰。不过，有一点必须先知道：在所有精英阶层中，经济精英是最排外的。没有哪个阶层比经济精英还注意惯习及人格特征。平凡家庭出身的人，也最难跻身经济精英之中。当然，你可以不怕失败，勇敢地跳进鲨鱼圈中，这也未尝不可，毕竟人要勇于接受挑战才可能成长。不怕冒险犯难，勇于突破界线的先驱者，极受顶尖阶层的赏识。只是，这样的决定必须付出代价。

至于代价多高，英国作家琳赛·汉利（Lynsey Hanley）在她阐述自身经历的著作《体面：跨越阶级鸿沟》（Respectable : grossing The Class Diride）中便已提及："转移到另一个阶级，就像移民到世界的另一端，你必须放弃原有的国籍，学习新语言，并且要非常努力，才不会与过去一直在此生活的人和事物失去联结。这样的经验尽管铭心刻骨，却极少有人谈论它。"

要想晋升至较高阶层并在其中如鱼得水，必须经历一段至为痛苦的适应期。另一种可能是，避开有注重出身惯习的商业界等，挑选一个较不注重个人惯习，凭恃知识资本便足以获得丰厚回报的社会领域发展。哪些社会领域属于这一类，可以从领导阶层中出身平凡者的比例看出。德国联邦政治教育中心就曾提供下列数据：在大型私人企业中，第一级与第二级的领导人才，出身平民阶级的比例为20%，在法律及媒体界占30%有余，学术界精英占比则略多于40%。身处政界、军界、教会、工会及各社会团体组织的精英，有50%以上来自平民阶级。因此模式相当清楚地展示

出以下结论:

比起商业界的大型公司,出身平凡的人较容易在公用事业晋升至顶尖职位。

还有,中小企业通常看重一个人的才能胜于出身。那些不处在核心地区的"隐形冠军",不仅征服了全球市场,还更青睐具备扎实、脚踏实地惯习的领导者。在中小企业的环境中,一个人爱喝啤酒还是香槟,对他的晋升之道不会产生任何影响。

在如鱼得水的环境里工作是一个不容忽视的优势。若自身的惯习与领域相匹配,就会产生如鱼得水的自在感,工作起来也更为得心应手,因此花一点时间与力气去寻找并进入这样的领域是值得的。不然的话,就容易发生像奥地利经济学家弗雷德蒙德·马利克(Fredmund Malik)观察到的现象:"半数以上的员工及高层管理精英,直到退休,仍然对自己具备的长处一无所知。"假使一家公司不是发挥长才、施展抱负的场所,那么就算你位高权重,这个公司对你的助益也是有限的。假设你是商务法律事务所的合伙人,就算是在全德国最大的一家事务所,但如果你总感觉被各种琐碎的规定及标准化的预期心态束缚,那就该考虑一下是否转换跑道重新出发。在赚得盆丰钵满的时刻,可能正是创立个人王国的最佳时机。

因为若想按照自己的惯习工作,无论在哪,都比不上自己创立的公司。与其拼命改变自己,适应陌生的体系,不如根据自己的标准及价值观创立公司,从事个人觉得合理且有意义的工作。自由职业者及创业者致富的比例相当低,十家新创公司中,成功存活的只有一家。不过,从另一方面来看:

最成功的新创公司老板能运用及调动的资金额度，是DAX30[1]的大型企业董事会或大型法律事务所合伙人望尘莫及的。

身为公司老板，受到惯习的约束力不会像受雇的高阶经理人那么严格。专门研究经济精英潜规则的社会学家雷纳·齐特尔曼（Rainer Zitelmann）便指出："谁能进入董事会是公司监事会决定，老板或投资者能否致富，则由市场决定。市场可不像监事会成员那样重视惯习。"

广泛的兴趣塑造更全面的个人竞争力

职场成绩的意义如今已然改变：工时、出席率和产出不再是衡量标准，重要的是用大脑工作，如提出创意、创造效益，以及提供解决方案。针对这种转变，高等教育机构也有所回应，设置新学科并开设新的研究领域，最典型的例子就是卫生保健相关职业的学院化。同时，某些大学里的小领域也扩展为完整的学科，例如国际饭店、度假村及邮轮管理，或者大数据管理。

这种将学科精细化背后的考量，是希望学生能够结合理论与实践，在一个较狭隘的领域里深入学习。虽然用意良善，但远远不够。因为太专业及职业取向的分殊化教育，虽然能够为业界提供可立即上手的毕业生，但同时却减少了个人发展机会，并导致目光狭隘。

---

[1] 德国股市中最重要的股票指数，包含了30家市值最大、最具代表性的德国公司。

拥有专业过于精细的高等学位，很难晋升至顶级联盟。

中下阶层出身的人缺乏辨识的眼力，对他们来说，名字后面多了学士或硕士头衔，就已经在教育等级中达到奥林匹克级别了。但上层阶级出身的人，对高等教育中这种职业取向的转变相当不以为然。与中产阶级的父母不同，上层阶级的父母对下一代的教育并不着眼在实际效益上，就连对直接运用于职业上的技能要求也很低。高等学位当然要有，但下一代不必、也不应该盲从甚或恪守社会标准。比起拥有知识，上层社会的人更注意一个人处理知识的方式：是否有能力跟上讨论、独立思考，并对一切陌生的人、事、物抱持开放的态度。从社交俱乐部举办的系列讲座中，就可以看出上层阶级多么重视涉猎广泛。

狮子会与扶轮社这两大国际社交俱乐部，可说是社交生活的中心，俱乐部会员，从能源企业总裁到剧院总监，都要针对自己的专业做二十分钟的报告。长年累积下来，讲座涉猎范围相当广泛，行业技术、人文及自然科学、政治或历史、科技与社会、文化、音乐、文学等专题都有。每人每周都可以在自己的知识库中，添增陌生领域的第一手信息。当然，不是每个人对每个专题都有兴趣，但是大家都会听到这一切。

这种上层阶级养成的惯习，也就是同时扩展知识深度与广度的能力，能使每个人更上一层楼。在管理学研究中，这类人被冠以"T型人才"：字母T下一竖代表一个人专精的特殊领域知识，T上一横则代表专业之外的所有知识。尽管不是专家，仍要广泛涉猎专业相邻领域的知识。如今，拥有T型知识已是最低要求，愈来愈多的人更进一步成为 TT 或 TTT 型人才，专精两个，甚至三个专业领域。

不断扩展个人知识库会有双重回报：拥有资格证照，不仅提高个人的职场行情，还能增加个人的专业自信，这对刚晋升的人特别有助益。若个人知识库缺乏广度及深度，晋升时难免感到不安，面对不同情况应对进退时，常觉得自己不过是装模作样，并不真的懂。这种觉得自己成功只是侥幸的心态，心理学家称为"冒牌者症候群"。

但这不只是自我认知的问题，若个人知识资本表现太过片面，别人看你的眼光也会不同。若仅泛泛地了解知识，很容易被归类为"样样通、样样松"，甚至被当成花拳绣腿。而陷在特定领域里的专家，遇到非核心领域的问题只会回避，会给人单调贫乏、无法掌握全局的印象。

这位神经科大夫，是她因手臂疼痛看的第三位医生。只是，这位医生检查后也没找到毛病。"那现在该怎么办？"她彷徨地问。没发现什么可怕的毛病，她自然松了一口气，可是，疼痛也不会因此而改善。医生答道："要找出原因得往其他方向去。"她问，下一个检查该挂哪一科？医生耸耸肩："很难讲，或许该找专治风湿的医生。"一位神经科大夫的诊断自然不会超出自己的专业范围，但指出下一个可能的治疗方向属于职业惯习的一部分："如果你同意，我可以将你转诊给我的同事穆勒大夫，她是一名优秀的风湿病专家，先看看她怎么说。"

对刚踏入职场的新鲜人而言，知识资本的重点首先是有足够的深度。提出"设计思考"理论的提姆·布朗也观察到这种现象："大学毕业初入职场的新鲜人，常是 I 型人。"他们通常在一或多个专业领域有深厚的知识基础。专业知识越深厚，职场装备也越充实，做起事情也更加得心应手，赢得的尊重也就更多。最好你拥有的 I 型知识是落在求才若渴且报酬丰厚的领域中，例如商界、科技、创新或娱乐业界。要知道，在今日的知识社会里，宝贵的 I 型知识范围益发狭隘且益发深厚。一个人若凭直觉就能说出正确答案，或者不必绞尽脑汁就能做出适切的决断，就算必须打破既有规定也不慌张，代表这个人比其他大多数的人拥有更深厚的专业知识。相近的专业领域可彼此互补，较远的专业领域则可能带来新灵感。

成为某专业领域的明星虽然是件好事，但要小心，不要陷入专业领域的泥沼，变成目光狭隘的技术宅。

危险可能来自两方面：一是对工作内容太有兴趣，所以钻研得很深。二是表现太过专业，而被视为不可或缺。但与此同时，其他专业能力较逊一筹的同事，早就打好往上晋升的基础了。

要提升知识资本的报酬率，除了有足够的专业知识深度之外，增加知识广度也是有必要的。想发展横向知识，就要对不同领域抱持开放的心态，阅读、旅行、提问，还有培养宏观的视野，留意专业职责以外的发展趋势，多了解与行业相关的其他专业学科，并对陌生的领域抱持开放学习的心态，例如：心理学、神经学、数字化、伦理学、法律等等。知识广度够了，便能跟上许多讨论议题，很快就能理解对方在说什么。

工作以外，你也会对生活中的重要疑问有所解答，例如健康、伴侣关系、金钱管理、子女教育，以及生活艺术方面的疑问解答。广泛的横向知识能帮助你跨界思考，承担管理职责，超越一般标准，找出独一无二的解决方案。

昵称希雅的舒科法·伊萨尔·阿梅尔切尔（Schugufa Issar Amerchel）三十岁了。十岁时，她跟着家人一起从阿富汗逃到德国，拿到中等教育学历，接受银行人员职训，掌握多种语言，后进一步受训成为私人健身教练。白天，她在姐姐位于慕尼黑著名时尚区钟溪区的阿富汗餐厅帮忙处理经营事务，接着才来到她自己的王国：一位自由教练。希雅提供的课程还包含健康饮食，她将自己具备的所有技能全部整合在一起：银行人员职训、体育学、阿富汗料理中的食疗知识、对呼吸法的钻研，除此之外，还讲一口流利的英语及俄语，这在多元文化的大城市里特别重要。

创造力并非天赋，而是可训练的能力

让我们先从创造力不是什么开始。首先，创造力不是偶然发生的灵光一现，这比较像德国文豪托马斯·曼（Thomas Mann）所说的："拥有想象力不是无中生有的幻想，而是从已知的事物中创造出新东西。"也就是将想法化成产品，例如：巧妙的应用程序、智慧科技、广受欢迎的服务性产品。其次，创造力不是上帝的恩赐，而是——借用德国戏剧大师卡尔·瓦伦丁（Karl Valentin）的说法——要做很多事才会出现的美好事物。最后，创造力不是艺术家、画家、演员或什么创意总监之类的"创意人"独有的特权，而是人人共享之物，幸好如此。

因为从今以后，创造力是最重要的一种表现。在几乎所有资料都可以靠 Google 搜寻得知的时代，重要的是创造出从前不存在的东西，无论大或小，或至少以全新的样貌重现。如何在医院购买的软件中编写一个附加程序，好满足医疗团队的迫切需求？如何设计出一栋能让人们生活更加美好的建筑？如何针对新世代管理者开发新课程？或者简单一些：如何将我在葡萄牙面包店吃到的特产引进我自己的面包店作为季节限定款贩卖？

要找到上述问题的答案，运用"头脑风暴""设计思考"或"奔驰法"等方法产生的帮助有限。虽然这些讲求创造力的技术在某些问题上可能有效，但最有活力的，还是一个经年累月培养出创造性思考惯习的大脑。要培养出这样的惯习，需要睁大眼睛走向世界，开拓新道路，尝试新事物，偏离规范，要能抗压，多方试验，并掌握自己的技能。还有最重要的，就是坚持自己的想法。

若一个人在成长环境中并不把成就和辛苦工作划等号，而是自由思考、创造价值，以及勇于承担责任，就比较容易发展创造力。就算最终结果显示，市场还未接受玻璃罐装咖啡，也算是学到一个经验。只是，若家境不够富裕，就无法这样轻松看待失败。当经济无忧，维持或改善社会地位仍是努力追求的重点时，太过出奇的想法就很容易被当成空想，试验则是浪费时间。生长在物质条件有限的家庭里,想发挥创造力,经常要抵抗周遭的压力。不过,这并非办不到。

时装设计师嘉柏丽·史瑞莉(Gabriele Strehle)在自传中曾提到她帮姐姐缝制高中毕业舞会服装的往事:"丽莎不高,但很结实,还有一张在当时也偏阳刚的脸,我知道她要穿样式简单的黑色礼服才会出色。这种想法对一个生活在20世纪60年代阿尔高偏郊地区的十六岁女生来说,算是非常前卫的。当时我就知道,当一个人拥有时尚风格品位,凭直觉便知道该怎么装扮,但其他人完全不在乎时,是一件相当恼人的事。"

有好主意远远不够,你还得付诸行动。创造力要有成果,想法与行动一样重要。美国创造力研究专家罗伯特·斯滕伯格的著作《创造力投资理论》正是基于这样的认知发展出来。斯滕伯格认为:

创意是一种有意识的决定:低价购入想法,然后高价卖出。

拥有丰富创造力的人,要将好主意变现,不能只是具备很快就想出好点子的能力而已。斯滕伯格认为,同样重要的是,要懂得观察市场趋向,能判断好点子是否具有潜力,且能说服他人接受,并承受质疑,力抗所有可能破坏计划进行的阻力。也就是说,落实创意需要一整套各式技能,除了刹那灵感,还要落实成可执行的计划。可能出现大家都觉得你的创意太假大空,同事竞相批评,管控部门认为要实现太花钱,而且最终客户可能会因为产品太过新颖而无法接受等情况。

超市"厨房之家"的创办人拉敏·顾(Rmin Goo)拥有商管硕士学位,曾担任过企业顾问,同时也是热爱厨艺的业余厨师。他是典型的 TT 型人才,拥有两项以上彼此互补的 I 型专业知识。2010 年,他在柏林开设第一个"厨居之家",一家根据食谱来分类食材的超市。超市内一张张桌子上,摆满了如藜麦色拉、芝麻鸭胸或苹果蔓越莓脆皮奶酥等食谱所需的食材,有两人份、四人份或多人份等选择。

这个点子是拉敏·顾在就读法伦达尔 WHU 管理学院[1]时想到的。他在研究创业理论时,酝酿出自己创业的想法。有一天,他走进一家超市,突然灵光一闪:他要创造出能"走进去"的食谱。这个灵感来自个人经验,他本身很爱下厨,但非常讨厌采买过程,而且做饭时常常发现不是缺香料,就是需要的蔬菜不新鲜,更惨的是,最后才发现少了一样最重要的食材。

这个好点子,难道不是大家都能想到的吗?也许。

首先,这个点子的确是拉敏·顾最先想到的。其次也很重要的是:他将好点子付诸行动。他不断琢磨,使点子更为成熟,并让

---

[1] 法伦达尔 WHU 管理学院:世界知名的精英商学院。

别人也觉得这个点子可行。就像斯滕伯格在他的创造力投资理论中叙述的，拉敏·顾以低价购入想法：不过几分钟他就想出了这个点子。一开始，这个点子的价值只有他这个创办人知道，想因此获利，就必须让目标客群也喜欢它。这部分工作一直无法顺利完成，他与创办团队花了两年时间不断修改超市的设计概念，尝试各种食谱，寻找合适的员工和供应商，并翻修装潢店铺。在此期间，还要说服别人接受他们的想法。

同事及朋友都对他说："这只会带来麻烦。"还未从金融危机回魂的投资者犹豫不决："为何偏偏选上食品零售？"但拉敏·顾没有因此退缩："我对这个点子充满信心。"如今，不仅柏林、汉堡、慕尼黑、法兰克福和科隆都有"厨房之家"，"厨房之家"能在线购物，而且它更是成为亚马逊生鲜超市的合作伙伴，为顾客提供一小时内到货的服务。这个例子显示出创造性惯习获得回报的可能：从一个完全免费的点子，变成年营收高达一千两百万欧元的商业模式。

深谙职场法则，精准把握晋升机会

专业知识可以在大学、工作坊，或是在网络研讨会中习得。关于创造力的知识，如今也被研究得非常彻底，只要有心，就有足够的资料阅读。但是，企业到底在想什么，就不是那么容易摸透了。除了官方宣传中的愿景及组织结构，专业职场到底如何运作这种秘密规则，鲜少能在大学里习得，其他书籍或专业博客也不会泄露太多。幸运的人在家耳濡目染便知道成功与权力的游戏规则,至于了解有多深入,只需观察父母的职业地位。根据父母自身的经验范畴,以及身处的企业文化,就会发展出不同的职场求生及晋升策略。身为孩子最重要的榜样,父母对业界判断的视角是从多人共享的大办公室,还是从主管高层的角度出发,也是非常不同的。

她今年十七岁,只花了一季的时间就成为世界上最受欢迎的模特,且她的脸蛋简直就是母亲辛迪·克劳馥(Cindy Crawford)的翻版。不过,凯雅·基伯(Kaia Gerber)的成功不只是因为美貌及完美的身材比例,时尚杂志 *ELLE* 的报道透露了凯雅·基伯在时尚界迅速崛起的秘密:"她在家就有可以百分之百信任的顾问。这些顾问在背后支持她,而且都是时尚界的专家,可以与她讨论交流。"

出身平凡的人所拥有的好成绩及毕业证书,既可以帮助他们升上更高一级的学校,也是进入好职场的入场券。因此这样的年轻人会努力工作,设法以亮眼的成绩单获得他人的青睐,但对其他影响职场升迁的因素,例如市场发展、产业及企业文化,以及如何为职场升迁做策略性的准备等所知甚微。他们的父母对此也是一知半解。对一般人来说,公司高层,特别是高阶管理团队发生的事,只是道听途说,并不值得多花力气理解。

上层社会的惯习自然不一样。手握权势的双亲,对孩子在学校的成绩要求较为宽松。这种态度传达给下一代的讯息是:专业知识固然重要，毕竟总得为未来的挑战做准备，不过，比起专业知识上的细枝末节，可能还有更重要的东西。这些人的子女从小就能从第一手资料中得知：哪些行业充满前景；通过哪些手腕可以获得他人的尊重；如何与有权势的人士交往；如何清楚地了解自己三年后想要达到的目标；为何从实习生开始工作，比起直接拿全薪以正职开始工作更有利；如何带领团队；为何最好从年轻时就开始为一个有发展远景的目标奋斗。这种阶级特殊思考模式的影响，会表现在子女的职业发展机会上。

有人知道如何做出成绩，但有人更知道如何呈现绩效。

除了良好的教育，富裕家庭出身的孩子还拥有一种隐藏但关键的优势——他们对职场晋升的潜规则往往早有耳濡目染，即使自己未曾察觉。这种职场知识再搭配上专业资格，成效加乘后成为一张不容小觑的王牌。就连德国教师协会主席约瑟夫·克劳斯（Josef Kraus）也不得不承认这种情况。根据他的经验，职场上的成功与中学成绩并不怎么相关："统计数据显示，一个人后来在大学及职场上的成就，与中学成绩的相关性只有50%。这并不多。"其他因素也同样重要，像选择的专业、耐力与毅力，以及个人抗压性。"最后很重要的一点：在人生的路上遇到贵人提携。"

对身处上层社会的人来说，这些认知都不是新鲜事。浸染于出生环境惯习中的他们，从小耳濡目染，懂得如何在企业组织中朝着既定的方向前进。尽管苹果公司与采埃孚公司[1]的游戏规则并

---

1 总部位于德国的全球知名汽车零部件制造公司。

不相同，但无论哪家公司，大原则总是一样的：只要你能从既有的企业文化中做出最棒的成绩，就会出人头地。刚进公司的新人首先要明白这点，但这不是件简单的事，因为职场新人通常缺乏对现实情况的认知。若家中没有长辈身处上位，等自己体会到公司不只是才能展现，而是办公室政治的竞技场时，通常为时已晚。

斯坦福大学教授杰弗里·菲佛（Jeffrey Pfeffer）曾说过："在管理及领导力课程讲座中，常常讲述的是这个世界应该是什么样子，而不是这个世界是如何。"因此，对那些教育精英而言，职场晋升之路仍是难以捉摸，只能专注在下一步怎么走，无法定长远目标。新手若能成功，常常是因为他们懂得发现并抓住机会，这与社会学家阿拉丁·艾尔-马法拉尼（Aladin El-Mafaalani）分析阶级晋升成功者传记时发现的结论一致。如果没有把握良机，就会像希腊机会之神卡伊洛斯一样，稍纵即逝，再也无法挽回。

大学毕业后不久，她便在一家信息公司为管理高层担任口译，并教导员工中文及跨文化训练课程，同时继续撰写博士论文。其间，一名董事临时需要更多助理，想起这位年轻的汉学家，于是她还未真正理解发生了什么事时，就已经坐在高层办公室助理的第二把交椅上了。不过，她对这个改变并不热衷，也不想帮老板处理个人事情，无论老板多么位高权重。就这样过了三个月，她尽责处理完所有交办给她的事项，不再有多余的业务后，她又回到原来的工作岗位上。直到很久以后，她才恍然大悟，自己错失了一个大好良机：那位欣赏她专业的董事、除正式沟通渠道以外接触高阶经理人的机会，还有第一手的信息，这些都是能让她出人头地的机会。只是她不知道如何利用这些关系获得权力，刚离开大学的她对如何在事业上展现企图心一无所知。

每家公司都有极复杂的组织结构，想摸透其中的权力关系与非正式升迁系统，需要很久，而且也藏有风险。你的专业理论知识无法运用在这种系统上，只能透过敏锐的观察慢慢熟悉，特别是那些未曾说出口的种种言外之意：谁握有实权、老板注重什么、谁与谁接触密切、市场走向如何、哪些员工是非官方的意见领袖、有什么项目在进行、合作单位是谁、哪一类的员工会被当成救世主且晋升特别快。这在每家公司都不一样，在 A 公司是经验丰富的工程师，到了 B 公司则是聪明、年轻的律师，在 C 公司可能是天才型暴君，出于某种不明的原因，这些人不会被当作自恋狂，而是被人们认为他们很酷。

不幸的是，很少人会去分析公司的这种不成文规矩，也很难问出个所以然来。如何得知这类内幕消息，顾问公司 Leanovate 曾讨论过这个专题，并建议公司新人采取以下连锁反应试探：

任意行动—觉察—反应。

也就是说，舍弃固有的行为模式，先做出假设，并化成行动（即任意行动），观察发生什么事（即觉察），并据此调整自己的行为（即反应）。这样的实验有时马上见效，例如私下跟上司提出一个意想不到的解决方案，帮助他突破瓶颈。有时则感觉没任何作用，例如在团队开会时直言信息设备太老旧。经过这样的状况也可以学到，对系统的批评就算再有道理，还是要付出信任代价，而且批评不易被接受。

这可以说是实验行动：做些尝试，测试界限，小心试探各种可能的方法。慢慢地就能从行动及觉察中，一步一步探得不言而喻的潜规则，知道晋升的小道与捷径，并且越来越清楚用什么方法或跟随哪个人的脚步，能更快到达目的地。每一次的成功都会叠加上去，从失误中习得的经验知识会转化成最好的教训。只要记得，千万不可错得太过分，即使系统不求事事正确无误，明显的策略性失误也会造成反噬。

进阶路径　构建多维知识体系，全面提升竞争力

想晋升到一个领域的顶尖位置，并不需要拥有上流社会的出身。至少在专业知识上，每个人都可以像唐老鸭的富豪叔叔填满钱柜一样，填满自己的知识库。更何况，目前知识资本能获得相当不错的利息。在德国，失业率降到新低点，人口结构的变化又使得专家更加抢手。缺乏专业人才，也导致出身变得不再那么重要，高薪、高职位也对不同出身的人开放。

1. 尽可能争取最高学历、最被看好的实习机会，以及最佳的在职训练机会。这么做的理由很多：第一，每一分努力都能提高你的专业及技能优势。第二，学校、培训及在职训练机构的声望都会直接加在你身上。第三，学位及头衔这样的资本，就算在不景气的危机时期也不会消失不见。第四，阶级晋升者常在社交时

有捉襟见肘的不安感，广泛且大量的知识，就像御寒大衣一样，可以帮助你抵抗社交严寒。第五，就像生于特权阶级家庭一样，最优秀的教育机构及最热门的公司也能扩展你的视野，丰富你的惯习。

2. 无论是接受训练或就读大学，千万不要只是为了考试临时抱佛脚。把握机会扩展你的社会、文化及知识视野，并设法参加必修课之外所有可以选择的活动，像实习、语言学习课程、个人成长课程、国外游学以及外宾讲座等等。想提升惯习，就不能只局限在专业与实用知识，以及职业技能上。出身富裕家庭的子女从小就明白这个道理，而靠着教育晋升上层社会的人，却常常要对抗自身惯习中强调有用的思考方式："学这个干吗？能赚钱吗？"要有坚定的信念，才能避免被这样的想法禁锢。

3. 考虑一下你的知识资本运用在何处可得到最高的获利率。大部分人在寻找发展领域时都会受到个人惯习影响，这可能是好的路，但未必一定是最好的路。先确认自己认为最重要的是什么：是一个你觉得如鱼得水，可以轻松发挥自身所长的职场环境；或是一个你想融入，但刚开始并不那么适应的惯习环境，充满挑战的环境更能激发你发挥潜能。很快地，在你展现出极有价值的专业知识，或者帮某位身负重任的公司一级或二级主管完成前置作业后，你将赢得其他人的重视。此外，在时间运用及空间移动上保持高度弹性，也能让你较快脱颖而出。

4. 留意不要落入半桶水的狂妄，古希腊哲人第欧根尼的话："我知道我一无所知"是至理名言。许多人缺乏正确评断自身知识水平的能力，特别是职场新手，常会在首度成功后以为自己无所不能。举例来说，飞行员在累积达到八百小时飞行时间后，发生事故的概率缓慢上升。医生则通常在进行第十六到二十次手术时，最容易犯错。也就是在尚未熟练到例行公事的状态，但已不再那么谨慎小心的时候，最容易失误。

5. 知识不能只靠阅读获得，还必须用大脑思考，要能运用、联结并落实为行动。 从研讨会、专业文献、行业信息、训练、TED演讲、网络研讨会、Netflix 平台的纪录片、"谷歌艺术与文化"[1]网页中获取知识只是开端而已。当然，这些也都很有用，但想要内化这些知识，只能透过边做边学、模仿、多方尝试、讨论、提问、发展更适合的变体、创造价值，以及突破界限等方式完成。

6. 全方位扩展个人知识。 如果刚毕业没多久，就成为 T 型人才，你会受到重视。第二及第三种 I 型知识可慢慢添加上去。与行业相关的知识要广泛了解，并留意培养工作以外的各种关注话题。还有，别忘了发展社交技能，将生活中的各式挑战化成广泛的知识，例如教养小孩、对抗挫折、治疗疾病、照护他人的经验，并强化个人性格。

7. 晋升者的警钟： 假装自己比别人厉害或自认天才的人，不可能升到顶尖位置。你要用好点子、解决方案，以及创新的知识说服他人。对自己的专业优势最好不要太过张扬，要有自信，但不要咄咄逼人。社会地位愈高，就愈不是通过功绩，而是通过惯习展现成功，因此强调自己的能力与成就也就愈不得体。千万不要忘记，在

---

[1] 谷歌艺术与文化（GoogleArts&Cultare）平台，旨在向用户提供全球博物馆、美术馆和文化机构的艺术作品、文化遗产和展览的数字化内容。

顶级联盟里，汲汲营营并不被欣赏，重要的是沉稳自信。太过讲求细节及处处挑毛病，会显得小气且让人觉得莫名其妙。

8.若想在现在的公司发展事业，就算你再有实力，也千万不要让你的上司显得落伍过时。不要扯项目负责人的后腿，给予所有他需要的东西，这样你能更迅速达到自己的目的，也能做出更可靠的决定，并获得更好的观感。将批评包装成建议，诀窍是谈论未来与改善的可能，并且以对方可接受的方式，在正确的时间以适当的语气提出。

思维对话　　能力胜于关系，掌握核心技能更关键

身为顶尖的猎头顾问，马提亚斯·克斯勒（Matthias Kestler）担任过数百个大型和中型企业一级及二级主管的职位。根据他的经验，能力最好的应征者不会自然而然地拿到顶尖的职位。尽管如此，优秀的专业能力还是不可或缺的。

多丽丝·马丁："想做最有趣的工作，要大学毕业才行。"这话竟然是比尔·盖茨说的。请问克斯勒先生，他说的对吗？

马提亚斯·克斯勒：许多艺术家、演员及音乐家都没有大学学历，而他们的工作对很多人来说也是有趣的。比尔·盖茨也没读完大学，仍然靠自己成名并变成富豪。也有些人觉得职人工匠的工作非常有趣，并乐于以此为生。这是非常主观的。我为企业寻找合适的人才，通常是外部聘用的高管，比如首席执行官、首席财

务官、总法律顾问、人力资源总监等职位，大学毕业是胜任这些职位的基本条件，不过，并非人人都觉得这些工作是世界上最有趣的工作吧。

最好是精英大学毕业吗？

最好是（精英大学毕业），这是很有用的通行证，至少对经理类的职位而言。不过，也不保证一定会有结果。除此之外，自己也必须做出成绩，然而很多人似乎不懂这一点。

在商业界，出身富裕家庭的人有较多的优势。这也代表对其他人来说，想晋升高位只是做梦而已？

不，普通人更应该努力。这跟出身根本没关系！有太多的例子显示出身平凡的人晋升至高位，实现梦想及找到理想工作的普通人更是比比皆是。或许出身富裕家庭的人，因为双亲有余裕能助孩子一臂之力，通常学历较高。且事业成功的双亲也有更丰富的人脉。但这不保证他们的孩子会更有成就。他们也必须自己证明自己的能力，如此一来，良莠之分就很明显了。

大学选择科系有多重要？

这就要看你想要从事的职业是什么。一位想靠专业向上晋升的工程师，当然就要选择相关科系，而且最好能以优秀的成绩毕业。

专业学科对顶尖职位也很重要吗？

某些顶尖企业里的职位，专业学科的选择的确相当关键。例如，要在德国 DAX 集团里的大型企业担任总法律顾问，不可能没有法律学位和法律实务经验。但对于其他很多管理职位，大学读什么专业就不是那么重要了。更重要的是理解总体经济发展的影响，以及知道将要接手管理的公司或部门如何运作，也就是所谓的商业思维。

如何为毕业后的职涯发展做开放性及策略性的准备？

首先，不要期望太高，要脚踏实地。最好的衡量标准就是明确知道自己的能力。今日职场上最重要的要求就是弹性，也就是说，不必死守家乡，要有到处飞、搜集国内外经验的心理准备。还有，建立人脉也很重要，这样你才可以私下从社交圈中及早得知大公司的招聘消息。

这样来说，典型的专业宅不就没机会获得成功？

正好相反！你看福布斯排行榜上的人，就有不少专业宅！还有职业电竞选手或职业扑克选手，也能透过做自己喜欢的事而获得成功。

根据您的经验，越抢手的职位，是否就越遵循"气味相投"的原则？

没错，基本上是这样，决定性的选择通常跟专业无关，比较像是："这个人跟我们比较对味，那就选他吧。"不过，公司做出这种选择，也不会是因为这个人认识谁而买谁的账。整个决策过程还是要保持客观，认识谁不会是关键性的因素，最重要的还是能力。

今日，在德国拿到高中毕业会考文凭的女生明显多过男生。她们该如何从这个优秀的表现中争取更多优势？

要牢牢记住，今日容易胜出的人，比的是谁速度快，而不是谁最优秀。所以不要迟疑，发现合适的职缺就勇敢果断地大胆下手。对自己要有信心，只要问自己："为什么这么做？"不要拼命找理由反驳自己。同样的建议也适用于刚高中毕业的男生，我比较倾向于不以性别来做区分。

懂得比别人多，有可能反而扣分吗？例如懂太多而显得自大。

最优秀的人才自然会引人注目，这种人稍微自大一点，基本上会被接受的，毕竟他们的确有本钱，而且公司也需要这样顶尖的人才。如果一个人自大却不够优秀，就会在竞争职位时因不够突出而落败，甚至因此引人侧目。

若自己就是公司中最重要的人，但总是有人挡路怎么办？

如果已处高位，还有被人挡路的感觉，那么我只能建议你超车或换公司吧，毕竟总不能一直跟在慢车的屁股后面走。

如何增加获得顶尖职位的机会？请用三个词说明。

能力。记得，"我能做什么"永远比"我认识谁"重要。

毅力。没有取得职位的毅力，再有能力也没用。

运气。在对的时间来到对的地方，也就是把握时机。毕竟人生无法事事按照计划走，每个人都只能努力设法增加自己成功的概率。

Chapter 3

物质资本

财富影响你的选择空间

物质资本:

1. 物质财产,例如金钱、股票、不动产、企业资产、珠宝、黄金、艺术品。
2. 可预期的额外收入,例如退休金、养老金、人寿保险、遗产继承。

欧洲首富阿曼西奥·奥特加（Amancio Ortega）创立服装品牌 ZARA，据估计，他的身家高达六百四十亿美元。欧洲排名第二的富豪卡尔·阿尔布雷希特（Karl Albrecht）与贝亚特·海斯特（Beate Heister），他们是德国连锁超市 ALDI 已故创办人卡尔·阿尔布雷希特的孩子，福布斯榜单列出他们的财产总额是三百亿美元。排名第三的是奥地利籍的海蒂·霍顿（Heidi Horten），是继承百货业大亨赫尔穆特·霍顿（Helmut Horten）财产的遗孀，名下财产有三十四亿美元。想了解成为顶级富豪最有效的路径，只要看一眼全球富豪排行榜上的名字就可以得到结论：想要富可敌国，方法有三——创立公司、继承或通过结婚进入豪门。

让我们回到现实，离开全球前 0.1% 顶尖富豪的奢华世界，回到相对来说还算朴实的主导社会环境的阶层，也就是受过良好教育且薪资收入为前三分之一的上层社会。身处这种社会环境的人，工资绰绰有余，物质上一切幸福光明，至少从后三分之一的贫困阶级及明显朴实很多的中间三分之一阶级的视角来看的确如此。然而，身处前三分之一，甚至前十分之一的人，却很少觉得自己富有。为何会如此？实际上，在整个社会中，物质资本落差最大的，便落在最高税率缴交者当中最穷的、较富有的，以及最富有的族群之间。

你的财富观,决定你的社会阶层

2016 年,德国联邦银行一项关于德国家庭净资产的研究,清楚显现物质资本的衡量标准值:一个家庭在财务方面要处于前 30%,需在扣除所有支出后,仍拥有二十万欧元左右的家庭净资产。这个净资产包含储蓄、股票、房地产、汽车、珠宝等所有有价值的东西。拥有近五十万欧元净资产的家庭,则属于前 10%。

就现实情况来说:从统计学上看,一个由 SAP 工程师与中学老师组成的家庭,住在斯图加特近郊一栋快要缴清房贷的排屋角房里,属于德国最富有的前 10%。相对来看,他们在社会及财务方面都处于上上层。

只不过,还有个问题:前 10% 族群之间的收入及资产差异很大,准确来说,是天差地别。德国最知名的电视节目主持人金特·耀赫,身家据估计有五千五百万欧元,与近 200 名亿万富翁一起名列德国最富有的前 10%。当中也包括德国首富,连锁超市 Lidl 创办人迪特尔·施瓦茨(Dieter Schwarz),身家据估计有四百亿欧元。从这里可以推算出充满超现实色彩的数字:德国最富有家庭的资产,是资产排名前三分之一家庭的二十万倍,是前 10% 经济精英族群——当然仅限族群的下层——资产的八万倍。

一对建筑师夫妻,自由职业,年龄五十出头,家庭和乐美满,他们精彩的项目设计,曾获几个重要大奖,扣除一切费用后的家庭净资产约有三十万欧元。有一建筑商家庭,三十多岁,继承一家有四间店面的汽车经销商，还有一栋城市别墅、两栋度假别墅，以及流动资产约一千两百万欧元。两家人，品位及审美观皆相近，有许多共同话题是在狗狗训练学校认识的。两个家庭的最大的差别是：建筑商家庭属于"中等有钱的百万富翁"，拥有的财产是建筑师夫妻的四十倍。

这前三分之一的族群，每个人都能过很好的生活。但他们和上方的距离，要比和下方的距离远太多了。比起一般人，拥有二十万或五十万欧元的财产的确是不少，但不必是数学天才也能看出，二十万或五十万欧元与顶峰的四百亿欧元之间的落差，比起往下什么都没有的家庭之间的落差，根本是天壤之别。

尽管我们常常假装不是这样，但上层阶级与顶尖富豪之间的经济差距犹如银河系般辽阔。美国财经杂志 Worth 某一期封面故事是关于前 10% 的富豪，其中一位受访者描述自己身处顶尖联盟，却有着跟不上的无力感：

"我不配拥有这些，但我还需要更多。"

这种混杂着感激及沮丧的矛盾心态是有原因的。许多身处前三分之一，特别是前 10% 的富人，有着相似的偏好与价值观、相近的教育与雷同的文化惯习，他们努力成长，自我发展，设法在既有的基础上创造出最好、最优秀的成绩。无论是教师家庭或大企业家家庭，他们倾向购买地方生产的有机食品，喜欢到处旅行，欣赏有品位的设计及真品，无论倾向保守主义或自由主义，想法一律都是开明的。

但是：这些新的上层阶级复制了家境小康、但财力远远不及自己的教育精英身上的惯习。在这个低调奢华的时代，顶尖富豪很少让人觉得特别，给人的第一印象反而像是收入不怎么样，甚至少得可怜的学者。

另一方面，在收入最高的前 10%、3%，甚或 1% 的阶层里，经济不平等的情况比其他任何阶层都严重。对高收入阶层里的低收入者来说，他们越来越负担不起自己创造出来的生活质量。就像所谓的奠基时代风格区域，三十年前教育精英相中这些老房子集中的区域，花了许多精力一步一步将其变成令人向往的社区。然而，一旦社区受到顶尖富豪青睐，被大举入侵后，这些身处上层社会的下层阶级就明显感受到压力了。文化气息浓厚的惯习虽然有品位，但支配这个世界的还是金钱。

政府与统计数字忽视财富越来越集中在顶尖中的顶尖。《明镜在线》就曾批评过：对德国中产阶级及穷人家庭有多少钱，政府跟统计专家看得一清二楚，但一点都不清楚真正有钱的人到底有多少财产。就连金融界的精英，也故意模糊财富分配不均的事实。与中国、俄罗斯或美国不同，在德国身处金融界高位的精英不喜张扬，常宣称自己是中产阶级，这给小康族群一种错觉，觉得自己也属于精英阶层。

财经记者乌丽克·赫尔曼（Ulrike Herrmann）在她的著作《哇，我们可以纳税：中产阶级的自我欺骗》中，探讨为何前三分之一的阶层会接受一个损害自身利益的税收及社会政策：在为职涯发展耗尽心思时，中产阶级并未注意到精英阶层是多么遥不可及，因为他们的地位并非源自于自己的成就，而是家族的一代代相传。自我欺骗的原因很简单：就连中产阶级里的上层阶级，对富豪有多富有也是毫无概念。为何会如此？德国联邦统计局并不计算那些每月税后收入超过一万八千欧元的人，官方的统计数字里，并不存在这群真正富有的人。

财富不是万能的，但没有财富是万万不能的

提到钱，总有人会说：金钱不能带来幸福。这句话不仅肤浅，而且根本不对。至少也该这么说：光是金钱不能带来幸福。生前被称作德国文学教皇的马塞尔·莱希－拉尼奇（Marcel Reich-Ranicki）曾这么说过：

"光是金钱不能带来幸福，但在宝马车里哭，会比在自行车上哭幸福一点。"

根据哈佛大学的研究，即便已经很富有了，但如果这些富豪的财产变成双倍，他们会感到更幸福。不过幸福研究专家认为并非如此，的确有比金钱更重要的东西，除了健康之外，最重要的就是亲密的人际关系：有人欣赏我们，跟我们一起欢呼，帮我们加油，陪伴着我们。此外，认为自己生活充满意义，也会带来相似的幸福感：做出成绩，帮助他人，从事能让自己成长的工作。

雅各布斯大学社会系教授简·德尔海也是幸福研究专家，他曾提出一个简单好记的幸福配方：拥有、情爱与存在。这三者是可以替我们制造幸福的要素，它们在生活中的占比会因不同类型的人，分量有所不一，但没有哪一个能完全被另一个取代。只有在

钱财、情感依归与意义这三大条件彼此调和时,我们才会觉得生命是值得的。

钱财也是其中一个条件。对个人经济的判断、可以利用财富做什么事,以及与他人相比的财富状况,都会影响个人的幸福感。不过,两者之间的关联倒也不像唐老鸭的富豪叔叔说的那样简单原始:"像只海狗一样跳进钱堆,像只鼹鼠一样在里头挖,这才是真正的幸福。"这只全世界最富有的鸭子,最后总是以一个可怜富人的惯习收尾。唐老鸭的富豪叔叔可说是"有钱真好"的具体表现。然而,要将钱财转化成生活质量,就必须先有一点金钱心理学的认识。

如果一个人非常、非常有钱,那么钱财的确不会是他幸福的主因。就像德国格鲁纳与雅尔出版集团古纳亚尔出版公司(Gruner+Jahr)执行长茱莉亚·杰克尔(Julia Jakel),或是2024年欧洲杯足球赛主办委员会主席菲利普·拉姆(Philip Lahm),不可能会因为得到一小笔遗产而高兴得手舞足蹈。不过,若一个人本来就囊中羞涩,意外获得一小笔横财,的确会产生幸福感。至于雀跃与否的界线落在哪,诺贝尔经济学奖得主丹尼尔·卡尼曼(Daniel Kahneman)及安格斯·迪顿(Angus Deaton)认为,大约是直到家庭收入比该国平均收入高出近10%:在这个界线以下的家庭,每次加薪,他们都会觉得负担又减轻一些,烦恼少了一点,经济安全感多了一点,压力少了一些,能负担得起生活上的小幸福,度假费用也有着落,比起邻居也较为体面。这些家庭意外获得横财,也相对地带来更多的快乐。

若问什么是绝对无法让人幸福的事,那就是没钱吧。

对收入更高的族群而言,获得更多钱,当然也是件惬意的事,但生活并不会因此变得更好。以经济学术语来说,就是边际效用下降,基本需求或更多的要求早已获得满足。这种金钱降低拥有的乐趣,不必是超级富豪,一般收入较高的族群就会有类似的体验。

其实,发生这种状况的原因你可能也已知道:轻易就能到手的东西容易贬值。就像看到一双漂亮的黑色切尔西靴,如果你的鞋柜已经有三双类似的靴子,再多买一双只会造成没地方放的烦恼,或者选择变多,反而不知道该穿哪一双。购买新车也会出现同样的效应:即使新车比现在的奔驰 C 系列还要高一级,但到辛德芬根[1]领新车时,那些小点心、参观车厂、拍照纪念等活动也不再新鲜。说穿了,活动每次还不是都一样。虽然比起商品本身,体验的光环较不容易磨损褪色,不过,一旦升到无法再升级时,体验也很容易变得无聊。据说就连搭玛丽皇后号横跨大西洋这种豪华体验,到了第三次也不再那么令人兴奋了。

这听起来虽然有"何不食肉糜"的傲慢,但说实在的,我们每个人也有过类似的经验,就像连续过了五天舒适宜人的美好夏夜后,到了第六天已经不像第一天那么幸福快乐了。要避免让自己觉得索然无味,我们可以选择不断猎奇寻新,或者修身禁欲。或者,我们也可以把省下来的钱捐给其他更需要的人,如此一来

---

1 位于德国斯图加特的西部,以汽车工业闻名。

我们不仅做了好事，还可以顺便增加自己的幸福感。这话听起来虽然愤世嫉俗，但金钱能带给人最大的快乐，莫过于发现自己活得富足阔绰，而别人远远不如自己有钱。

来做个小测验，试想一下，你有两个工作机会可以选择：第一个，年薪十三万欧元，其他同等职位同事年薪平均为十六万欧元；第二个，年薪十万欧元，其他同等职位同事年薪平均为八万欧元。你会选择哪个工作？

一项学术研究调查显示，大多数人都会选择第二个工作。很显然，对大多数人来说，个人财富在社会中的相对表现，比绝对数量来得更为重要。特别是成功人士，比起金钱，更重视社会地位，比起消费得起什么样的昂贵商品，社会排名更重要。就连大富豪也是这么想。就像排行榜上的亿万富翁，若是跌了几个名次，其实对他们的生活根本毫无影响，但是他们还是会因此闷闷不乐，因为：

金钱不仅代表美梦成真，还是功绩、声望，以及财务成就的衡量标准。

就像玩《大富翁》游戏一样，物质资本决定了我们在所处环境中的优势。物质资本更多，不仅社会地位更高，成功的概率也更大。穷人大部分的财产都花在日常消费上，有钱人大部分的财产投资在时间、教育、审美眼光、自我意志、休憩、健康、伸张正义和增加便利上。现实的例子就是：独栋木屋度假村安静又有个人隐私，名牌及私人定制西服确保体面，能干的律师对付烦人的邻居。如果有更多钱，就可以像祖克柏一样买下房子周围所有土地。就连更优秀的中等教育文凭也可以花钱买到。

雷根斯堡有不少历史悠久的机构，平德尔私立高中是其中之一。历届学生总不免拿"家有笨孩就送平德尔"这样的话来自嘲。当然，即使是私立学校，也不会随便送出高中毕业会考文凭。不过，小班授课，加上充满启发性的学习环境与个人辅导，显然更容易取得优异的成绩。

一夜暴富的神话与现实

有钱很好，一直都有钱更好，因为家里好几代都是有钱人的话，后代继承的不只是金钱而已，他们从小耳濡目染，还会懂得如何运用及管理金钱等。还有那些随着职涯发展收入逐渐增加的人，也会一步一步自然地走向较精致的生活方式。收入前 10% 的上层阶级里，几乎四分之三的人超过五十岁，其中 40% 的人甚至已经退休。从初级顾问、顾问、资深顾问到事务所合伙人，这些人以很长的时间慢慢习惯财富的增加，因此相对地也能以稳健的方式处理金钱。

如果是因运气、巧合，或者特殊情况突然致富的人，就很难找到合适的方式处理这么大笔的金钱。这种情形就很容易导致所谓的暴发户刻板印象行为：金表、酒池肉林的夜店派对、气派的豪华轿车、全身穿戴得金光闪闪、开香槟到处喷。

至于那些花了二十年时间，将小生意经营成隐形冠军的创业者又不一样。在这种情况下，赚得的金钱带来的效应经常太少，而不是太多。当一个人耗尽全力发展公司时，尽管责任增加，账户余额也跟着增加，但通常缺乏时间，甚至根本没有意识到自己需要去培养、发展符合当下财务状况的世界观。多年后他才惊觉自己缺乏文化，缺乏美感，多了参加各式休闲活动的可能性，多了有自己事业及想法的伴侣，并且隶属顶级联盟。虽然他拥有豪华轿车，住在有游泳池的别墅，在奥地利滑雪胜地基茨比厄尔有度假屋，但身处高处的环境时依然有格格不入的陌生感。虽然可以购买萨尔茨堡音乐节专属套装行程，但却找不到门路进入《姆岑斯克县的麦克白夫人》的歌剧世界。出现这些问题的主要原因在于惯习跟不上财富累积的脚步，两者之间的调和还需要时间。一旦两者可以彼此互相配合后，将会有惊人的成功。

当威廉王子授予她大英帝国勋章时，维多利亚·贝克汉姆（Victoria Beckham）穿着一身个人名下品牌的深蓝色洋装，头发简单地扎成马尾，脸上几乎看不出化妆的痕迹。她并非总是这么优雅，作为歌手及运动员的妻子，曾被时尚评论家选为全球装扮风格最差的女性。当时她的造型：极瘦的零码身材，接长的头发，夸张的胸部。十年后维多利亚·贝克汉姆享有一流的地位，被《今日管理》杂志选为年度最佳女企业家。她与丈夫的财产合起来，据说比女王还要多。如今她给人的印象是：独具一格。

美国心理学家史蒂芬·高巴伯特（Stephen Goldbart）以"一夕致富症候群"形容飞来横财对个人心理所造成的影响。高巴伯特认为，意外获得一大笔与出身环境毫不相称财富的人，很容易与旧有的世界失去联结。许多暴发户因此走向极端，要不过度消费，要不过度节俭。他们常觉得自己被社会孤立，老朋友变得陌生，在经济匹配的社交圈里，也不被人接受。

这种最初的种种不适应是可预见的：拥有一大笔财富也需要学习。只要有钱，很容易买到芬迪包、法拉利、度假屋，生命中美好的事物都很有趣。但有钱不是进入精英圈的门票，因为传统富豪世家一直以来就比暴发户谨慎低调。与电视上播了十四季的富豪真人秀《盖森家族》流露出来的讯息完全相反，大多数的上层阶级通常不会夸耀财富，反而接近默不作声。除了特朗普及卡戴珊之流，大部分的人都喜欢生活中的各种美好事物，欣赏高档商品及注重工匠手艺的质感，但并不会敲锣打鼓将有钱这件事公之于众。任何让人联想到下流或炫耀的东西、任何崭新到闪闪发亮的东西，都会泄露这么做的人完全不了解游戏规则，或者至少暴露出这个人刚进圈子不久。这种现象不是现在才有的。

19世纪末，在维也纳，富有的"第二社会"成员纷纷在环城大道旁新建的宫殿别墅定居下来，包括金融大亨、工厂老板、刚被授予贵族头衔的市民，他们全是有教养、崇尚自由主义的中坚分子。然而，对那些世代相传、高高在上的贵族而言，他们不过是"环城大道的伯爵"。讽刺漫画总是将他们描绘成暴发户的样子：故意穿得体体面面站在别墅阳台抽烟斗，展示自己的富有。尽管第一社会与第二社会的成员有来往，但只限于男性。"从未见过第一社会的贵妇到第二社会人家做客，反之亦然。"一位时代见证者这么写道。

无论是1875年或2020年，都可能发生一夜致富，或者就算不是一夜，也是在极短的时间内致富。但有钱并不代表同时会得到社会的肯定，就连《漂亮女人》里的朱莉娅·罗伯茨（Julia Roberts），也躲不过在精品店中试图撒钱购物却失败的经典一幕。要被视为有钱人，得先符合某些条件。首先自然是拥有一定数量的金钱，但比数量更重要的是如何处理这些金钱：如何谨慎投资，如何有格调地花钱。这并非人人都懂，根据知情者的估计，约有80%的乐透中奖者，两年之内就将奖金悉数花光，甚至出现赤字。数学家克里斯蒂安·弗里茨（Christian Fritz）曾用一句话简单明了地总结这种现象：

"通往（财务）成就的道路是漫长的过程，不是一时发生的事件！"

或许一个人可以快速赚大钱，得到经济地位的上升，但只有当品位迎头赶上时，才可能赢得社会的肯定。

金钱如何塑造个人决策与生活方式

"小时候我曾相信金钱是生命中最重要的东西。如今老了才知道,真是这样的。"王尔德的名言常常很尖酸,但总是一针见血。金钱当然不是一切,但钱还是能买到很多东西。这里指的不仅包括卡地亚手表,还有凯歌皇牌香槟。虽然手腕上的经典名表看起来很棒,但纯金镶钻的更好,更有意思的是,收入及财产如何影响我们消费以外的生活?

从社会整体来看,财富并非只带来好处。近来,心理学开始关注金钱与社会地位如何影响人们的社会心理行为,得到的结论是:经济状况较好的人,会自认比经济状况较差的人优越,较没同理心,而且比起较穷的人,他们更容易认为违反交通规则或逃税不算什么违法行为。

加利福尼亚大学伯克利分校的两名学生在一间没有窗户的房间里玩《大富翁》游戏,不过,不是遵从一般的游戏规则,而是遵从以经济不平等为原则设计出来的特别规则:A玩家在游戏一开始可以拿到两千元,每次经过原点可以领两百元,B玩家拿到的钱是对方的一半。此外,A玩家掷骰子的次数是B玩家的两倍。研究人员透过摄影机追踪A玩家的反应。一开始,A玩家明显觉得尴尬,但游戏时间越久,他就越不在乎地展示优势:回避B玩家的目光,买下一条又一条街道,盖起一间又一间房子,靠着收租越来越有钱。渐渐地,他几乎将整个游戏桌占为己有,以他的棋子横扫棋盘,最后,他面无表情地拿走输家所有的钱。

这个由伯克利心理学家保罗·皮福（Paul Piff）主持的实验显示出：手上不过多了些游戏钱币，行为就会产生变化。《大富翁》游戏如此，现实生活就更不必说了。

社会经济地位较高的人很容易觉得，自己有更多的要求是再正常不过的事。

仿佛规则就是为他量身定做，他在实验中也比别人拿取更多的糖果点心，尽管那是给别人的。并且他会隐瞒重要讯息不告诉对方，若赢了游戏有奖品可拿，他更是毫无掩饰地作弊。不过这些行为的背后并非出于恶意或代表恶劣的人品，只是个人享有优势会改变思维视角。这一点，从实验中受试者暂时进入有钱人的角色时，也会表现出"富人惯习"的现象便可以证明。就像打开开关一样，拥有越多钱，就越容易只想到自己。反过来，也可以观察到类似的现象：当人暂时陷入手头拮据的窘状时，与别人合作的意愿也会大增。伯克利研究人员用简单的成本效益分析来描述行为的改变：

有钱人不必依赖他人的善意过活，因此也较不在乎别人对他评价如何。

拥有钱财的多寡，也会带来不同形式的惯习。没钱的人想过好日子，最好与他人团结。而有钱人不必仰仗他人的意见，可以按照自己的意愿追求自己的目标，而且还可以毫无顾忌地展现自己的优势，不必担心招来不利。富人看重的正是钱财带来这样的自由（而不是可以随意买下奢侈品）。这也是社会学家雷纳·齐特尔曼的研究发现，他在《富豪的心理》一书中访问了四十五位财产上亿的富翁，问钱财对他们的意义是什么。受访者最重视的意义有三：一是独立，二是自我实现，三是安全感。自我肯定及物质消费远远落在这三项之后。

为何有钱人看重自主独立甚于消费力呢？比尔·盖茨的答案相当贴切："我可以理解大家都想要有好几百万美元的心理，毕竟有了钱，可以带来一些实质的自由。不过，我可以告诉你：当你拥有更多的钱以后，汉堡还是一样的汉堡。"

超级富豪的说法很可能经过美化，而且强调精神价值高于无脑消费显然比较好听。另外，不必是超级富豪也知道，经济资本是各种生活风险的最佳缓冲，也是发展自我及实现梦想、过想要的生活，以及让下一代站在最佳起跑点的、最重要的前提要件。

金钱赋予的自由，不仅会对生活态度产生正面积极的效应，同时也会对惯习产生重大影响。除了之前不断提到的时间与自我实现的空间都加大之外，金钱还会改变思想及行动：对那些拥有高度或低度财务缓冲能力的人来说，工作这件事会变成一种选择（多少不再那么重要）。学校老师可以降低上课时数；企业讲师不必再以低价推销自己的课程，而能要求与自身能力相符的讲师费；项目经理可打断冗长且毫无结果的会议，径自去幼儿园接孩子回家；真正非常有钱的人成立基金会致力于拯救世界，在各国政府及世界卫生组织之外，以自己觉得更有希望的方法行事。

拥有大量经济资本的人，不必屈居于人下。就像约翰·古德曼（John Goodman）在电影《赌棍》扮演的高利贷大亨法兰克说的："如果有人赢了两百五十万美元，就连白痴都知道，这会让你接下来的人生都处在'滚蛋'状态。有人叫你做事，滚蛋；老板惹恼你，滚蛋。聪明人的生活底气，就是滚蛋。"

不管你称这样的状态是财务独立，还是"滚蛋"，这就是免于物质压力的自由，至少在某种程度上，它能确保你无须低声下气，不用再为许多事情焦头烂额。在经济资本不断增加的同时，人们开始想要更多，也开始做一些之前想都不敢想的事：创业、写小说、在新领域开发事业、买下罕见的特殊仪器、开始上自然疗法课程、买下一家行情看好的新创企业。这些行动又创造了更多赚钱的机会，人的野心也就越来越大。这也反过来使个人更热衷工作，形成一种良性循环。

让钱工作的结果，通常就是自己工作更多、更卖力。

如意大利文艺复兴时期廷臣及外交家巴尔达萨雷·卡斯蒂廖内（Baldassare Castiglione，1478—1529）所说，在理想的状况下，因为有钱而获得的自由，应该可以转化成"轻松惯习"。这种无拘无束的惯习很难假冒，因为轻松的态度来自生活经验：我就是自己的主人，不会遇到太多倒霉事，就算有，我也知道该如何面对。能有这样的自信，当然不只是需要大量的物质资本这样一个前提要件而已，否则特朗普就不可能是特朗普。但是，轻松的生活态度，以及因此产生自信——不是自恋——的外在表现，经济安全感不可或缺。如同布赫迪厄说的："自然而然、无拘无束的轻松态度，其实就是物质充裕下的无忧无虑。"

金钱观的塑造：如何调整对财富的认知？

经济起点有多不平等，富裕与贫穷的界线就有多不清楚。富人与穷人并非一线划开，他们中间有着范围广泛的过渡形式，但只要不是超级富豪，几乎人人都有同样感觉：

有钱的总是别人。

出现这种扭曲的想法，原因在于每个人认识或知道的人当中，总有人明显比自己有钱很多。就算自己已经无经济烦恼，也不必抱怨，总会有某个邻居继承一大笔财产，某位兄弟靠创业致富，某位表姐在迈阿密开了一间很有名的画廊，某对熟识的夫妻靠着储蓄与投资累积了一大笔财产等等。更不必提大型汽车集团家族如皮耶希或匡特、贵族如格洛丽亚公主、流行歌手海伦娜·菲舍尔、金融大亨卡斯汀·马斯迈耶、威尔士亲王，或是杰夫·贝索斯这些人了。借用剧作家贝托尔特·布莱希特（Bertolt Brecht）的名言并修改一下：人们眼里只有那些高高在上的人，看不见处在深渊的人。拿自己跟有钱人相比，是无可避免的人性，但这么做可能会导致低估自己的经济塑造空间，而无法有效运用手上的钱。

我们得承认，那些已跻身前三分之一的上层阶级，就算再有成就，想法再有创意、再突出，他们是否能进入极端有钱的顶级联盟，仍然非常难说。除非恰好红运当头：以小钱买下的股票突然暴涨；旗鼓相当的对手突然请产假去了；创造出一件全世界翘首以待的东西；突然被推荐站上未曾想过的高位；获得极有名望的大奖并因此进入从前根本进不去的社交圈。尽管精英当道的说法大行其道，但幸运似乎还是通往超级富豪联盟的最可能途径，就像美国石油大亨尚·保罗·盖提所说："在你结算时算错几百万美元还不觉得有错时，那才真正叫有钱。"至于运气在致富这件事上到底有多关键，意大利西西里岛上的卡塔尼亚大学找到了答案：

亚历山德罗·普鲁奇诺（Alessandro Pluchino）及其团队用电脑模拟了一千个虚构人物为期四十年间的财富发展。每个虚拟人物分别具有不同的智慧、能力及勤奋值，但拥有完全相同的经济资本。接下来的发展就看运气：这些人时而遇到幸运之事，时而碰到不幸。最后模拟结果显示，财富分配就如同现实生活一样不均：80%的财富落在20%的人手里，而大部分的高收入者天分平常。不断重复模拟，也是相似的结果。普鲁奇诺因此下结论说："这个模型显示出幸运在个人一生成就中扮演的角色，它太常被人忽略了。"

从普鲁奇诺的计算机模拟我们可以知道，若没有幸运之神的眷顾，就不可能累积庞大的经济资本；但若毫无智慧、努力及成绩，积累财富也一样不可能。因此，这个实验对财务行为的意义是：

顺风是一定需要的，但还是得扬帆启航，才可能真正受益。

回到现实层面：一个收入普通的人，还是有可能在一生中获得数百万美元。这是一笔充足的资金，虽然无法让你登上富豪排行榜，但还是可以发展出相当不错的财务缓冲。因为某些能让富人更富有的成功秘诀并非秘诀，只要掌握并使其变成个人习惯即可：

秘诀一：**像百万富翁一样思考**。这必须从语言习惯开始改变。中等收入者习惯以月薪计算，高收入者以年薪计算，顶级收入者则是以五年合约中，加上资遣费与退休金的总收入来计算。结果就是，有钱人以更广大的视角计算，关注全局，做财务决策时不只是考虑当下状况。中等收入者谈论的个人可能性常常太小，而且容易忽略眼前的可能性。就算是中等收入者，个人职涯总收入可能也有数百万美元，各种小额投资加起来也很可观。因此，你必须意识到自己会有多少钱，即使目前还不在你手里。

秘诀二：**正视金钱的价值**。很多人困在自相矛盾中，既想致富，却又鄙视富人。他们将有钱讲得像是件坏事，对有钱的人也是保持同样观点。毕竟我们常听到金钱腐败人心之类的话。但富人与金钱的关系通常更具建设性：他们将财产视为盟友，能助他们安心入眠，实现计划，解决问题，过有意义的生活，以及安心地面对未来。这样的盟友，值得他们看重。比起中产阶级和下层阶级，上层阶级的人更懂得尊敬他人杰出的成就，并懂得从这些人身上汲取灵感，转化为自己奋斗的能量。因此，结论是富裕要从脑袋开始。想要增加自己的物质资本，就不能看不起金钱。

秘诀三：抵抗购买欲望。坐在沙发上网购，各种划算的折扣，以及不经大脑的"应用程序内购"，处处都在诱惑人花钱。尤其是二十至三十岁的人，特别容易禁不起诱惑。美国统计数据显示，这一年龄层的人，仅是去餐馆和叫外卖，就比年纪较大者每个月多花五十美元。比较好的习惯是：与其花钱买一时的快乐，不如享受那些钱买不到的快乐，像是和家人、朋友在一起或有享受属于自己的时间。不妨时常将手机放置一边，出门散步去，就算社交媒体上的联系请求尚未回复。越用心经营日常生活，就越不需要靠消费来疗愈。

秘诀四：走上财务安全之路。决定好每月初从收入账户转到投资账户的金额比例。在不同的人生阶段，投入比例也不同。最好有 10% 的收入转入投资账户，有 20% 更好，就算刚开始少一点也无所谓，比起完全没有好太多了。重要的是，这笔钱不是为了下一次旅行、下一辆新车，或是补缴暖气费而存下的，而是为了你的财务安全，以及长期资产累积。储蓄利息及股票收益必须留在这个账户里继续投资。若每次加薪便自动提出增量的 50% 放入股票型基金储蓄计划中，那么你的经济资本增长会更快速。

秘诀五：将理财当成项目。富人比穷人懂钱，他们花更多的时间在理财一事上，找专家咨询，研究市场行情与各种机会。这背后的心态是：如果见多识广，股市就不像赌博一样只靠运气，而是一种严肃的投资形式。此外，财富资产研究也指出，有钱人将财产累积当成像体能挑战一样，与中产阶级相比，他们更常为自己设定一个极具挑战但可行的年度财务目标。就算没这么有钱，有这样的习惯也颇有帮助。从埃德温・洛克（Edwin Locke）及盖瑞・莱瑟姆（Gary Latham）发展的"目标设定理论"，我们知道该如何设定目标，才能使自己保持最佳状态。比起没有目标，或是抽象模糊的"尽力就好"，具体且难度高但可行的目标能激发出更好的成果。

秘诀六：让钱赚钱。快速致富并没有安全的方法，但几乎每个人都可以慢慢花上几年，甚至几十年的时间累积财富。关键是要懂得并持续自我控制。你不是在选择今天喝的那杯五美元的星巴克咖啡，还是把这五美元存下来，而是在选择那杯咖啡和将来那笔可能从五美元增值到几百美元的积蓄，当你退休时这笔钱将派上用场。加州财务顾问帕蒂·费根（Ratti Fagan）表示："举个例子，当你改变习惯，每个月省下一百美元，并将其持续投资在股票市场上，以一般股票投资报酬率7%计算，三十年后，你的财产将会增加十二万美元。"以上是德国证券研究所的计算结果。

低调的富人为何不炫耀？财富的隐性规则

或许因为拥有庞大物质资本的人并不喜欢让人看穿他们的底牌，因此从事财富资产研究的人，很难接近他们的研究对象。"关于德国的百万或亿万富翁，人们知道得很少。"德国经济研究所研究员马库斯·格拉布卡（Markus Grabka）这么说。最接近实情的可能是SINUS研究中心十年前针对德国富裕阶级生活世界的分析研究，该研究将上层阶级划分了六大社会环境，他们彼此之间差异明显，一点都不像名流或时尚杂志报道暗示的那般一致，尽是冠盖云集、觥筹交错。

就先从"保守型富人"讲起，这类富豪几乎不会出现在小报的花边新闻里，无论是生活或是捐赠都默不作声，维持自己的家产，只在家族及老友圈中交际。同样低调得像背景板一样的，还有"传统型富人"，他们大部分是殷实的中产阶级，尽管已挣下可观的经济资本，仍过着脚踏实地的生活。在所有上层阶级中，最难看出这类人是有钱人。相较之下，明显展示有钱身份的是"公认的富人"，包括高阶经理人或跨国大企业的经理、制造商或高薪的自由职业者。负责及勤奋是他们的座右铭，透过低调的身份象征、模范家庭及行家的生活风格，展现出他们的成功人生。与此同时，他们也将自己视为"地位导向富人"浮华生活的反面。"地位导向富人"就是一般人口中的暴发户，作秀与金光闪闪的物品是这类人的最爱，他们的爱表现常出自叛逆心态，因为在他们的惯习中缺乏文化资本，所以他们根本不被精致的上层社会接纳。比起暴发户，"新富后代"在狂欢与认真之间的拿捏就好很多。这些有钱人家的子弟，在狂欢的同时，也会充满精力地追求事业发展，并致力于建立和谐美满的家庭。这种会玩又认真工作的族群中还有"自由派的知识阶级富人"，对这些人来说，金钱本身并无价值，只是手段，用来实现个人所追求的价值与期望，像是自我实现、自由、持续发展，以及独立自主。

  SINUS 研究中心的调查显示，上层社会对金钱的态度也不一样。是默默拥有财富，低调且不动声色地生活于其中，还是大声嚷嚷搞得众人皆知，不同的行为往往决定了财富的发展走向，有时甚至决定了拥有财富的时间长短。

  1989 年 7 月 8 日，星期天，这一天结束前，二十出头的鲍里斯·贝克尔（Boris Becker）与施特菲·格拉芙（Steffi Graf）分别赢得温布尔登网球男女赛冠军。在接下来的日子中，两人不断创造佳绩，获得大满贯，赢得各式各样的商业邀约。十年后，两人几乎同时退出职业网坛。二十年后，两位德国网坛的金童玉女，已经不再有任何共同之处。鲍里斯·贝克尔是小报花边新闻的宠儿，背负的债务越来越多，在全欧洲都宣告破产。施特菲·格拉芙则毫无丑闻地在美国拉斯维加斯生活，保护自己的私人生活不随便被曝光，拥有的财产位列德国前一千名，据估计有一亿五千万欧元。

无论是上层阶级或是中产阶级，很多人明白这个道理的总是为时已晚：高收入还不是财产。一份高于平均收入的薪水虽然是快速累积财富的好起点，但同时也会招来奢侈的生活形态。就算每月净所得达一万或两万欧元，还是可能一下就花光。特别是喜欢高品位、高格调生活方式的人，月底经常不剩半毛钱。就算教育水平再高，也不会阻止这种事情发生，甚至恰恰相反。

美国大学教授托马斯·斯坦利（Thomas J.Stanley）与威廉·丹柯（William D.Danko）想知道高收入者如何累积财富，他们花了二十年时间追踪美国上千个家庭的财务发展状况。他们得到的结论犹如一记警钟："在将收入化成财富这件事上，高收入的医生、律师与中阶经理人的表现低于标准。"

这其中的原因再简单不过：教育程度较高的人，较容易出现多花钱、少投资的倾向。有机食品、美观舒适的住宅、歌剧门票、健身器材、对衣物有时尚品位的要求、双薪家庭需要家务助理及保姆、质量优良的多焦眼镜、订阅报章杂志、自费进修、不时上餐厅享受美食、旅行、休憩、看世界。在这种城市生活风格下，无须特别显眼甚或冲动，金钱就消失在一个个小黑洞里，而且还会对一生的财务成果产生致命的影响。一开始还看不出来，然而，一到中年，影响就越来越明显，同样的薪资将呈现出完全不同的财产状况。

对此，研究者特别以三个父母年约五十岁的高收入家庭来做说明：他们一年的家庭总收入均为二十二万美元，其中最成功的家庭累积了超过三百五十万美元的财产，位于中等的家庭约累积了一百万美元，最糟糕的家庭则只积累了三十五万美元。其中，累积财产最成功的社会族群是训练有素、简单朴实的工匠及技工。他们出身平凡，通常拥有个人经营的小公司，很早就开始为了美好的未来存钱。比起同年纪的学界人士，他们对生活的要求相当脚踏实地：以自己的双手及社区互助方式自建住宅，详细记录生活中每一笔收入及支出，参加运动社团而不是去健身房，买车时注重质量而非品牌，孩子需要有人照顾时，祖父母会来帮忙。他们储蓄比例很高，财产持续增加，投资获利所得也不断增加，最终成为第二笔额外收入。等储蓄增加到一定的程度，钱就开始自行增生。

资金储备的价值：经济独立与安全感

尽力累积出来的物质资本，不只是存在账户里的金钱，它还会让人生更丰富。知道自己有一大笔财务资源可随时动用，会让人更勇敢，对生活也更有信心。若儿女会考成绩不够理想，他们仍能提供儿女到布达佩斯就读医学院的资金，也不会为自己退休后如何生活而紧张。他们的财务安排也会更大胆：付完房贷后的房子，再加上好几十万欧元的存款，就可以投入几千欧元进行较高风险的投资。但若存款只有三万欧元，就不建议这么做。这也是为何根本不必问一个人是否该在累积财富上下功夫。越早开始这么做，最后获得的资本就越多。

人人都有机会在个人收入及年龄分布族群中，创造出高于平均水平的财富。最重要的三大原则是：第一，不要为了任何消费物品负债；第二，存钱；第三，理性投资，切忌妄动，但也不要太过瞻前顾后。这三种习惯也是惯习问题，也就是一个人如何学到与金钱打交道的知识，以及对金钱、对人生又有什么样的期待。

这里，出现了一个关键问题：我们对人生到底有什么期待？

我们当然可以像祖父母所教的那样，总是从菜单最下面往上读，幸运的话，在看到昂贵的餐点之前，就先找到想吃的东西。同样的原则，买车时也不看配备选择清单；网络购物搜寻前先设定好价钱范围；只购买二手建材；在书籍、杂志和 Netflix 上每个月省下五十欧元，这样一来，一年就省六百欧元，十年就有……

问题是，这样我们真的快乐吗？我们真的应该把每一分钱都存下来累积财富，只因设法累积最多物质资本永远不会有错？尤其是当有了孩子，养老金不再可靠的时候，或者我们应该坚信德国作家马丁·瓦尔泽（Martin Walser）所说的："任何没有反面的东西都是假的。"因为财富资产研究并未提到一点：将钱存起来的人,舍弃的不仅是不必要的开销,他们还舍弃了扩展视野的机会,舍弃了尽管不理性、却可以丰富人生的欢乐时光。

  像唐老鸭的富豪叔叔那样的储蓄冠军,得冒着落入守财奴惯习死去的风险:他们非常成功,但没有生活,眼里只有账户余额记录及股市获利。

  严格来说,精算下来人们甚至不该在教育上花太多钱。因为就收入来看,最富有的是自雇者,这些人有扎实的教育背景,但并未拥有最高学位,像工匠师傅、技术学校毕业生或大学毕业生。继续升学拿到硕士、MBA 或博士头衔,虽然收入至少与前者一样多,或者更多,但从统计资料来看,累积的财富明显没有前者多。是因为教育程度高的人出手较大方吗?这就因人而异,看个人想要的是什么。若将累积物质资产当成人生最重要的目标,那答案是肯定的。但若想尽量在这美妙且唯一的一生中活得多彩多姿,答案就不这么明确了。

  "金钱使人变漂亮。"麦当娜(Madonna)这么说。不只变漂亮,金钱还可以使人变聪明、有教养、经验丰富,还能让人建立良好的人际圈。但金钱要产生这些影响,只有在我们有意识地使用它来增加其他六种资本时才可能发生,这些资本对我们养成惯习也(至少)一样重要。

  > 金钱化成大笔的存款能增强我们的心理资本:我们会有安全感,生命有多重保障,甚至可能会有满足感。

> 进修缴交的费用，会增加我们的知识资本。

> 书籍、展览及旅游虽然花钱，但会转变成文化资本。

> 接受或发出邀约，会增加社会资本。

> 买漂亮的衣物或参加一星期的海边净化营，是用物质资本交换身体资本。

只有超级富豪才可能鱼与熊掌兼得：保住经济资本，并活在一个处处显示出惯习优越性的生活里。其他人则必须在累积财产和其他资本的拉锯中维持平衡，至于平衡点在哪里，每个人都必须自己做决定，这也是每个人该为自己负的责任。

走在钢索上的平衡点该怎么找，可以参考下面的例子：为稳固的安全网而储蓄，要减少囤积物；一定要小心花钱；绝对要精明投资；除上述几点之外全是乱来。但在使用金钱的态度上还有另一面也必须考虑进去：能丰富生命的经历并转化成良好惯习的投资，尽管这或许相当昂贵且对维持生计而言不具任何必要性。若一般收入或高于平均收入的人选择这样一条中间道路，储蓄及投资的比例可能因此无法达到极致，却会赢得充实的人生与种种知识。追求经济资产的累积是应该的，但对于那些刚走上晋升之路的人，却不能、也不该是最重要的。

接受外部帮助但不依赖：强化财务自主性

朋友的儿子二十六岁，住在家里房子的后屋，他的早餐、午餐、晚餐由父母全包,另外父母还提供网络设备及洗衣服务。另一位朋友的女儿从曼海姆大学及斯坦福大学工商管理学系毕业,正准备去伦敦经济学院念硕士,其间还去海外实习及旅游。为了女儿的教育,双亲投入了几十万欧元。前者一家在附近买了一栋有大庭院的漂亮房子,当作给儿子三十而立的资助,儿子会与女友住进新房子。"二十平方米的公寓实在挤了点。"不只是年轻情侣这么认为,父母也这么觉得。"我们还会帮忙装潢,但之后就不再帮朱利安付账了。"虽然朋友这么说,但或许他们还会继续付账。

孩子到了三十岁、三十五岁,基本上也走过几个成人阶段的重要里程碑:接受教育,搬离父母的家,有自己的收入,结婚,生小孩。三十多岁的这个时段,人们在社交、教育及文化方面表现通常不错,且常常比他们的父母更优秀。尽管如此,许多人仍然继续依赖家里的金钱支援,而且看不到尽头。根据德国经济研究所的调查,六十五岁以上的人中,有16%的人仍会定期给孩子或孙子金钱支援,部分是紧急状况,部分则设定成自动转账。从年龄资料可知,这些钱并非是给二十多岁到三十多岁,才独立不久,正在为个人生活所需的物质条件基础打拼的年轻人。这个数据显示的是,逐渐老去的父母,继续将钱投资在已长大成人,甚或已是中年人的儿女身上。

在许多情况下,把钱给下一代是好意,也可以节税。父母提早就将一大笔钱托付给孩子,有时对孩子提出条件,有时没有,或至少没有明讲。孩子不必像查尔斯王子那样,等到退休高龄才能继承遗产。这样的赠予,也代表孩子有资格接受这样的托付,自小在家就已耳濡目染，习得如何面对金钱，这样的物质资本对他们来说并不是用来支撑生活开销，也不会感到棘手。父母赠予的金钱，只是增强安全感，发展出新的可能或生活出现新气象。这种状态下的施与受，是巴菲特描述的最理想的状况。这位投资大师建议，传承物质资本最好的方式，是让下一代感觉"做什么都可以，但不能多到让他们觉得什么都不必做了"。具体来说，父母为孩子铺路，使金钱成为成功的跳板，但不要无微不至地呵护，使孩子的企图心窒息在父母的羽翼之下。

加拿大投资名人凯文·欧勒利（Kevin O'Lleary）认为，孩子能独立生活是一件非常重要的事。因此，在他儿子还是青少年时，他们一起搭飞机，他自己坐头等舱，孩子只能搭经济舱。基于同样的原则，孩子大学毕业时，他什么也没给："你必须让孩子准备好自己建立个人的生活。我总是告诉有钱的父母，如果不把孩子踢出家门，让他们接受现实生活的考验，他们永远无法振翅高飞。"

看起来，似乎富裕家庭的父母感受到的压力，至少和他们的孩子一样沉重。在主导阶层的社会环境中，五十五岁的人习惯的生活方式，不是二十五或三十出头的人能够靠自己双手挣来的。同时他们也与从前的人不一样，孩子与双亲拥有的惯习相当类似，无论在居住或饮食上，好家庭出身的年轻人会欣赏父母的生活方式。与家里相比，出来工作后拿到的第一份薪水，代表经济上的倒退。尽管是人生首次拿到全额薪水，但若只靠这份收入的话，生活享受就必须下降一两级。无论是父母或孩子本身,都无法接受这种倒退情况。

巴伐利亚南部某个高尔夫球俱乐部会员大会,已经进行了两小时,终于来到"其他事项"。一位会员抓住机会举手发言,说他儿子想要退出俱乐部,虽然儿子从十岁起就加入俱乐部,但现在不能继续当学生会员,又不想缴交一般会员年费。两对夫妻会员深表同情。这些三四十岁的人,生活上还有许多待办事项,无法理解为什么不能继续享受优惠。会场一角有人出声说,高尔夫球本来就是一项需要有经济能力才能参与的运动。大家面面相觑,董事会决定暂时先不讨论这个问题,之后为此召开闭门会议。最终会议决定给四十岁以下的会员提供特别优惠。

越富裕的家庭,下一代就越享受双亲知识资产阶级的生活方式。爸爸负责填满酒窖,派自己的园丁帮忙修剪树篱。妈妈把她开了三年的宝马 X3 给二十九岁的女儿。祖父母理所当然地为即将出生的孙子备齐所有婴儿所需物品,甚至连教育基金都开始准备了。

这听起来非常美满,尤其是亲子间感情融洽,自然乐于提供这些支援,为何不呢?爸爸妈妈也很高兴,况且又不是付不起。但麻烦的是,到了三十五岁、四十五岁,甚或五十岁还需要父母的金钱支援时,就是依赖成瘾了。这可能也是感情上的依恋,不过，不管怎样，都绝对算经济上的依赖。拿父母的钱享受奢华的生活，总是将父母给的那一份计算进去，就算在朋友及同事圈中看起来光鲜亮丽，但这样的地位是借来的，优越感建立在摇摇欲坠的基础上，个人惯习更是充满浮夸。一直依赖父母的金钱支援，不仅会造成心理伤害，还会削弱个人的表现与能力。

就常识判断，原本就有高薪的医生、律师或税务顾问，若再获得父母额外的金钱支援，应该很容易累积出一大笔财富。但根据统计，事实恰恰相反：那些经常接受父母金钱支援的人，他们拥有的经济资本，远远低于只靠自己的同等收入者。《隔壁的百万富翁》的两位作者斯坦利与丹柯知道原因何在："接受金钱赠予的人，容易过度消费，且喜欢超额提取钞票。他们的生活明显比同等收入的族群奢华许多。"因为处在优势地位，这些有钱人家的后代习惯父母的生活水平，而不是自己负担得起的生活水平，就算已有很好的发展机会也一样。

这种影响听起来很矛盾，且不是每个人都这样，但这种现象也算普遍，值得我们认真面对。富裕的家庭其实很容易就能避免发生这种现象，只要亲子双方都接受下面说法：

父母与孩子各处在不同的生命阶段，两者的生活水平自然也不同。

这并不代表有钱的父母不应该帮孩子一把，他们当然可以资助孩子获得最好的教育，在孩子事业刚起步或转折的阶段提供帮助，例如买房子，或者当孩子带着一份不错的商业计划书寻求资金时，当然也可以乐于将度假屋或滑雪小屋借给孩子们使用。不过,最好不要提供任何支付日常生活的资金。这种做法背后的想法是:有源源不绝的强大物质资本作为后盾,会让事情变得很方便。靠自己双手赚来的财产,能增强个人的心理资本,增加成功的机会。

进阶路径　强化财务独立,摆脱经济束缚

强大的物质资本代表高度的弹性,比起其他六种资本,金钱最容易拿来换取你更想要的东西:它可以转换成个人进修、享有盛誉的学位、社会地位、文化素养、墙上挂的艺术品、为美好的世界做出贡献、一张没有皱纹的脸、一项很想试试的运动,甚至是期盼已久却迟迟不来的孩子……种种无限的可能。"这世上有两种人,一种是有钱人,另一种则是富有的人。"可可·香奈儿(Coco Chanel)这么说。就算只属于前者,至少生活会好过一些。

1. 拿钱去投资,而不是闲放于一旁。 每月的投资利率放进证券账户,最好分散投资且投资金额持续增长。切记,务必多方咨询,尽量搜集各种投资形式、投资策略及储蓄可能性的资料。若只依赖货币市场账户或固定利息投资,容易错失更好的收益率。根据凯捷管理顾问公司的数据,德国的百万和亿万富翁将 30% 的财产放在股票上,而且大量投资房地产。

2. 要知道,安全感的建立是要付出代价的。 在德国受欢迎的大企业工作,可以享有舒适的生活并累积一定程度的财富,但要想有钱到数不清,薪水再高都不可能实现。世界排名前十的有钱人,个个都是创业成功者,像亚马逊、微软、Google、脸书、ZARA。他

们赚大钱是因为逆流而上，无视各种批评，抓紧每个人都想抓紧的机会。

3. 利用你的天分及兴趣，发挥创意累积财富。一位同事在正职外兼营一座太阳能电厂以增加收入；一位朋友的朋友每年都会接受数次委托，担任婚礼或家庭聚会摄影师，她拍摄的照片就跟收取的费用一样精彩动人。另外有对朋友没几年就买下一栋地点极佳但破旧不堪的老公寓，自己动手整修，平衡动脑不动手的办公室日常。一旦公寓整修到可以出租时，价值已经明显上涨许多。

4. 在金钱的使用上，下层阶级是为满足生活必需，中产阶级希望能有更好的生活质量，上层阶级则是拿来投资、保值及增值。确认你对金钱的基本态度，并效仿比你高一层阶级的人的储蓄及投资习惯，发展出个人的机会。

5. 哈佛大学、伦敦帝国理工学院和美国联邦储备银行的经济学家都认为，小额储蓄者在经济景气的年代可以获得比富人还多的回报，但在经济不景气时就可能损失更多财产。从长远来看，富人的投资策略较为成功。因为小额储蓄者在股票上的投资，平均只有1.56家公司，富人平均投资约29家公司，这就是富人成功的简单秘诀：分散风险。

6. 为自己设定财务目标，很多大富豪都认为这很重要。他们立下明确以月、季、年为单位的目标，有些甚至订定七年计划表。积累金额的数目是多少？计划截止到什么时候？启动金从哪来？实现目标后的下一步计划呢？有些人使用资料视觉化的技术，以便更快达到目标，并借着类似在存款余额后多加个零的方式来激励自己。

7. 永远不要把金钱本身当成目的。 努力累积物质资本不是吝啬或小气！在你财务范围许可下，设法提升个人生活所有面向，而且最好不要等到人生下半场才开始。定期审视自己的休闲活动、媒体使用、品位及社会参与是否与当下的经济条件相衬。将那些高你一层阶级的人当成指引方向：他们付出什么，说了什么，穿戴什么，什么打动他们，使他们奋不顾身的又是什么。一个更高阶级的惯习不只是拥有更多钱而已。

8. 若突然发大财，必定欣喜若狂，但至少在一开始，惯习跟不上新的生活状况。 尤其下面这三大因素，在一开始特别容易成为阶级晋升的阻碍：炫富式的购物、胡乱投资、糟糕的顾问。良好的做法是：给自己时间慢慢适应有钱这回事，进行安全投资，千万不要试图在一夕之间改变个人生活。因为人理智上不可能马上就理解突然拥有一大笔横财的意义。"有一种说法是以两年为期，能熬过这个期限，代表你已经够成熟，知道如何享受金钱，并且懂得如何运用它。"慕尼黑理财教练妮可·拉普（Nicole Rupp）说。

思维对话　财富自由始于自立，积累资本才能掌控未来

雷纳·齐特尔曼在他的著作《富豪的心理》一书中，分析人们如何靠自己的力量赚得千万或上亿资产。他的理论是：出身不是重点，最重要的是有逆流而上的勇气。

多丽丝·马丁：齐特尔曼先生，您从心理学的角度研究富豪的心态。请问，有钱是一种相对的概念吗？

雷纳·齐特尔曼：奇怪的是，几乎没人愿意承认自己有钱。对我来说，所谓有钱就是那些可以靠财产的收益过富裕生活的人。因此，若只有一百万欧元，我认为还不够有钱。假设这笔钱使他可以在税后拿到3%的利息（这在今日是一件极具挑战的事），他的每月收入净额就是两千五百欧元，这笔钱实在不够一个人过富裕的生活。但一个人若有一千万欧元的财产，就能每月获得两千五百欧元，那我认为他是有钱人。

在德国，只要收入超过平均所得的两倍，就是有钱人。但这样的金额对那些真正排名前几名的富翁来说，应该是少得可怜吧？

没错。这种有钱的定义就跟联邦政府的穷人与富人调查报告里的定义一样。至于为何将这样的收入所得视为富有，我实在无法理解。

我发现，您访问的超级富豪几乎全是男性？

四十五位受访者里的确有四十四名男性。主要原因是，我并未采访那些财富来源于继承的人。就像福布斯或彭博富豪排行榜上，如果去掉因继承变成富豪的女性，那么剩下的女性富豪也不多。而且，关于男女亿万富翁的比例，目前还没有相关的数据。

超级富豪跟一般有钱人的差别在哪里？

简单地说，富豪是逆行者，绝不从众。面对失败及打击，他们的反应也跟一般人不一样，会悉数承担所有的责任。他们通常是非常优秀的销售员,同时也是企业家及投资家。身处受薪阶级的人很难致富,那些媒体报道中,年薪千万的顶级经理人是例外,不是常态。

这样说来,自立门户似乎是通往超级富豪的唯一道路?

是,也不是。自立门户是致富的前提要件,就财富资产研究来看,大多数的超级富豪都是创业后才开始有钱。看看像德国《经理人杂志》*Bilanz* 或《福布斯》上的富豪排行榜,上面几乎全是企业家,或是企业家的继承人,几乎找不到受薪阶级,或是仅靠股票被动致富者。不过,我们也要知道,大部分自立门户的人都不富有。创业失败的概率比起成功高太多了。他们赚的钱比受薪阶级多很多,也反映出他们冒的风险高太多了。

您认为金钱如何决定一个人的惯习?

在这一点上,接受我访谈的有钱人,每个人都不一样。

那反过来呢?

社会学家宣称,一个人是否能跻身经济精英,关键因素是惯习。这点很让人怀疑。提出这种说法的学者,大部分的研究对象是受雇的高阶经理人,也就是大企业里的董事,很少接触自立门户的创业者,不然的话他们一定会有其他的结论。

据说,继承家族财产的人也非常自豪,仿佛那些财富是靠自己双手挣来的。为什么会有这种心理?

维持家族财产,甚或扩增,是大多数的人都无法做到的巨大成就。就像俗话说的，富不过三代。任何能做到的人，的确有理由感到自豪。大部分的人都无法想象，他们背负的责任有多重大艰辛。

您最近因为出书去了中国，今日中国似乎是全球最具财富创造活力的地方。您怎么看？

相较于德国人，中国人对于财富的态度更加积极开放，也更容易将追求财富视为一件合理且值得努力的事。我曾在中国五座城市进行演讲，并接受了大量媒体采访。几乎没有人问我"发财是否有意义"或"是否涉及道德问题"，对他们来说，重点不是"应不应该"，而是"如何做得更好"。

能举个例子吗？

尤其是年轻一代，他们充满乐观和进取心。我记得在北京演讲结束后，一位十岁的学生走过来，用流利的英文问我：如果想在未来积累财富，应该从什么时候开始一边学习一边尝试工作，甚至考虑创业。还有一点让我印象深刻：听众中有大量女性，几乎占到一半左右。而在德国，类似的投资或金融主题活动，现场氛围和参与人群则完全不同。

并非每个人都知道如何面对财富。有什么错误是像彩票得主、白手起家的百万富翁、明星运动员，或者比特币富翁要小心不要犯的？这些人需要具备什么能力？

您列出的人差别非常巨大，有些是幸运儿及赌徒，像乐透及比特币赢家；有些则是真正做出成绩的人，像白手起家的企业家。乐透及比特币赢家这类意外致富者，极有可能失去财产。在我的书《富豪的心理》中，就有很多这样的例子。不只乐透得主、比特币赢家，还有许多运动员、明星，或是音乐家，既不具备致富及保持富裕所需的个性，也没有相符的知识。他们可能相当幸运，或非常擅长某个领域，但这些特长无法转移到其他领域。

歌德曾说过："争先恐后追黄金，黄金决定一切。"您觉得文化资本与经济资本，哪个比较有价值？

这问题听起来就像问我左脚或右脚哪个比较重要，我觉得只有一只脚很难站稳。

雷纳·齐特尔曼博士拥有历史与社会学双重博士头衔，并通过创业与投资房地产致富。他出版了二十一本书，并翻译成多国语言。《富豪的心理》（*Psychologie der Superreichen*）是他的第二篇博士论文。

Chapter 4

社会资本

藏在关系中的助力

社会资本:

1. 社交能力:能轻松自在地穿梭在不同的阶层。
2. 参与社会关系网络:积极融入并参与到社会关系的网络中。
3. 由此衍生的资源:支援、社会声望、信任、资讯、能接触到决策者的机会。

"对人类来说，最强、最有效的药就是其他人。"这是医学系教授及心理治疗师约阿希姆·鲍尔（Joachim Bauer）的话。我们也都有过类似的经验，至少，被人肯定、尊敬或喜爱，这样的感觉多么好啊。产生这种情绪的原因出在我们大脑里的信使物质：当我们受到关注时，大脑就会释放出多巴胺、催产素、阿片类药物。亲密对话、充满启发的脑力激荡会议、欢乐的告别单身派对、各种邀约，甚至是 IG 上的爱心数目，都能让人产生幸福感，并激发还想要更多的欲望。

家人、亲戚、伴侣、同事、朋友、邻居、运动赛事迷、Xing 等社群网站的联络人或脸书上的粉丝，这些人组成的人际圈，使身在其中的我们感到安心，我们关心的议题及热情也能获得共鸣。我们知道自己在这些人心中的意义，有些人甚至可以同甘共苦。无论他们是否有钱有势，对我们来说一点都不重要。

一点都不重要？似乎不完全如此。

尽管所有良好的关系都能丰富我们的生命，不过，有些关系比其他更有价值。就像俗话说的："关系人人有，但有用的关系并不是每个人都有。"这话听起来像是拉帮结派的小圈子或走后门，实际上不是这样，或至少那不是重点。因为社会资本不平等的问题早就发生了，而且是在意想不到之处：

从出生的那一刻起,我们就知道谁将赢得生命彩票的头奖。

出生在一个拥有庞大经济及文化资本的家庭里,小孩具备上流人士惯习的可能性极大。从呱呱坠地那天起,他就开始吸收、内化上层阶级的语言、思想和行为。在他的童年生活里,良好的教养、健康的饮食、广泛的兴趣,以及得体的表达方式占有一席之地,就像小老虎与小熊一样理所当然。

慢慢长大后,这些东西仍然跟着我们,而社会资本决定了我们能看到什么样的世界。父母住在城市繁华地段?那么孩子就读的小学中外地人的比例偏低,上文理中学的比例偏高。认识的第一位朋友经常被爸妈带去参加画展开幕?孩子突然开始对从前毫不在意的东西产生兴趣。妈妈的好友开了一家很有意思的中型企业?孩子跟着过去帮忙打包,从一开始身份就很特殊。伴侣继承了祖父母在城内繁华地段的公寓?省下来的租金使得财富累积进入下一个阶段。

充满文化气息的环境、可贵的家庭朋友、物质上的支援,人际关系丰富的不只是我们的感情,还能帮助我们在文化、经济及社会上更上一层。就像古罗马时代所说的"名字即命运"(Nomenest omen),出身决定一生走向。除此之外,我们也能靠自己的双手创造社会资本:相较以往,如今我们有更多的可能性,在个人出身及家庭之外建立自己的人脉,支持我们实现美好生活的理念。

家庭背景如何决定你的社交圈？

二十几年来，瑞士钟表制造商百达翡丽都以同样的广告标语招揽顾客："一只百达翡丽从来不只是一个人的，在你享受一生拥有它时，其实已在为了传给下一代做准备。"广告传达出来的讯息，正好打中精品目标客群的红心：有钱人想的不只是价值而已，更是"王朝"的世代传承。他们人生最重要的目标就是生下能继承并扩增他们财产的孩子。这种对家庭和阶级的意识，在 SINUS 研究中心对上层阶级社会环境的调查中显而易见。

一旦孩子证明自己配得上遗产，他的人生就有无比优势。无论是拜罗伊特音乐节总监凯瑟琳娜·瓦格纳（Katharina Wagner）、滑雪选手菲利克斯·诺伊鲁伊特（Felix Neureuther），或是慕尼黑豪华酒店巴伐利亚王宫总裁茵内葛莉特·弗克哈特（Innegrit Volkhardt），他们的职涯发展都受家族遗产的影响。就像所有知名的艺术、运动或企业世家一样，从小家里就有源源不绝的资源，使他们的职业发展一路平步青云：充满刺激的生活环境、有所助力的人际关系、独特的气质，他们通常是在自己家族拥有的舞台上发挥个人长处。

茵内葛莉特·弗克哈特是慕尼黑巴伐利亚王宫的第四代接班人。她于 1985 年完成酒店管理的专科培训，4 年后跟着父亲一起掌管这家慕尼黑传奇酒店，其间完成酒店管理学院的学业与实习。1992 年起，她单独掌管酒店，并使巴伐利亚王宫成为德国营业额最高的酒店。

接班人要享受成果，当然也要有杰出的表现。优异的教育并及早学习承担责任，使他们在竞争中更得心应手，也表现得比对手更好，毕竟他们从坐在童车起就已经身处在这个产业中。而且，要从显赫的双亲阴影下走出来的压力，也有助于个性的塑造。另一方面，继任者也继承了庞大的资本可供发挥：家族姓氏、经济能力、父母的人际关系。当一般人还在充满荆棘的路上努力奋斗、磨炼天分，在竞争中求生存，最后还可能在半途失败时，上层阶级血浓于水的家族关系造就了闪电般的飞黄腾达。如果没有这样的好父母，既没有父母的遗产可以继承，又没有家族企业作为发展个人天分的舞台，就只能靠自己一步一步打拼。

就算这些高收入、高教育水平家庭的子女不打算接下父母的衣钵，他们的优势仍非常大。父母慷慨大方的生活方式、他们的朋友圈及影响力、他们对教育及文化的亲近、他们的多语能力、他们开放的世界观，都会滋养孩子的身心并形塑惯习。

对出身上层阶级的孩子来说，这一切都是理所当然，根本不值得一提。他们从来不知道还有其他的情形。

毕竟在文理中学、大学精英班或帆船俱乐部里，大部分人都过得不错，至少不会差太多。如此说来，那些富家子弟自认非常有成就，并且像希尔顿集团继承人帕丽斯·希尔顿（Paris Hilton）所称，自己所拥有的东西全是靠自己双手打拼来的，毫无自觉出身带来的优势，也是可以想象的。相较之下，出身平凡的小孩很早就知道，比起那些占尽出身优势的同龄人，有多少东西是他们无缘接触的。

作者比安卡·扬科夫斯卡（Bianca Xenia）知道教育阶级晋升者的窘境。在柏林在线杂志 ze.tt 上，她告诉富家子弟："若你们的父母不是画廊老板，不是医生、音乐家或大学教授，而是廉价商店 KiK 的店员，你们知道会怎样吗？没人支持你上大学，因为他们不知道念大学有什么用。你们知道对自己出身环境养成的惯习感到羞耻是什么情形吗？父母不仅对中产阶级社会规范毫无所知，更无法将这些规范传授给小孩。身为全家族唯一上大学的人，却不懂得如何面对提出笨问题后四面投来惊异的眼光，你们知道那种感觉吗？"

这就是低下阶层孩子的命运。为了有所成就，他们必须在没有模仿榜样的情况下，努力成为家族中第一个上大学的人，必须改变旧有惯习，也就是舍弃熟习的家。当教育程度相近的亲子一起理所当然地在天际遨游，工人阶级的孩子只能在地上仰望他人的轻松生活。他们不仅在自我提升时无法占上风，例如父母不觉得上大学有什么重要，更经常要在逆风中奋力向前。因为父母、亲戚与资产阶级不同，对这种努力往上晋升的做法不总是同意。为何要同意？突然间，孩子对家里种种习惯不满意，开始对一些家人不懂的东西感兴趣，还会讲陌生的语言，说出来的意见也跟"上面"那些人一样，选择的伴侣在父母眼中既冷漠又高傲。

于是亲子关系紧张，亲子之间也越来越疏离。父母担心，成功的孩子会觉得自己高人一等。这些家族中第一个念大学的孩子，大部分在与家人互动时常会隐藏真实的自己，保留意见，避免使用外来语言或英文，也会跟着做一些自己觉得毫无意义的事，最重要的是，在越来越短的回家时间里，要小心不冒犯任何人。当然还有另一种可能，可能感觉会好一点，但实际上也不真有多好：孩子成了家里的荣耀，跟大师一样，可以解决所有的疑难杂症，有影响力，必要时也能得到点小钱。无论这样或那样，都一样伤神：不再属于原生家庭的阶层，但又无法百分之百融入更高的阶层。

> 在英国作家莎拉·沃恩的惊悚小说《丑闻真相》中，主角凯特是伦敦老贝利的御用大律师。在一次漫长的开庭后，她将律师袍及马毛假发扔在桌上，诉说自己身为教育阶级晋升者，即使毕业于牛津大学，且在顶尖职位上工作多年后的感受："就算拿到执照已经十九年了，我的假发还是一顶兢兢业业的新人假发，不是一顶从母亲，或更可能从父亲那里继承过来的假发。我多希望也有一顶看起来就有传统、与众不同的老假发。"

教育阶层晋升者可以超越个人的出身惯习，能够融入新环境，习得成功需要的品位、彬彬有礼的言行举止及穿着打扮，就像成功人士。他们还可以做到家人认为是天方夜谭的事，并在职业上晋升至高位。但有件事情他们永远不可能做到，那就是无法拥有与出身资产阶级或大资产阶级的同龄人相同类型的社会资本。他们征服的世界，是原生家庭永远无法融入的世界，有再多的自豪和再多的爱都无法融入。所有派对、所有庆典，新旧世界之间永远无法和谐融洽。阶级晋升者永远无法完全忘记旧日背负的污名，如生于兰斯工人家庭的知名法国哲学家迪迪埃·埃里蓬（Didier Eribon），就曾经沉痛地表示："展现自己奋斗的成果是愉悦且自傲的，展现自己的过去则不是。"这就是劣势，而且非常不公平。

因为社交关系就像环形交通一样，在里面的人有先行权。

你可以抗议抱怨，但你也可以接受现实，并想办法充分利用。在一个社会地位崇高的家庭里，也不事事如人所愿。只要读过小说《布登勃洛克一家》或是《瓦格纳王朝历史》，就会明白，要在一个势力庞大、彼此钩心斗角的大家族中找到容身之处，并不是件简单的事。相比之下在两个阶层间游移的教育阶层晋升者仍有他的优势，那就是至少在原生家庭里，生活较为悠闲，不必老是记挂着要表现或抢尽风头。

西门子前总裁乔·凯瑟（Joe Kaeser）一年有三百天奔波往返于慕尼黑、伦敦和上海之间。但在乘着喷气客机来来去去之间，他总能找出时间，回到位于下巴伐利亚的辛多夫，他的家在那里，他兄弟的农地也在那里。凯瑟习惯乡村生活，固定在酒馆里与人玩牌，看地方剧团的表演，穿着消防员制服参加村子的游行，"广泛了解各个社会阶层是很有帮助的，身为领导者，要先了解人，才能打动人心。"

不过，并非所有教育阶层晋升者都能这样悠游自在地穿梭于不同的社会阶层。布尔迪厄就认为，在两个彼此看不顺眼的世界中切换的经验相当痛苦，并称这种冲突产生的惯习是分裂的。从他的措辞，似乎流露出他对上层阶级惯习的向往，向往那种从来无须经过内心挣扎、不安，从未有过歧视经验的优越惯习。但同时他也清楚知道，卑微的出身会以一种特别的方式强化阶层晋升者的人格："历史上许多发明及自由，都是由那些在不同社会阶层之间自由浮动的人创造出来的。"

正因为阶级晋升者不是活在赞美与肯定之中，因此他们发展出在多元时代及颠覆性思考中最重要的能力：多向思考，以富有效的方式应对冲突，并将看似对立的事物结合起来。

社会环境对人际交往模式的影响

原生家庭对个人惯习的养成影响很大，不过，还有另一种影响因素也不容忽视，那就是我们周围的人。例如教父教母；学校里那位总是表达自己意见，但还是深受同学喜爱的朋友；最喜欢的老师；小说主角哈利·波特；到法国当交换学生时的接待家庭，在那里学会吃生蚝，并且知道要如何吃得优雅；知道在马术场上该如何表现的朋友；几乎周周拖着你去听歌剧的大学情人；合租的室友们。接着是配偶的影响，同事、公婆、邻居、其他年轻的爸妈，以及很有想法的客户等等，他们都会在我们的惯习里留下痕迹。尽管他们的影响不足以使我们成为另外一种人，但透过他们，我们越来越了解在不同的社会阶层里的人们各自向往什么、注重什么，各自认为什么能带来社会声望。

实际上，只要一个人身边都是正确的榜样，个人惯习就会被引导至期望的方向。

沉浸于目标环境里，是最快也最自然的方式，去熟悉并内化陌生环境中的游戏规则。麻烦的是，不只上层阶级的人认为自己的生活方式是最优越的，所有其他社会环境里的人也一样故步自封。因此，当一个人脱离旧有环境，过更好的生活时，不能指望其他人会为他鼓掌。开始进修课程；突然建议不要去吃早午餐，改去看展览；爱上一个穿拉夫劳伦马球衫的高傲男人；或是考虑进行一项非同寻常的计划等等，无论是什么事，旧环境的人不会对这些新变化感到高兴。他们会说：这真不像你、做这些又没用、这不适合你，还有最糟糕的一句话：难道对你来说，我们已经不够好了吗？

心理学家将这种心态称为"螃蟹效应"。此种说法源自海滨捉螃蟹的渔夫：渔夫将捉来的螃蟹丢进桶子里时，其实螃蟹是有能力爬出来的——如果爬到一半没被下面的螃蟹扯下来的话。如果知道并看穿这种心态，周遭的批评就不再对我们具有影响，我们会比较容易敞开心胸接触新的人事物，扩展自己的社会文化交际圈。要达到这个目标，最简单的方法就是接触原本就在目标圈子里的人。就算只是慕名，并不真的认识，如将这些人当成模范，就可以拓展自己的见识，我们也有了可以模仿的榜样。

2008年最年轻的一级方程式赛车世界冠军刘易斯·汉密尔顿（Lewis Hamilton），从小将巴西传奇赛车手埃尔顿·塞纳（Ayrton Senna da Silva）当成偶像，"我要跟他一样，成为一级方程式赛车手，然后跟他一样变成世界冠军。等我达到这个目标后，我想知道自己还能有什么突破。"

无论是教父教母、体育偶像，或是影视的女主角，我们钦慕的偶像，决定了我们认为什么是可接受且可达到的目标。社会心理学家米歇儿·范德伦（Michelle van Dellen）及里克·霍伊尔（Rick Hoyle）研究这种现象时便发现，在健身房或跑道上，只要看到有人规律健身，自己的斗志也会跟着燃起。研究结果也证实了这种经验：如果老板开始用计步器，不久之后，全办公室的人都会跟着使用；看见五岁侄女开始学大提琴，之前觉得自家小孩一开始只要学口风琴就够了的念头很快就会改变；竞争对手推出制作精美的网站后，质疑自家网站的质量只是迟早的事；一旦打入生意伙伴或权贵朋友在游艇或豪宅举办的派对后，从前对这类事情抱持怀疑的态度，也会很快消失，接受这些邀请可能会被视为受贿的想法，也会渐渐变淡。

周遭的人会影响并改变我们的惯习，甚至无须费力，因为惯习是会感染的。别人如何生活、穿什么衣服、如何布置房子、走路或站立的姿态、敢做什么事、觉得什么是正常、什么值得追求、什么是美、什么是正当，如果我们不彻底抗拒，很快就会被他们感染。就像儿童一样，在环境中学习是最有效的。

透过拟态，我们会自动变成有点像那些被我们仿效的人。

这里的拟态是指，察觉周遭人们的行为，毫不费力地调动我们身体里控制这种行为的神经元。透过这样的模仿，大自然确保了社群凝聚力。惯习越相近的人，彼此之间越容易产生同理心，相处起来也就越融洽。讨好或刻意复制上层社会行为举止的人，并不会加快融入这一阶级的速度；相反的，过度配合就像过于明显的身份象征及刻意强调的说话方式，通常会被一眼看穿并嗤之以鼻。因此，只要身处自己所向往的环境中，不带任何价值判断，任由该处的习惯及意见发挥影响力就够了。除非心怀抗拒，不然新领域的惯习很快就会自然地感染到你身上。

社交不仅仅是结交朋友，更是资源整合

晋升高位是可能的，只要咬紧牙关努力学习并坚持下去，必要时，忍受十年自我剥削也对此有帮助。总有一天会达到目标，对手全被抛在身后，当上教授、高阶经理人，或是创业成功赚进一大笔钱。正是在成功的这一刻，晋升者要面对新的关卡：高处不胜寒，坐上高位并没有想象中舒适。尽管专业上不会再被其他人蒙蔽，但生活上却进入另一个惯习完全不同的社交圈。虽然不想承认，但新的社交圈使人不安，不知是多虑还是真的如此，总感觉圈子里的老人似乎都跟自己保持距离。

难道进阶只是为了又要从底部开始往上爬吗？

要做出适当的反应并不容易，敏感的人会因此退缩而更难融入新环境，顽固的人为了不让自己被排挤出去，反而更加努力。然而，就像20世纪80年代赫尔穆特·迪特尔（Helmut Dietl）执

导的德国经典电视剧《皇家鸡尾酒》中，饰演董事长哈芬罗尔的演员马里奥·阿多夫（Mario Adorf）的台词："你根本无法抗拒我的钱。"无论是退缩或张扬，对融入新环境都没有帮助。因为财富或才华都无法代表什么，拥有它们并不会自动让你在新环境中受到肯定，尽管你觉得那是自己应得的。

尽管表现杰出，但总是低人一等的感觉其实很常见，就连莫扎特也曾有过相同的心路历程。在维也纳宫廷里，莫扎特的音乐大受好评，饱受君主垂爱，每回出场他都像自己想象中的明星一般。虽然如此，他还是没被聘为专职的宫廷作曲家。身为自由创作者，虽然过得不错，但总是不稳定。这种杰出表现及社会认可之间的差异，也反映在莫扎特的惯习上：拒绝接受维也纳上流社会的行为准则，不写狂欢节舞曲，也不作简单欢快的曲子。因此，他就像所有刚踏入圈子的新人一样陷入两难：一方面觉得自己比宫廷社会等级制度规范下的所有人都优越，另一方面，又渴望获得他们的认可，以及伴随而来的所有便利及特权。

无论成就有多卓越，身为刚进圈子的新人，首先感受到的就是社交圈的封闭特性。最好的位置已被占据，因此再杰出的新人也得先证明自己。18世纪如此，今日仍然如此。

1969年出生的法国作家维吉尼·德庞特（Virginie

Despentes）是法国龚古尔文学机构的一员，这个机构负责颁发法国最重要的文学奖。但她仍然不认为自己是巴黎大资产阶层的中坚分子，"天啊，当然不是。资产阶层的身份只能靠世袭获得，在那个圈子，我永远是外人。"为何如此？"虽然我写的书很受好评，人也应该挺有意思，也蛮吸引人的，但到今日，我仍然是那对邮差夫妇的女儿。"

不止是晋升最高阶层的新人会有这种感觉。规则永远是圈内人制定的，这些人会设法透过展示优越的仪式，至少为自己保住资深的地位。这种用来显示区隔的行为，不只出现在阶级与阶级之间的垂直方向，同样也会发生在阶级内部平行层面。只要想想离婚的父母各自有了新对象，各自带着原来的部分家庭成员组成"混合家庭"的情形。假设两人的经济能力、教育与社会地位皆相似好了，只是，他坚信开柴油车是正确的，每天一定要吃肉排；她则是骑脚踏车接送女儿，喜欢吃素。我敢打赌，两人都会觉得自己的品位与喜好是最好的。所以说，捍卫自己的惯习时，并不一定需要社会阶层差异的存在。哪种生活方式最优雅、最适当的较劲到处都在发生：你在哪读硕士？小孩会坐了吗？你去过易北爱乐厅了吗？上面这些问句都是一种试探，问话的人希望知道对方是什么样的人。这个新加入的人是否有足够的能力、人脉或声望，给左邻右舍、公司、家长会或赞助商带来更多的利益？是否了解并接受这个圈子的游戏规则？最重要的是，新加入的人会对自己造成威胁吗？

在竞争激烈的顶层社会，这种不动声色的入口检控机制比其他地方更严格。造成这种状况的原因有许多：第一，顶层社会充斥着权势与金钱，这使得里面的人更害怕受到较弱势族群的利用。在打开大门前，必须先知道敲门的人是谁。第二，富人比穷人需要更广阔的私人领域，他们的房子占地辽阔，生病进私人医院，住旅馆不会选一般的双人房，而是阔绰的豪华套房。这种无论自觉或不自觉，因生活方式造成的距离感，会让不那么富有的人被自动排拒于外。第三，与人为善，这对自由业、中阶管理者及专家这类阶层的人而言，几乎是成功的条件，但在顶层社会却不是。出身中产阶级的晋升者都懂得平易近人之道，因此，富豪及权贵人士这种保持距离的态度很容易被排斥，即便实际上并非如此。这种看似有所保留的态度，常常只是不同文化熏陶出来的结果。

新人需要时间才会知晓这些关联，然后还需要更长的时间，才能改变个人惯习，适应新环境。直到适应之前，可能一直都像莫扎特一样，认为自己的专业及社交能力在新环境中不比任何人差，但得到的反应却不是接纳与肯定，而是拒绝及冷漠。请记得这是一种挑战，最重要的一点是：千万别被吓倒、退缩，更不要因气愤而回击。最好以人类学的方式来面对，也就是以研究、开放及认知的态度来面对新环境。就像进入一个你从未去过的地方，新世界一切都很陌生，你的惯习在那里能发挥的作用，就像中学学了一年的法文就去巴黎一样，有点勉强。虽然不安，但这其实是很正常的现象。好消息是，有种方法几乎可以保证让你打入顶级联盟的圈子：证明自己是有价值的成员。

确切来说，就是慢慢适应新环境的各种新习俗，留意其他人的行为模式：大家都怎么做？打招呼时说"哈啰""你好"，还是"上帝保佑你"？一般社交寒暄大约多长时间？吃饭前会互祝"好胃口"吗？人们都在谈论什么话题？如何穿着打扮？若不违反你个人原则，就顺着这些日常仪式行事。当圈子里的老人对你提出异议时，表现你的同理心，不要强出头，不要追根究底，不要夸耀自己的成就、影响力、知识及金钱。过段时间后，你可以开始承担一些责任，做些对周遭环境有利的事，不要太过热切，保持轻松友善的态度。先付出，以最恰当的方式沟通，并保持耐心，以理所当然的态度肯定他人的社会地位。进了顶级联盟的圈子里，中伤他人没有任何意义，重要的是，你必须看起来像他们一样。

2017年，星级主厨安东·舒马斯（Anton Schmaus）成为国家代表队主厨，虽然早已习惯与名流周旋，但是，"突然站在一堆只有在电视上才会看到的人中间，感觉还是很奇怪。"那他如何适应新环境呢？想办法融入。"就像厨师工作一样，能否调整适应一个已存在十年的团队是很重要的。一个新加入的成员会被仔细打量：他来做什么，怎么做？有时甚至是很细微的问题。"例如，"他准时吗？如果预定晚上七点十分开车，那就是七点十分，不是七点十一分。从这些细节可以看出很多东西。"

越精英的团体，越注重调整适应，也因此越排拒那些不先付出，抱持质疑态度的人。至少在一开始，在学校家长会上质疑餐点不够营养，或在男士俱乐部里对不怎么庄重的调笑提出质疑，都是自毁长城的举动。

这就是归属感的代价：跟着主流生活方式、礼节及圈内人的口头禅行事，或者至少不质疑。

但如果新加入者对这个圈子有大用处，那么他可能就可以放肆一些。就像大家不会在意副市长只是出席社区节庆而已，但不是那么有身份的人，只能透过烤蛋糕或帮忙搬桌椅等事情使自己显得有用。只有当圈内老人开始对你产生信任以后，这样的规则才会松动。你已经适应环境，知道轻重缓急，并内化这个圈子的惯习。从此以后，打破规则不再会有问题，即使显示自己与众不同，也是在展示个人优点及个性。

破圈：如何进入更高级的社交圈层？

通常我们会说靠关系、拉帮结派或互相利用，很少人会说人脉、朋友、同盟或社群。但实际上，这两者指的都是与自己有关系、互相交流，并提携或帮助自己的人。两者之间的差别在于措辞透露出来的心态：有些人将它视作偏袒与包庇，另一些人则将其视为力量与灵感的泉源。

当然，的确存在一些利益集团或派系，结合在一起只是为了彼此的利益考虑，未必出于公共利益或更高理想。就像一群政客在偏远的休息站秘密聚头，约好不挡彼此的路，互相提携；一群学者约好引用彼此的论文，一起提高声誉；大好的实习机会专门保留给父母人脉广的实习生；借着新春团拜的机会协商继任者，即将卸任的人趁机将自己属意的人推上位；就算诊所预约已经排到几个月后了，负责安排挂号的职员还是有办法帮有私人关系的病患插队；采购部门的员工透露给某个供应商开价不要超过某个数字。无论哪种情境，形式不同，机制相同——资源倾斜，少数人获益。

这种"关系优先"的现象，对中产阶级而言，往往比对上层阶级更难接受。因为他们相信"凭实力取胜"的逻辑，对公平竞争有着更强烈的心理需求。而对于真正站在金字塔顶端的人来说，他们所拥有的人脉网络和归属感，远超一般上层人士的想象。在这个层级中，私人生活与职业领域高度交融——重要职位由值得信任的人出任，通常意味着那些熟悉的面孔：父母认识的人、定期一起出席慈善晚会的人、度假时同行的伙伴。圈外人或许会觉得不够公平，但对圈内人来说，这是最稳妥且高效的选择。"不然我还能选谁？"一位家族企业监事会主席在被质疑时曾表示："所有合适的人选都在俱乐部里。"事实上，符合条件的人本就不多，最终名单自然顺理成章地被接受。

道德洁癖比较是中上阶层的人的惯习。在那里会引起公愤的事，对顶层阶级的人来说却不过是不足挂齿的小事。对下层阶级的人而言，则是自助人助。

是的，人脉、邻里帮助和裙带关系，这之间的界线本来就是流动的。因此，你可以鄙视关系，但也可以还原它的本貌，视它为绝佳的机会。无论处在什么阶层，每个人都有机会从他的社会资本里接受他人的帮助。对某些人来说，这就像村子里的人互相帮助，邻居忙着盖房子时，自己就帮忙准备餐点；对另一些人来说，则是为同一圈子里欣赏的人增强实力。

纯粹的奢华、飘逸的面料、永恒的设计，维多利亚·贝克汉姆的时装非常漂亮，但不是一般人可以负担得起的。这个品牌的成功，不仅是因为设计师的巧思，她通讯录上满满的人名也是关键。像凯特·贝金赛尔[1]（Kate Beckinsale）及梅根·马克尔[2]（Meghan Markle），这些贵妇都是她的好友，每个人都穿她设计的时装，她的设计因而打开知名度，成为备受追捧的品牌。

上例的成功属于小圈子经济？的确可以这么说，但你也可以将它视为朋友之间彼此肯定美好的形式。相知相熟的朋友互相赞赏，不只"波长"相同，"波高"也一致，还有什么比在朋友的成功中看到自己的理念，并为他高兴更理所当然的呢？政治学家图黎-玛嘉·克莱纳（Tuuli-Marja Kleiner）就指出："在跨群体研究中发现，因志趣相投而形成的社交关系特别吸引人。"这类亲近关系有时（但并不总是）会带来生意上或职业发展上的回报，直到回报的时机出现前，通常需要大量的投资，也就是布尔迪厄所说的培养关系。要先付出，才可能收获他人对你的赞赏。

---

1 凯特·金赛尔：英国女演员。
2 梅根·马克尔：英国国王查尔斯三世次子哈里王子的妻子。

高质量人脉比广泛交友更重要

先撇开出身背景不谈,社会资本其实与知识资本相似,能继承的部分有限。若希望在家族之外还能有强大的归属与联结关系,就必须投注心力。因为社会资本符合半衰期的原则,如果不花力气维护,就会失去它。几乎所有人在一生中都曾与朋友或同事失去联络,其他人、其他事更重要,曾经的朋友或同事也就渐行渐远,直到消失不见。有时又会幸运地碰上,重拾当时不知为何断掉的那条线,毫无缝隙地接上。

20世纪90年代初期,克里斯多夫、史蒂芬与约尔格在一家大企业共同推动一项创新计划,之后三人分道扬镳,各自找到新工作,新城市,并各自结婚生子,且当时还没有LinkedIn或XING等社交网站。去年,在一场奥地利韦尔特湖区举办的会议中,三人再次相遇。三人发鬓都白了,其中两人是公司的高层主管,三人各自经历了离婚、罹患癌症,以及破产风波。中场休息一起喝咖啡的时间,就足够让三人再次联系起来,计划共同进行一项研究计划。不过,现在最重要的已经不是同事关系,人生走到这种倒数阶段,类似的人生经验也是稳固关系的要素。

这种中断联系多年后再次相会,彼此关系变得更紧密的现象虽然并不罕见,但也不是常态。通常,想保有社会资本,就得花心思培养，而且要定期做。比起重视成就的中上阶层，上层阶级的名流权贵更懂得这一点。他们花时间创造并培养社交圈，参与聚会，发送生日祝贺，积极承担社团职务，请人吃饭，并出现在壁炉之夜、花园派对、新春团聚或蛋糕义卖上，最重要的是，他们经常碰面。听起来很累人？的确是。

"您根本无法想象，当亨莉克·耶勒*（Henrike Ehle）有多累人！"在某个半公开的生日宴会上，一位家族企业继承人如此说，当时已过午夜。"要永远保持体面，要谈笑风生，还要显得轻松自在。"（*非真名）

想要归属感，就必须参与社交。上层阶级愿意为此付出必要的心力，因为他们知道联络对人际交往的价值，所以他们对团体凝聚力的重视与培养，远远超过表面形式。这种心态背后自有其经验：

社会资本的累积不能信手拈来。
就算已有好几代的累积，还是要不断花力气呵护维持。

花费力气获得的回报，并不像眼红的旁观者在听到富贵名流在仲夏晚宴、狩猎或慕尼黑啤酒节上聚会时，想象的那么多。看起来像是休闲娱乐，实际上是对人际关系质量的投资。人们热衷相聚，彼此关心，在一路同行中彼此互相肯定。由于不同的社会化过程，这种施与受的惯习，对阶级晋升者常常是隐秘不宣，阶级晋升者知道后也心存怀疑。比较起来，阶级晋升者更喜欢把时间与精力放在专业知识及管理技能上，认为这是较有意义且较有道德的晋升方式。特别是当人际关系网的建立不是在德国工商会举办的专家讲座，而是在钓鱼或品酒这类私人交际场合时，尤为可疑。

坚信能者上位是件好事，但爬得越高，越无法单靠专业能力及公关式的友善态度前行。若你希望与同侪一样受到平等对待，那么就要将社会资本当成财务投资一般郑重以对，才可能获得成果。

  博主布雷特·麦凯（Brett Mckay）曾经做过关于社会资本累积的播客，并在其中提出一个问题："假设你在职场陷入困境，会先打电话给哪三个人？"停了一下，他继续说："最好你今天就打电话给这三个人，不要等到真正需要他们的时候才打。最好定期保持联络，看你们的交情，每三个月或是每半年通一次电话。"

这是个好建议，在充裕而毫无匮乏的状态下与人联络，不是因为你想从对方那里获得什么，就只是单纯欣赏这个人，没有别的意思。或者，像麦凯说的："在还未觉得干渴时，建议先花十年的时间挖口井。"也就是说，培养人际关系最好在你需要动用关系之前。在 LinkedIn 或 XING 上有超过一千个联络人只是开端，因为大部分就只是联络人，只是联结点而已。或像社会学家所称的"单一面向关系"，只不过是彼此因为共同兴趣，或者零星的交会产生联结。要形成人脉资源，必须是"多重面向关系"，在不同层面上都有关联,比方说,有一位好家庭医师是难能可贵的,若你们又在同一个难民协助工作上相遇,那么你们之间的关联就更紧密了;若你们还住在同一区,那么关系就更牢固了。

在上层社会里,人际交流更热络,关系网络也更封闭。主要原因之一是身处正确的圈子,是他们自我形象的一部分。另外,同一个城市里权贵名流的数量就跟他们日常活动范围一样屈指可数,因此他们不断在各种场合碰面,像是身着礼服出现在大学校庆活动上,载着一堆修剪下来的植物茎叶到回收场,或是在市集上卖鸡油菌菇及罗勒的摊子旁。经常碰面使他们更亲近,并产生志同道合的愉悦感。认可、热忱及信任就这样建立起来,公私之间的界线也越来越模糊,越来越难分清楚。

比起联络人的数量,社群的质量更重要。

所谓社群,也就是有着同样企图心与同样价值观的一群人。

彼此信任的关系,不会因他人介绍,曾经一起喝杯咖啡就很快建立,它需要时间培养。具体来说,就是走出舒适圈;记住别人的名字;学会怎么跟人社交闲聊;懂得施予比接受更有福;帮助他人功成名就;记住对方的生日;感谢对方的合作、支持和提供资料;在人家生日、弄璋弄瓦、创立公司、获奖或换新工作时送上祝福;约喝咖啡;知道对方的狗叫什么名字;关心、重视且信任对方;倾听对方的谈话;交换彼此的讯息;替对方联系他人,并为对方引荐;接受邀约,或者为自己无法出席致歉。

英国人理查德·瑞德(Richard Reed)二十多年前与

两位大学同学创立了知名果昔品牌"纯真果汁",在他的著作《在更高的地方看世界》中这么说:"永远记得付出。与朋友聚餐结束后帮忙洗碗,派对中看到有人落单时帮忙招呼,参与地方反对英国脱欧活动。只要是正面积极的事,参与并付出。"

付出时最好不要期望回报。听起来似乎有点矛盾,付出却不求回报?这样说吧:这是增加幸运降临在你身上的机会。就经验来看,建立一个由联络人、朋友及支持者组成的社群,很少会有直接的回报,但却有不少间接的回报:发人深思的提问、关键的提示、惊人的洞察等等。人们给予帮助的形式常常是出人意料的,你永远无法事先预测社会资本滋养出来的果实是什么,但有一点可以肯定:绝不可能无中生有。只有先播种,才可能收获。

导师、社群与影响力:精英阶层的隐形资源

安妮-索菲·慕特[1](Anne-Sophie Mutter)有赫伯特·冯·卡拉扬[2](Herbert von Karajan),马克·扎克伯格[3](Mark Zuckerberg)有史蒂夫·乔布斯(Steve Jobs),马克龙(Macron)有奥朗德(Hollande),查看上流社会名人录你会发现,站在顶端的人很少单

---

[1] 安妮-索菲·慕特:德国小提琴演奏者。
[2] 赫伯特·冯·卡拉扬:奥地利著名指挥家,被认为是20世纪最重要的古典音乐指挥家之一。
[3] 马克·扎克伯格:社交网站脸书(Facebook)的创始人兼首席执行官。

打独斗,他们大多拥有人生导师,引导他们走向成功之路。虽然慕特、扎克伯格及马克龙在被大师纳入麾下时,就已经进入专业精英的窄门,不过他们的例子还是证明,一个人不管有多优秀或爬到多高,还是需要贵人临门一脚的提携,才能取得空前的成绩。

比起一位人生导师,拥有一群导师更有助力:热心的上司,愿意介绍许多你原来不可能接触到的人给你;专业上的严师,虽然自己担忧无法达到他的要求,但总能激发潜能,做出好成绩;亦父亦友的长辈,总在你陷入自我怀疑时带来抚慰,使你心安;同年纪的女同事,总有办法兼顾家庭及事业,有轻松调度的本领,连单身的你都无法企及。

人生导师是激发你潜能的人,是陪你练拳的人,是帮你开路的人,是给你介绍工作的人,是帮你开门的人,是推荐你的人,是照顾你的人,是带给你机会的人。他们能带给你什么样的资本,可从电影《伸冤人》中扮演导师一角的丹泽尔·华盛顿处得知:"说出一位成功人士的名字,我就可以指出带给他正面影响的人。不管他是怎么赚钱的,所有赚钱的人背后,都有帮他加油或给他指引的人。"

出身优渥家庭的人,从小身边就围绕着一群培养及支持他的人。就像童话里的仙女一样,家族长辈及双亲的好友都会送给摇篮里的宝宝最好的礼物。这些人在宝宝长大后,都是最好的人生榜样。

你知道吗?当今世界歌坛最赚钱的女歌手泰勒·斯威夫特(Taylor Swift)的祖母曾是歌剧演员,她最早的记忆之一就是教堂里祖母站在台上对着众人高歌的景象。

相比之下，出身普通家庭的孩子，成长过程中很少有这样的"榜样型长辈"陪伴左右。这种差异，在潜移默化中对一个人的眼界和想象力产生着深远影响。

> 最亲近的姑姑是超市店员，还是汽车研发人员，对侄女惯习的养成有很大的影响。

关于原生家庭人际关系网的价值，维也纳经济商业大学社会学家约翰娜·霍夫鲍尔（Johanna Hofbauer）做过研究。访谈显示，上层阶级的交际网络中，透过父母及兄弟姊妹才可能认识的人的比例相当高。他们从小就习惯出现在高阶社交场合，懂得如何与其中的人应对进退，并将这些社交方式潜移默化地内化为自身的一部分，而且几乎不需要刻意经营就能维持关系。良好的人际网络带来的机会数不胜数，因此对许多出身富裕家庭的子女而言，原生家庭的社交资源是一种天然的优势。

在社会资本贫乏家庭长大的小孩，想要拥有对拓展个人视野有益的人际关系网，就必须自己建立。有人觉得重要，有人不觉得重要，大多数则持怀疑的态度。该如何建立关系？谁能当自己的人生导师？该如何与对方交流？最好在大学时便参加师徒计划，尤其是家族中第一个上大学的孩子，也有支持来自工人阶级家庭学生的非营利组织如"工人家庭学生协会"（Arbeiterkind.de）提供辅导及支援。这些都能提供你接近及了解师徒合作的机会。此外，在寻找导师的过程，就像广告营销一样，拉式策略通常会被比推式策略显优雅。也就是说，比起努力推销自己，不如想办法发挥吸引力：当教授助理、参与商展或各种活动，在可能成为导师的人选前展现自己的能力。在听到好演讲后，发电邮给讲师，简短介绍自己并简述听完演讲的感想。再看对方的反应，或许能请对方给些建议，甚或安排见面，深入讨论心得。

假使对方给出正面回应，那么该如何进一步继续，以及对方给予热忱的程度，最好交由导师自己决定。记住大原则：不要求，不要有过多的期待，也不要每事必问。以你的本领，直爽及不浪费对方时间的态度打动对方。同时，也必须记得思索自己能为对方做什么：将他的指导与意见化为成果，为他关注的事项做出贡献，向他致敬，以及最重要的，不要辜负对方对你的信任。击败师父上位的学徒时常可见，这是社会达尔文主义，但在精英社群的惯习里，将自己所得的事物回报并传承下去，才是主流。

享誉全球的小提琴家慕特十三岁时，获得在卡拉扬前演奏的机会。之后，她成功说服大师，大师将她推上世界舞台。成名后，慕特也不忘提携丹尼尔·米勒-肖特（Daniel Müller-Schott）、阿拉贝拉·史坦巴赫尔（Arabella Steinbacher）等诸多后辈，就像当年自己受人提携那样。同时，她对卡拉扬的感恩溢于言表，不忘在每次受访时提及："他是个完美的音乐家，也是个聪明的心理学家……他不是那种指挥家，法国号太大声就马上瞪过去，这种行为只会让自己被音乐中的细节淹没。音乐最重要的是瞬间的灵感、绝对的热情。"

人生导师是培养人格及加速职涯发展的绝佳机会，就像进入精英大学与顶级企业一样，对取得最高成就非常重要。理由很简单：与声望崇高的名字产生联结，社会声望自会大增。尽管在家乡也能接受适当的教育，在地方中小企业也可以有极佳的职涯发展，但事实摆在眼前，宝马公司的技术比别人高超，不到6%的申请者获准进入哈佛，这些名字带给人的联想就非常重要。国际大品牌或声誉卓著机构的光芒，能照耀所有在那里工作或学习的人。无论他们表现如何，在其他人眼里，他们就是精英圈里的天选之人，值得受到延和关注。进入当前最受关注的企业机构工作，像苹果公司、宝马集团、马克斯·普朗克学会[1]、微软、摩根大通，是年轻人眼中的黄金标准：

进入享誉全球的企业工作，带来的社会声望超过精英大学毕业证书。

另一方面，年轻一辈的专业人士对参加俱乐部就不怎么有兴趣了。传统的社交俱乐部太过保守，价值取向太过循规蹈矩，而且对讲求效率及创造力的精英而言，得花大量时间才可能带来效用。不过，知名俱乐部在老一辈心中还是非常有地位，通过俱乐部组织，全世界会员都能互相认识，而且就连不是俱乐部成员的

---

[1] 马克斯·普朗克学会：为纪念著名德国量子论创建者、物理学家马克斯·普朗克而命名，是德国一流科学研究机构的联合组织。

人也知道，进入组织的门槛很高。大学兄弟会、狮子会、扶轮社、国际崇她社、SohoHouse，以及各种国际驰名的专业组织，都不是那么容易就能成为会员。只有收到邀请，并且有人担保推荐，符合资格者才可能加入。候选人在进行入会前面谈时，负责把关的面试委员会先确定对方已熟悉俱乐部的主流惯习。经过精挑细选，一旦进入俱乐部后，会员资格几乎就已经保证了独一无二的精致生活经验。

至于社交俱乐部对职涯发展的助益就不是那么显而易见。据说由于会员来自各行各业，因此职业上的决定通常发生在其他场合，而不是俱乐部里面。不过另一方面，顶级职位的决定，通常没有定规。按照猎头顾问马提亚斯·克斯勒（Matthias Kestler）的经验，熟悉度、所属社交圈及出身等因素对这个决定的影响甚巨。还有，绝佳的实习机会通常是职涯发展的跳板，认识适当的人，能帮助你获得这样的机会。而且就算俱乐部对个人职涯发展没有带来直接明显的优势，它在帮助社会资产累积上也绝对有用。

固定与商业、学术、文化或政治圈的佼佼者来往，接触具有影响力的人士，彼此启发，彼此肯定，从各个不同层面的知识中获益，聆听各种值得深思的观点与想法。

而俱乐部这种刻意排他的封闭性质，也能增强个人的成就感。就如社会学家米歇尔·哈特曼所言："成为会员通常会给人跻身精英名流的感觉，无论这种声望是自己努力赢得，或是继承而来。"即使是那些一开始对俱乐部保持距离的人，进去后，迟早也会在惯习中表现出归属感，以及置身上流社会的优越感。这种归属感和优越感，必定也是源自个人的成就与自信。

如何构建你的个人影响力？

打造第一印象没有两次机会，从前的确是如此。抬头挺胸、适宜的握手力道、大方开放的眼神、保养得体的鞋子，如此一来大致确定能赢得对方的好感。时至今日，见面第一印象自然还是非常重要，但在此之前，得先通过网络测试。就像找旅馆，大家会先在网络上确定旅馆的位置、设施及价格才会下单预订。同样的，两个互不相识的人，在会面之前也会先看看对方的基本资料：经过快速查询，设计良好的网页、五年前的帖文、几篇专业文章及一张非正式的新闻照片，都会成为是否与对方继续联系的决定性印象。

若网络上呈现出良好的形象，便能在首次见面之前为自己增色几分。这是很好的机会，每个有声音的人，都应该在网络上拥有平台。不过，你得知道该如何运用这项资源，毕竟这种在第一印象之前发生的第零印象，远比第一印象还难控制。隐身不是好办法，因为不在网络上就无法传达任何讯息，显得自身无足轻重。

从旁观者的角度来看，Google 找不到的人就是不存在。

布尔迪厄在 20 世纪 90 年代曾经定义社会资本是一种资源："与社交关系的参与，彼此互相肯定有关。"当时人们还无法想象全球信息网是什么，如今，网络使用者十之八九在社群媒体都有账号。如同实体世界与人亲身接触会面一样，我们在网络上也可以累积或者失去社会资本。不过两者之间仍有一个很大的差别，向主讲者提出笨问题或在会议上的愚蠢发言，人们很容易忘记，但网络什么都记得：例如不经意间引起轩然大波的轻率推文，或是喝醉时身着黑色内衣上传到网络上的轻佻照片。

　　主导阶层的社会环境对这个问题相当敏感。SINUS 研究中心的调查显示，前三分之一的上层社会对网络媒体的使用是有选择且重视效率的。无论对数字自我展示是否熟悉，应先考虑要在网络上发布什么样的内容，确保自己不受伤害，冷静地与社群网站保持一定距离。当然，在这个已受启蒙的阶层里一样会发生错误，但总体来说，在使用网络上，上层阶级的人较为自主，且比起一般民众较少拿来展现自我。比起在网络上散弹打鸟，他们宁可通过 WhatsApp 与人交际，通过手机与真正认识的人交谈。对上层阶级来说，只有有迫切需要的人，才会时时刻刻都挂在网上，像是对信息饥渴，追求点赞人数及大众认可的服务业者，或是对他人关注上瘾的人。研究趋势与未来的专家马蒂亚斯·霍克斯就说："数位茧居是新时代展现身份的一种行为形态。从前如果想展现自己过得多好，得配置贵重的装备，像汽车、珠宝、手表或昂贵的酒出现在社交场合。今日则是不带智能型手机，在现场聚会上全神贯注地与人交流。"

　　使用网络的态度也反映出一个受过良好教育的有钱人在现实世界里的表现：社会地位越高的人，越把世界看成一个复杂的舞台，因此也越常在人际交往中戴着面具，也越不可能在公开场合表现出冲动的行为。加拿大社会学家戈夫曼（Goffman）曾说过：

上层阶级比一般人更保护个人的私人领域。

例如他们不会在网络上上传猫咪短片、埃菲尔铁塔前的自拍照，或是自己小孩的婴儿照。除此之外，还有一些社群网络行为也被认为不够上流，根据英国花边报《每日邮报》的报道，这些行为包括使用无聊的 GIF 动图，贴一些像酪梨吐司或蔬菜果昔的照片或励志小语，以及广推别人赞美或肯定自己的推文。

不过，就算在上层社会，完全不展现私人生活的一面也是不可能的。就像政治人物、影视明星或皇室成员在竞选策略或征人广告中提及私人领域，公关团队发布的总是大同小异的操作：像喜欢马铃薯汤及李子蛋糕，偶尔自我嘲讽，个人的播放清单，不时出现好书推荐，或者偶尔来个关于孩子的故事。主角是谁无所谓，最重要的是，必须表现得像个专家、意见领袖，或是热心公益的行善者，最好专业到让人丝毫察觉不到通往私人领域的大门像私人别墅一样紧闭。

奥巴马夫妇在推特上成功维持的形象是一对以个人巨大的影响力使世界变得更美好的夫妻。他们深知，要与人沟通，就得开诚布公。因此，他们的推特也展现着精心挑选的私人生活，像奥巴马的自我简介就是"父亲、丈夫、总统、公民"。克拉克则会发出像"祝我唯一的爱#情人节快乐，@Barack Obama"的推文。除此之外，奥巴马夫妻也明显地为他人搭建舞台，让别人发亮发光，从不聚焦在自己及个人成就上。这种平易近人的态度使他们在推特上赢得一亿一千万人的关注。

只有远离尘世的人才可能只在实体世界累积社会资本。对其他人来说，网络上娴熟的自我展现，就像从容地周旋在社交舞台上一样，都属于成功惯习的一环，这使他们能被查看到，展示重要性，抛出议题，影响大众意见。就像全球意见领袖一样，我们也能透过个人网页、博客、社群媒体等无限扩展我们的社会资本。只是要记得，这些都在众目睽睽之下发生。从前只有名人才有受到万众瞩目的喜悦与苦恼，就像喜剧演员弗雷德·艾伦（Fred Allen）的名言所说："所谓有名，就是一个人穷尽一生努力成名之后，戴上墨镜不让别人认出自己。"如今这句话也适用于一般人。

权力、地位与影响范围的隐性逻辑

特朗普有权，伊丽莎白女王有地位，奥巴马当总统时有权又有声望，这三人都是当代最知名的人物，他们拥有的财富并不是重点，最重要的是他们对整个世界的影响力。其中，地位、权力与知名度不是同一回事，只有在特定的条件下才会彼此加乘。社会资本的最大值，便是结合三者的最高价值。

首先是权力。权力是一种引领他人采取特定行动和产生特定想法的能力，也是贯彻个人想法最简单的手段。简单地说，无论一个人行使权力时是多么善解人意或专断独行，掌权者都有办法使反对者就范。他们可以给予奖赏或惩罚，开除高级顾问，决定连休假日，终止合同，越过所有层级拔擢新人至高位。只有一件事掌权者无法要求：忠贞不渝与真诚的尊崇。对老派强人而言，得不到尊崇这点尤其难以忍受。北卡罗来纳大学研究显示，掌权者若得不到期望中的尊崇，通常会变得攻击性极强。

就连美国总统也无法下令要求大家自发来现场观看他的就职典礼。2017年1月总统就职典礼那天，特朗普完全无法接受聚集在国会大厦前广场的人潮比预期少的事实，并因此导致特朗普政府与媒体对人数多寡的争执。尖锐的对立使得特朗普阵营说出以总统身份不该说的话："这是谎言。"

其次是地位。如同权力，地位也是优越的象征。但一个人可以抓住权力不放，地位却要靠周围的人才能巩固。地位源自他人愿意尊重并信赖一个人的判断，拥有身份地位的人本身却无法要求别人这么做，就像反君主制者不对英国女王行屈膝礼，女王也无可奈何。因此，与权力不同，地位必须时时重新确认。管理学研究显示，这种情形会导致这样的结果：身份地位崇高者的个性，与必要时可以专断独行的掌权者相当不同，比起强势的掌权人，他们更容易理解反对者的立场。

最后是知名度。知名度高的人，可以影响很多人，其影响范围远远超过一家企业、一座城市或一个家庭。就像浪漫唯美风格的网红，有着超过五十万粉丝的关注喜爱。扩张个人影响范围的力量就像重力的吸引力一样：当一个人受到一定程度的关注后，就会吸引更多人关注。一旦打开知名度，知名度就会更高。

尤其在上层社会，权力、地位和知名度，这三种社会资本中最有效率的形式经常合为一体。

通过执政、掌握权力扩大的影响范围，顶层阶级塑造出各种公共生活事务的面貌。为了维持这些状态，他们花费的精力，是其他不具影响力的人难以想象的。美国社会学教授 G. 威廉·多姆霍夫（G.William Domhoff）认为，美国权力精英处在一个关系紧密的圈子里，他们定下的规则与仪式经由精英大学不断复制。这个观点也适用于其他国家，那些彼此认识的企业家、各董事会与监事会成员、大学咨询监督委员会成员，都通过媒体影响公众意见，担任非营利组织理事，在同样的俱乐部里交际，为他们关注的事情贡献心力与财力。这些联系和影响力的具体结构和运作方式，其中的逻辑只有进一步观察方能得知。

> 唐纳德·特朗普和希拉里·克林顿的竞争大概是美国历史上最惨烈的总统选战。实际上，这两人之间的相似性远超过他们与选民之间。他们在同一个交际圈，上同一阶层的大学，他们的权力都是由同一种网络培育发展，两人的女儿是好朋友。记者海克·布赫特（Heike Buchter）在《时代周报》阐明这种现象："对特朗普及克林顿家族来说，俄亥俄州失业的钢铁工人和亚拉巴马州快餐店打工的低薪员工，都像孟加拉国纺织工人一样遥远。他们都是精英，与美国一般人的生活毫无关系。"

生活中到处都有这些人的声音，他们影响政治气氛，决定什么正确、什么重要、怎样才算有品位。布赫特还说："他们的看法、批评与政治意见，通过各种不同的渠道在公共空间传播，如宣传手册、书籍、地方团体、大众传播媒体,以及各大企业的公关部门。"

在每个德国小镇都可以观察到同样的机制,只是规模较小:只要有钱、有地位,就同属于影响力圈子,而且几乎不会遭到任何反对。

圈子里的人互相都认识,在当地及附近地区有着千丝万缕的关系,彼此之间或许还有些公开的账要算。这个圈子也会接受从中产阶级或下层阶级(鲜少发生)晋升的新人,毕竟对外开放与新鲜血液的注入有助于阶级的凝聚。新选上的市长当然也欢迎加入,就算他之前不过是税务局的税务人员。还有奥运冠军选手及高知名度的新创公司创办者也是当然受欢迎的人选,或许连入围《德国超级名模生死斗》决赛的模特儿也可以加入,虽然这些人的惯习一开始实在令人尴尬。

不过无论如何,上层阶级的凝聚力绝不会只是靠亲切与同理心,而是永远伴随着算计:团结起来,我们会更有权势。这也是为什么一旦进入这样的圈子后,大部分的人永远不会退出,就连圈内有潜伏敌意的人或失败的个人,这些人通常都不足以遭受圈子排拒。这种凝聚的惯习不止对权势者或超级富豪有利,无论哪个阶层,无论是谁,都应该问问自己:为什么大家不能放下竞争,彼此多合作?为什么我们的人脉只维持表面交情,而不能像顶级联盟那样友好并培养出友情来呢?

或许原因是我们人数太多了。为了和一群能力一样强的对手竞争,我们忙着抓住机会以便脱颖而出,因此没有什么心力去建立人脉。这不仅降低了我们得到好任务及被发掘的机会，让我们疲于奔波日常事务，也减少了我们发挥社会影响力的机会。

权力、地位和知名度三者合一，代表利益的实现。

这就是上层既得利益阶级强大之处，它也能使身处第二排的力争上游者更为强大。

进阶路径　精准拓展社交圈，建立高质量人脉

所有社会群体都认为人际关系是重要的，毕竟我们天生就是群体动物，会在群体中确认并肯定个人的自我形象。不过，有个阶层特别看重社会资本：顶层阶级不只把盘根错节的人际关系视作工具，他们也展现自己是其中一员。因此，对排名前一千名的上流社会成员而言，总理新春茶话会的邀请函象征的地位，远远超过劳力士表或是揽胜的豪华休旅车。其中的道理浅显易懂：其他作为地位象征的东西都可以通过财富取得，但高质量的黄金人脉不是随便就能从帽子里变出来的。

1. 教育程度越高，薪资越高，社会网络越广阔、越宝贵。 最高阶的企业家及经理人通过社会声望来定义自身价值，因此他们在这方面投入的时间与金钱会比中产阶级的佼佼者还多。热衷参与社交的结果是，家族内外及圈子内外形成了盘根错节的各种联系，且关系有紧有松。越往人际环境的深处走，范围越发狭隘，关系却越发紧密：中心是家庭、亲戚、邻居、同事和从小一起长大的朋友。这些经历多重试探的联系能降低生活中的各种风险，

不过，各个相交多年的群体，彼此之间却难以互相敞开门户。情感联系较弱的关系，反而较有机会走出个人的小宇宙，获取外来信息或进入其他圈子。

2. 休闲时间就是社交活动时间。 参加酒会或跟合伙人一起去爬山能增强非正式的关系，因此上层阶级的人愿意花时间、金钱和精力去培养人际关系。齐特尔曼的富豪研究里有一位受访者这么说："年轻时没认识几个人，在三百多人的可怕活动中，总共只认识两个人。五年后，认识的人就有五十个了。到了某个时间点，人际关系网建立起来，你就不必再做任何事，别人自然会打电话找你。"愿意的话，可以借鉴这个经验多联络他人。关系不是免费的，它基于频繁的接触，彼此的尊重和共同的经历。交换名片只是第一步而已。

3. 所有已成形的团体，内部核心成员不会花太多力气在新人的融入上。 尽快跨越社会文化差异的最好方式，就是贡献一己之力，提高团体声誉。投入时间及贡献自己独特的才能，能使自己尽快受到重视，特别是在自视为精英的团体之中。

4. 顶级联盟不喜欢抢风头的人，刚晋升入圈的人总是太讲究、太谨慎，这种情况甚至发生在英国凯特王妃身上。她尽管出身富裕，但仍然不是贵族出身，与威廉王子成婚后，便将高雅的女王英语学得惟妙惟肖，但王室成员却偏好流行在伦敦中上阶层中较为轻松随意的河口英语。这件事给我们的教训就是，不要表现得太过急切，也不要试图表现得比精英还要精英。

5. 刚晋升入圈的人往往特别努力适应新环境，但实际上，圈子里的老人并不期望新人过度努力，简单轻松比较重要。 身为新人,请尽量放轻松,没人有兴趣为第一次进入贵宾包厢的人讲解冰上曲棍球比赛规则。即使没人会承认,但是当群体里出现新面孔指定要卡布奇诺加杏仁奶和甜菊时,真的很麻烦。因此,一开始请记住:多留意新环境的习惯与规则,接受你所见到的事情。不要等着别人介绍或找你谈话,要主动融入新环境,不过度急躁,也不抱着过高的期望。

6. 在顶级联盟里,社群媒体只是为了达到目的的一种手段,真正重要的人际往来不在网络上,而是在社交活动上或非正式会面时的真情交流。因为在顶层社会没人在乎成就展现及自我推销,重要的是面对面的往来,以及超越生意伙伴的朋友关系。

思维对话　真正的人脉来自价值交换,而非单向索取

如何与拥有影响力的人结盟?多萝西亚·阿希格(Dorothea Assig)与多萝媞·埃西特(Dorothee Echter)知道渠道。《企图心:如何成就大事》的两位作者在访谈中提到如何成功融入顶级联盟。

多丽丝·马丁: 两位曾说过,所有成功人士的身边都有一群支持、鼓励和关心他的人。

多萝西亚·阿希格:孤独的天才只是个神话。成功人士身边总是围绕着一群与他一起工作的人,一起谋划,一起思考,提供专业知识,以及行政组织上的支援,只有这样才能成功。想继续保持成功,进入顶级联盟,就需要在个人组织之外,有一个有力人

士组成的社群，以及建立这种顶级社群的能力。这种能力被我们称为"社群能力"。

多丽丝·马丁：所以需要同样成功，赏识并肯定彼此成就的人，是吗？

多萝媞·埃西特：或者成就更高的人。一个人的伟大成就，必须得到他人的认可与推崇。成果只是成果，其他人则会为"你"说话。再杰出的成就、再美丽的成果，也无法自动导向成功，这永远不会发生。表现杰出与成功的职涯发展是两个完全不一样的系统。"社群"是职涯发展的参照系，在这个共鸣空间里，成就能被别人看见并获提拔。这其实也是成功人士社交关系的真正潜力。

晋升到某个地位后，就会自然而然觉得自己属于顶级联盟吗？

阿希格：有些人打从出生起就有这种感觉。若你出生的家庭，平日就有王子、董事长或诺贝尔奖得主进进出出，你和他们总是一起在南法豪华别墅度假，那么你在大人物面前就像在家里一样自然。但大部分的专业经理人仍必须先破解顶级联盟归属感的国际密码，才知道在那里，成就是不言而喻的。对其他人来说，就像抵达了目标一样，"终于到了我该到的地方"。对职涯发展有强大企图心的人而言，社群就是他们在社会上的家。

不是每个人从小就知道怎么跟大人物来往，要如何突破这道门槛？

埃西特：一定要想办法突破这道门槛。方法大家都知道：发出邀请，接受邀请，向他人表达祝贺、感谢、庆祝之意，并在别人面前表现自在且如鱼得水。挑战便是如何在顶级联盟产生归属感，一旦有了这种归属安全感，就能与大家敞开心房交流。

就是要将自己定位在顶级联盟，并带着这样的感觉与人交流吗？

阿希格：没错。一开始先把首要目标放在与公司之外的成功人士培养友好关系上：定期寄送手写感谢或节日卡片，约对方一起吃饭、运动、喝咖啡、参观博物馆等等，邀请对方参加派对，将大家约在一起，介绍彼此，永远只说他人的好，并以单纯、友好、不带任何目的的态度交往。不带目的，简单不复杂，这就是顶层阶级的通关密语。对顶级经理人而言，能力和成就表现不会引来推荐，也无法创造机会，得到工作。只有社群才能做到这些。社群是学习、克服危机、庆祝成功、发展职涯、实现个人成长，体验心流及成就感的地方。只有在这里，职业成就才能被看见，并反映出价值。在这里，你能够体验个人的伟大之处。

追求卓越可能会受到原生家庭的质疑，该如何面对这样的冲突？

埃西特：原生家庭也是希望你好，希望野心勃勃的人也能事事平安，而这个愿望在平凡的框架下比较容易实现。对这样的心愿必须尊重并表达谢意，例如在父亲七十岁生日时公开感谢父亲——亲爱的爸爸，今日我所有的成就都要感谢你。或者通过赠礼——亲爱的妈妈，仅以两万欧元代表我无限感激。珍惜原生家庭是自我认同的一部分，无法与家人分享自己的成功，通常是因自觉惭愧而导致的。

两位认为中产阶级的游戏规则与顶级联盟有什么不同?

埃西特:中阶经理人的成功及影响力靠业绩获得。成了顶级经理人之后,业绩被视为理所当然。归属感和亲近感不仅仅是个人的内在感受,还需要通过外在的行为言辞表现出来。在顶级经理人的隐蔽议题里,是靠惯习或气味相投表达出自己的归属,用充沛的见识与能力做出大事业。

阿希格:绝对不要叫嚷自己要什么,而是不带心机、友善地付出。这是国际顶级经理人的座右铭,想进入这个阶层,就要做到第一,感恩;第二,欣赏;第三,简单不复杂;第四,大方。

晋升之路上会遇到惯习与自己完全不同的圈子,该如何面对?

阿希格:自己的感受与想法也会随着不同的行为与不同的地位慢慢改变。重新自我定位,重新确认个人抱负、能力与影响力,调整自己的视角以跟上顶级联盟里的其他人。例如赞美某个社会阶级高高在上的监事会成员所做的成功演讲;或者降低与大人物亲近的门槛,比如可以和他一起喝杯咖啡,到对方办公室拜访,在对方升迁时送上祝贺,到墨西哥旅行时给对方带点伴手礼,等等。

是否尽量不要卖弄个人能力,以及避免自我推销?

埃西特:绝对要避免。许多成功人士都低估自己的吸引力与影响力,卖弄个人能力及自我推销会削弱这样的效应。在顶级联盟,就是要谈自己的抱负,好奇别人的成就,好奇别人想做什么样的大事,以及如何做成这件事。这些都很容易激励人心。正面评价其他人的卓越成就,除了吸引人之外,还能帮自己定位。

如果一直无法产生归属感怎么办？

阿希格：归属感是自己塑造的，可以通过与你信任的人、风趣且亲切的人日复一日地在一起。最重要的是告诉自己："我来了，不必再拿出什么证明，我已经在这个圈子里面了。"对归属感最大的误解，就是误以为它是由他人提供的，要在圈子里出示邀请函，还有走正式的通道。

威廉·冯·洪堡（Wilhelm von Humboldt）曾写道："基本上，赋予生命价值的，常常是人与人的联系。"你们也认为如此吗？

埃西特：我们也这么觉得。归属感或与他人的关系，是一种人生的选择。是要孤独地追求成就，或是为他人加油、称赞、支持并推荐他人，与他人一起讶异、学习及庆祝。

多萝西亚·阿希格与多萝媞·埃西特为全球高阶经理人提供咨询二十余年，是2012年畅销书《企图心：如何成就大事》（*Ambition:Wie große Karrieren gelingen*）的作者。2018年他们又共同出版《经理人的自由：控制狂如何阻碍企业的成功》（*Freiheit für Manager:Wie Kontrollwahn den Unternehmenserfolg verhindert.*）一书。

Chapter

5

文化资本

你的品位如何影响
社会地位

文化资本：

1. 内化的文化资本：表现在日常生活、价值与品位取向，以及智力兴趣等方面。
2. 文化产品以及能促进文化实践的产品：书籍、电子媒体、乐器、流媒体服务、艺术品、运动器材等。

出生于1980年末的德国男孩最常被命名为伊恩（Ian）、丹尼尔（Daniel）或弗罗里安（Florian），社会地位崇高的父母，较喜欢帮孩子取像马克西米利安（Maximilian）这种听起来高尚一点的名字。不久，到了世纪之交，马克西米利安迅速登上最受欢迎的新生儿名字排行榜。如今若根据统计数据描述一般德国男孩，就像《明星》杂志所述，他的名字就会是马克西米利安，母亲是办公室职员，父亲是保险业务员。原本象征高尚尊贵的名字，几乎是在一夜之间变成共有财产了。

当然，一个名字不会因为大家都喜欢就变得不好听，不过，广大群众都能拥有的东西会失去它的区隔价值。因此，父母会继续寻找听起来（仍然）不那么平凡的名字，像路易斯（Louis）或萨缪尔（Samuel）等男孩名，以及约瑟芬（Josefine）或格雷琴（Gretchen）等女孩名。这么做的理由很简单：比起主流趋势，独树一帜本来就更显高贵。

文化区隔的过程不限于帮小孩取名字，它发生在生活所有层面上，从饮食、住房到休闲活动等等，甚至包括圣诞树装饰品的选择。基本上每个人都可以参与这个游戏，但那些已内化形式美感的高学历城市市民显然占尽优势。因为在文化资本中，最能代表声誉的是上层阶级的文化资本。

正如托马斯·曼（Thomas Mann）书写名门望族小说《布登勃洛克一家》的时代一样，主流阶层的优越感靠他们对举止、价值及高雅文化的直观感受支撑。尽管时尚潮流不断变化，但传统与优雅、珠宝、名媛舞会及慈善晚会一直仍是他们与大众区隔开来的方式。此外还要加上由时代精神大趋势定义的，值得追求的新标志，例如代表环保意识的脚踏车，注重养生、呼吸与根本之道，精致到看起来似乎超级自然的脸蛋，绝对不流露出一丝丢脸的炫富表现，还有最重要的，开阔视野并助长声誉的经历。

利用文化及修养使自己脱颖而出的机会，在上层、中层及下层阶级中的分布极不平等，而且能靠金钱弥补的地方也非常有限。虽然每个人都可以买下代表文化资本的物品，例如艺术品或帆船，但文化资本的真正意义，像对艺术品的鉴赏能力，以及需从小就学会的水上运动，是无法速成赶上的。这类的能力必须经过长年的浸染才可能真正拥有，因此想要追上上层阶级的品位是有限度的。

能显示身份地位的物品及闪耀动人的经历并不难获得，甚至不必花太多的钱。即便如此，文化资本还是设有门槛：传统总是有效，但潮流有半衰期的限制。当寿司工具套装出现在平价连锁店贩售时，就像新生儿的名字登上最受欢迎排行榜一样，它作为顶尖成就指标的时代已经过去了。因此，想要他人认可自己的领先地位，不仅要有受过训练的品位，还必须清楚当下哪些品位代表文化与修养，哪些不是。光是这个原因，文化资本就比物质资本还重要。

文化资本如何成为社会竞争的关键因素？

一个人出生在富贵人家，我们会说他"含着银汤匙出生"。产生这种说法的时代，银制餐具非常昂贵，用银制餐具精心摆置的餐桌只有富贵人家才能负担得起。当穷人连生活必需品都难以负担时，非必需品就会让人印象深刻，且成为有教养的生活方式象征。至今银汤匙仍是婴儿洗礼时相当受欢迎的礼物，但拥有银器已不再是顶级联盟成员的象征。恰恰相反，镀银餐具在 ebay 上卖得很便宜，在一个物资过于充裕的社会里，这些不实用、只是拿来摆设的东西反而代表一个人不懂得如何运用财富。比起金碧辉煌的摆设，名列前茅的富人们更愿意将钱花在使生活更美好的日常用品上，像双门大冰箱（只是这也能在3C大卖场买到）、各形各色的专门葡萄酒杯，以及多款别具风格的自行车，它适用于各种不同地形及不同场合。

比起从前作为身份地位象征的奢侈品，新近奢侈品传递的讯息更细腻：不是因为象征地位，而是因为使用者需要它。就像拥有专业冰箱代表主人厨艺高超；拥有奇特造型的高脚杯彰显主人品酒知识丰富；拥有昂贵的自行车则显现主人对运动的强烈关心。较之以往，文化资本在今日更能彰显个人特质：品位、设计意图、与人和事物的轻松而富有趣味的相处方式，有时甚至带点玩笑面对人与事。这也是为何纯粹物质消费无法成为社会标志，只因为它不再是衡量一切的标准。玛莎拉蒂、劳力士或包豪斯式豪宅当然既高贵又美好，但假设拥有这些东西的主人无法正确念出品牌名称，或是批评杰克逊·波洛克（Jackson Pollock）的画作"我孩子也会画",或是分不清楚原种西红柿跟温室西红柿的差别,那么传递的讯息相当清楚:有钱,但缺乏格调。

只有同时拥有充沛富足的物质资本及文化资本,才可能享有最高的社会声望。其中,品位甚至比金钱重要。这种焦点的转移有利于具有学识教养、收入又高,但远远不及超级富豪的中上阶层。未来学专家马蒂亚斯·霍克斯(Matthias Horx)说:"香槟现在是粗鄙人士及饶舌歌手的最爱,低调的人喝的是自己信任酒庄出产的葡萄酒。"

有教养的人甚至不必花很多钱,就能展现出良好的品位。

农夫市集的西葫芦、名为芭蕾舞鞋的淡粉色指甲油、一本近来成为话题的雷克拉姆出版社的哲学散文小书,或者一张艺术展览的门票,价格比游乐园的日票还便宜,但这些都会被视作与这个越来越忙乱的世界抗衡的完美象征。这种优越的文化资本足以使名列前茅的富人们蔑视地位象征、品牌与各种活动,但一般大众也能用钱买到或以假乱真。于是,取而代之的,是富人们精进于在日常生活文化中寻求完美,将其变成一种无法轻易模仿的高雅生活风格。

在 eFinancialCareers 平台上,一位年轻的投资银行家描述了在这个行业中,平凡家庭出身的年轻人在伦敦金融界要面对什么样的问题。在那里,大多数的同事除了受过一流教育之外,还有良好的出身背景。历经一开始的文化冲击后,他终于知道许多细微的差异可能会随着时间的推移而变得不那么显著,但并不是所有的差异都能被消除。例如,冬天与同事一起去度假,每个人都是滑雪好手,唯独他一人相当难堪。他当然买得起滑雪装备,但是,"可惜在这一年一度的冬季度假中,我甚至无法让自己在初学者滑道上颤颤巍巍地往下滑,而我的同事全在黑带高手滑道上优雅滑行。"

靠着良好教育向上晋升者,虽然非常期待能与较高阶层共享偏好与娱乐,但无论如何,仍然隔着一层玻璃,用尽力气只是压扁鼻子而已。无论是滑雪、室内乐音乐会、宴客之道、五星酒店或现代艺术,太晚接触就只能自认倒霉。终于有钱,可以享受人生美好的一面,却又碰上另一个门槛:有太多事,你缺乏深入的认识,不懂门道,就无法轻松自然地面对。

无助地坐在萨尔茨堡大教堂前搭建的舞台下,实在无法理解为何这个世界对《每个人》[1]如此痴迷。

与其他所有的资本形式相比,文化资本有创造出一条不同社会环境之间无法轻易跨越的鸿沟。尽管买卖比特币可能会在一夜之间赚到数百万美元,但只有体内充满创业家冒险的精神,散发着人生导师及决断者的魅力,长期生活在社会前段班的人,才能在这个领域轻松自在地活动。他们在睡梦中都清楚规矩和习惯,凭直觉就能区分事物价值的高低。还有,他们虽然知道这些规矩,

---

1 由奥地利剧作家胡戈·冯·霍夫曼斯塔尔创作的著名戏剧,首次上演于 1911 年。

但有时仍然可以无视规矩。

在影集《赫勒探长》中饰演主角的丽莎·瓦格纳（Lisa Wagner）多次获奖，2018 年在文化周报 *szExtra* 中提到她个人的慕尼黑旅游建议，例如去艾斯巴赫河边观光，一定要吃"从冰柜取出的普通冰棒，不是什么自制有机全素的花里胡哨玩意儿，太赞了！"

只有那些真正懂门道，而且稳坐社会高位的人，才能如此随意嘲笑体现时代精神的品位。关于品位的种种知识，任何年纪的人都可以习得，但需要长时间浸染，才可能成为轻松写意的此道中人。在从头学习的过程中，如果不想误伤自己的体面，就要尽量低调，年纪越大，能学到的也就越少。

而最具文化区隔特征的，偏偏最不可能长大再回头习得。例如，许多董事与经理都专精于某种乐器演奏，在高层社交圈中，集体音乐演奏直到最近都被视为对职业生涯有利的活动。出身中上阶层家庭的小孩，常常在幼儿园便开始学习古典音乐，这也是社会评价最高的文化能力。不同条件下长大的人，虽然也可以在二十五岁或四十五岁时学习钢琴或小提琴，但想在高尚的社交圈中举办个人音乐会或当上管弦乐团的首席，此生应是无望了。

不过，有些事情实现起来相对简单，例如精通葡萄酒、威士忌、烹饪或烧烤等知识，可以较快获得他人的认可。至于精英型运动就较难一些，上层阶级的人从小就开始练习，很轻松就能以精湛的技巧展现耀眼的表现。阶级晋升者起步较晚，容易因太过固执的野心或笨拙动作而引人侧目。在某些领域里，室内设计师、购物顾问及活动企划师对阶级提升有所助益，他们的专业能力，能够为客户提供永不过时的经典品位展现，而这也正是超越所有时尚潮流，用来展现高尚惯习的识别标志。

扩张文化资本比较简单的方式就是阅读，特别是那些阐明设计与风格、商业、文化和政治的书籍与杂志，像是文化杂志《西塞罗》、哲学杂志《高风》、新闻杂志《法兰克福汇报》、设计与商业杂志《品牌一号》、建筑设计杂志《建筑文摘》等等，作为实体的文化资本，这些书放在咖啡桌上看起来也很赏心悦目。这些杂志内容广泛，几乎涵盖了所有上层社会环境的话题，一开始你可能觉得这些东西都太空洞、不切实际，不过慢慢地，你会越来越熟悉，视野开阔了，能参与的话题增加了，贴切妥当的用语自然也就出现了，逐渐形成了新内化的文化资本。就算经济上无法加入顶级联盟，你仍可以精确参与谈话，包括那些在流行文化之外，或流行文化本身的话题。在顶级职位的竞争中，文化契合是无价的。

饮食、消费习惯如何区分社会阶层？

敞篷车或共享汽车，巴赫还是饶舌歌手布希多（Bushido）武士道，星巴克或意式咖啡，橡木地板还是PVC地砖，你知道的和你偏好的东西，很能说明你是怎样的一个人。决定要这个、不要那个，或是将原本对立的东西巧妙地组合起来，这些充分反映出我们个人风格及审美观。点开脸书或IG，一眼便可看出来自不同阶级的人如何以图片精心展现个人决定的生活风格：完美的住家、完美的夏威夷盖饭、完美的秋装，以及各式各样其他完美的事物。这些东西都是手段，不是目的，只是为了将个人的审美概念具体转化成视觉画面。我们总是自恋地认为个人的品位偏好是最懂时代潮流的证明，认为自己有着其他人难以企及的美学敏感度，但实际上根本不是这样。

20世纪60年代，在底片胶卷及相片冲洗仍然昂贵的年代，布尔迪厄进行了一项研究调查计划，询问近两千名受访者，什么样的情景值得按下快门将刹那化成永恒。结果显示：一般人较少拍照，取材常是人物、家庭合照，以及海边落日风景；社会阶层较高的人则偏好各种不同的构图形式及意想不到的摄影题材。布尔迪厄的结论是，摄影时有教养的品位倾向于美学价值。从取材的共通点及不同处，他做出以下结论：

决定品位的是社会地位，而不是个人喜好。

布尔迪厄认为一般大众的"流行品位"在下层阶级，以晋升上层为目标的中间阶级是"自负品位"，高高在上的则是社会精英的"正当品位"——只有他们的审美观才是唯一正确的。同一阶层内的品位差异则比我们想象的还要小。在朋友圈中，如果人手一台KitchenAid搅拌机，都爱看Netflix的纪录片，且喜欢去瑞典度假，这不是互相模仿的结果，而是因为阶级特有的惯习：同一阶层出身的人，喜欢的东西的确非常类似。

也就是说，文化资本其实与我们在社会环境里的地位息息相关。只要掌握少数资料，我们就可以根据一个人的偏好推断出他的社会地位。

"我想复习我的中文,加强我的法文,也想多逛博物馆,多看点书,做这些事的时间实在太少了。"拥有汉学硕士学位的公关经理亚历山德拉·范雷林根,在接受《时代周刊》的采访时说了上面那段话。三个短句,便传达出一个成功人生的形象:从她的多语能力及文化兴趣,也从她看似不经意提及的弱点,以及带有自我展示意味、显示声望的说辞便可得知。

品位不只是我们的喜好而已,它同时也显示出我们不喜欢什么。这也说明了为何同样的行为或商品,在不同阶层中引发的好恶完全不同。例如,《德国超级名模生死斗》主要在年轻及教育程度较低的阶层受到好评,但社会地位较高的资产阶级却认为参加这类活动相当肤浅粗俗。

但不是所有上层阶级认为好的东西,下层阶级就会接受。

参加拜罗伊特音乐节是顶级联盟夏季文化活动的高潮,但对脚踏实地的中产阶级而言,光是听瓦格纳的音乐就很累人,真要听歌剧的话,他们宁可选择像三大男高音咏叹调之类的音乐。而对下层阶级来说,这个每年在绿丘上举行的仪式没有任何意义,仿佛瓦格纳的音乐根本不存在似的。

布尔迪厄曾以一句常被引用的话来描述品位与社会地位之间盘根错节的关系:"品位影响你拥有什么,以及你喜欢什么;因为喜欢，所以拥有。"意思是说，大部分的人都觉得自己很有品位，那些在海边喝酒喧闹的观光客，或者去加勒比海度假的游客，并不是因为他们负担不起"更好"的选择。他们选择这样的度假方式，是因为在他们出身环境的惯习中，这在经济上、文化上都是最好的选择：服务全包，不必伤脑筋，而且不必打领带。

喜欢你拥有的东西是一种生活艺术。古希腊斯多葛学派哲人早就知道，想得到内心平静，对事物的期待就不可以高过它的可能性。就像古希腊哲人爱比克泰德所言："聪明的人不会为了他未曾拥有的东西哀伤，但会因他拥有的东西而快乐。"这种想法非常正确且重要：一个人只有在理想生活与现实生活彼此重叠时，才可能真正满足。

但如果你想出人头地，晋升高位，就只能好好培养个人品位，至少部分必须以挑剔的精英品位为依归。在顶级联盟里，对事物是高档或低档，是小众或流行，是美学品位还是大众口味的区分非常清楚。无论一个人多有钱、多能干，只有在品位上显示出对精致文化的偏好及超越时尚历久弥新的优雅时，才可能被顶级圈子视为自己人。

> 她是年轻漂亮的秘书，嫁给大她三十岁的老板汉姆特·霍顿（Helmut Horten），因继承丈夫的财产登上奥地利富豪排行榜第三名。多年来海蒂·霍顿受尽花边报道的嘲笑，直到她已经七十多岁了，才给忌妒嘲笑她的人一记重击：从20世纪90年代起，她便以精准的审美眼光，有计划地收藏艺术品。2018年维也纳列奥波多博物

馆举办了她的收藏个展"哇！海蒂·霍顿藏品展"，共展出一百七十件作品，媒体盛赞此次展览称得上是20世纪艺术界的名人录。

当然，几乎没人像她这么有钱，可以成为艺术赞助人来提升自己的社会声望。但是无须如此大手笔，每个人都可以找到机会，将自己的经济、知识或社会资本，转换成更多的文化资本。例如企图心强的经理人，可以运用自己的工商管理知识，帮助艺术协会转亏为盈；面包店老板娘也可以赞助当地的芭蕾舞团；有跨国计划经验的 IT 专家，帮镇上教堂的整修工程进行网络募款。在文化圈内活动能提升个人的社会地位，就算不是从小在艺术与古典音乐的环境中长大也无所谓。

重新定义社会地位：生活方式的变迁

保守且超越潮流的惯习总是给人高雅的印象：经典款服饰、彬彬有礼的态度、合宜的应对进退。其他人尽皆知的潜规则，像是克什米尔羊绒套衫、剪裁合宜的西装、装修出众的住屋、柔和的色彩、星级餐厅及歌剧院等等，都能超越流行及时尚，增加个人声誉。不过，还是有新规则出现：像美国第一夫人在全世界媒体闪闪发亮的镁光灯下在花园种菜；英国王后除了高级定制服装之外，也常穿 ZARA 和 Topshop 等大众品牌的衣服；多年来全球最有权势的女人周末下厨煮马铃薯汤和肉卷配紫甘蓝；西班牙国王休闲时不像他父亲去打猎，而是上有机料理餐厅吃饭。同样的趋势也发生在不那么顶级的上层阶级中:骨科主任医师星期六早上在园艺中心选购草坪种子和树篱肥料,从购物车上盆栽的数量,就可以知道他家的花园占地面积比一般住户要大许多。

这代表阶级之间不存在隔阂了吗?

上层阶级与中产阶级是否越来越相近了?就某种程度来说是这样。这样的趋势也不算太新鲜的事,企图出人头地的资产阶级以前就知道,如何使用文化资本对抗上层阶级和贵族手上庞大的经济资本:无法以出身或财产占优势,那么就靠想法及创意,发掘尚未被占领的利基市场,并因此开发出让人意想不到、足以当作区隔标志的品位。

> 改造残败的社区就是这样一个利基市场。收入一般,但受过良好教育的人搬进年久失修的老房子,将其整修恢复原貌。原来街角的酒馆,变成提供全素蛋糕的咖啡厅,租金开始上涨,商店一家接着一家开业。无论是在维也纳的史匹特尔贝格区、柏林的新克尔恩区,还是斯德哥尔摩的南岛,一开始没人想去的地方,在第二波士绅化浪潮中引起高收入者的注意。他们与大资本家联手,一起将那些为区域带来重生的创意者驱赶至边缘地带。

力争上游的中产阶级与口袋很深的上层阶级,两者的品位与惯习迅速接近。那些有产、多产,以及最多产阶级的人,实现自我定位的方式是人生规划，以及需要大量投资、但无法在网络商店如亚马逊买到的事物，其中最重要的是教育、孩子、健康、时间主权和环保的生活方式。对这些事物的追求，将不同收入阶层的人都联结在一起。

一位自由接案平面设计师、一位检察官，以及一位财务长，三人社会经济地位大不相同，但都具有相当高的文化资本。

他们读一样的报纸，听一样的播客，只吃本地有机食材，能参与任何话题，有想法，且计算每天行走步数，注意睡眠及污染排放。对许多人来说，自行车（复古、城市或超轻量）是最重要的地位象征，生小孩则是人生最重要的计划。

美国社会学家伊丽莎白·库里德－哈克特（Elizabeth Currid-Halket）称这些有相同抱负的力争上游者为"有志阶级"。对这个阶级的人来说，身处世界顶端的感觉不是来自存款投资或头衔职称，而是来自心安理得、有意义的生活及自我负责的工作。他们喝公平贸易咖啡，住旅馆时不要求每天换浴巾，买书喜欢去社区的实体书店，至少他们是这么宣称的，只是不总是真的做到。他们将部分可支配收入投入优质的养老基金，并拥有极佳的医疗及照护保险，除此之外，最重要的是为孩子提供最优良的教育。对有志阶级而言，孩子是财富最重要的象征，越有钱，孩子越多。

美国人类学家薇妮斯蒂·马丁（Wednesday Martin）在她的著作《我是个妈妈，我需要铂金包》中，对纽约上东区富豪妈妈做过一番颇带讽刺意味的田野调查。像肯尼迪那样的大家庭住在纽约最昂贵的区段绝对是有钱的象征,"这样的大家庭在社区中变得越来越普通,他们无所不在。如今三个孩子和从前两个孩子一样刚刚好,在这一区里是常态。四个孩子则相当于从前的三个孩子,从前在派对上会引起窃窃私语,现在根本没什么好诧异。五个孩子不再代表疯狂或宗教狂热分子,只是有钱而已。要是有了第六个孩子,就像多了一栋城市豪宅或新买的私人游艇。"

无论是公园大道,还是柏林普伦茨劳贝格,明显有不少高收入、高教育水平,能负担得起且愿意生养第三胎或第四胎的父母。比起孩子数量,更重要的自然是全力栽培孩子:双语幼儿园、戏剧社、名牌大学、出国留学、MBA、购置房产,为了给下一代最美好的未来,没有什么是上层阶级拿不出来的。同样的,力争上游的有志阶级也尽其所能培育下一代。

对自己及生活的严格要求,导致新的区隔特征出现。现在,上层社会生活中最有价值的货币是时间。午后的瑜伽课程,下午长子的马背体操比赛,脑袋里的小说,开露营车三个月穿越英属哥伦比亚,只有收入丰渥且能够自由分配个人时间的人,才是生活真正的主人,同时看起来轻松自在得令人眼红。

语言、音乐、运动如何体现文化层级?

今日,二十五岁至四十岁这一世代是有史以来教育程度最高的族群。四十岁至六十岁那一代，教育水平也比前一代人高。这不限于专业知识，就连文化惯习也提升到前所未有的高度。社会地位排在前三分之二的人，几乎人人都希望自己的人生更充实、更有意思。

> 记者马克斯·沙尼格（Max Scharnigg）在《南德意志报》的一篇文章中，以短短的两句话精确地描绘出今日社会大众如何理所当然地享受文化便利，而这些从前只保留给极少数的权贵分子："一位四十岁的青壮年搭飞机、做热石按摩、吃北京烤鸭及购买各种有机产品的次数比他七十岁的母亲还多。他享受的便利，在他父母那一辈属于奢侈：上餐厅吃饭、搭邮轮、有家务助理及带薪休假。"

就像上层阶级一样，受过良好教育的中产阶级也希望能多享受人生，并愿意为此付出代价。在这一点上，顶尖家庭（爸爸：DAX 企业董事，妈妈：家族企业股东）与优秀家庭（爸爸：电气工程师，妈妈：食品技师）都同意。两类家庭都自认是社会的中坚分子，都鼓励小孩在学业、体育及音乐上有所发展，并在许多方面都认为，比起外在豪华，内在价值更重要，他们自认具有世界观，有知识且心胸开放。

不过，差异仍然存在。差异不只体现在顶尖先生总是去高档的男士理发厅修剪头发及胡须，而优秀先生在自家浴室用理发器自己解决。在文化生活上也是如此，尽管两家在不同层面上活动，但需求是相似的。最典型的例子就是孩子的发展。乍看之下两家孩子都一样出色：优秀家孩子选了法语作为第二外语，在地方足球俱乐部青少年队当守门员，自从参加爵士鼓社团后，就不再碰直笛了。顶尖家孩子在人文文理中学学古希腊语，六岁生日时她收到礼物小提琴，现在跟着老师练习巴赫的 D 小调双小提琴协奏曲。她只偶尔参加高尔夫球俱乐部的青少年训练，学业及小提琴比较重要。尽管如此，她的高尔夫开球仍打得比父亲还要远。

法语、笛子、足球？或是希腊语、小提琴、高尔夫？基本上，这两种选择没有高下之分，两者都会建立起自己的文化资本。然而，学科及兴趣的选择却明显受到两个家庭不同生活态度的影响。掌握现代外语是职业市场的关键技能，古希腊语则几乎毫无实用价值，花三四年的时间在这上面，是一种知识上的奢侈，但也是一种优势，顶尖家庭乐于为此付出代价。直笛与小提琴也一样，尽管学任何乐器都会带来文化资本，文化形式仍有清楚的高低之分：学小提琴并提升琴技到一定的程度，会显得高贵。当乐器本身较便宜且容易上手，区隔的象征意义就会降低，如果父母做出这样的选择，代表在其所属的惯习圈子中已受到高税率的影响，必须理性计算，才能负担实现人生计划的代价。

当人越来越富有，事物能否达成目的的问题就变得越来越不重要，也就可以专注在事物本身是否精致、是否具备足够的挑战性。

"追求最好，否则不要"——这是奔驰创办人之一戈特利布·戴姆勒（Gottlieb Daimler）在创办初期便立下的宏愿，而这也是社会精英真正想法。在一个"更高级的社会"里，无须仿冒、售卖次级品或打折，若有人在意这些，代表吝啬小气。与上层阶级相比，力争上游的中产阶级就常被迫放弃，退而求其次。自从教育普遍化后，中产阶级便不再像从前那样，缺乏适当的品位而追求最好，但财力及时间资源的不足，却充分体现了文化偏好的致命伤。而名列前茅的富豪却能将许多花时间的事情外包，并且有足够的资金，买下所有能增加声望的事物，这也代表：

虽然相当富裕与顶层阶层之间的细微差异已变得模糊，但并未消失。

越了解这些事情及其成因，就越有利于向上跃升。其中最重要的一点是：留意你臣服于命运之下的心态！我们很容易偏好自己能力所及的东西，对那些遥不可及的事物，常出现避免，甚至出现排斥的心理。这种心态能提高我们对人生的满意度，但也会让自己受限于惯习的影响无法成长，阻碍我们向上晋升的脚步。如果经济资本跟文化资本一样富饶的话，事情自然就很简单。不过话说回来，难道真的需要购买起摄影大师艾略特·厄维特的陈年冲印作品、柏林爱乐除夕音乐会的门票，或是将整个房间都铺上花旗松木板，才能领略它们的美好？

懂得如何欣赏奢侈品，比起有能力买下它还重要，这才是对待奢侈品的正确态度。一眼就能认出美丽又特别的东西令人愉快，尽管这样的东西不是你唾手可得的。还有另一个优点：同样的风格品位，使真正的富豪和高收入者，也就是奢侈品消费者与服务者，能跨越地位差异的藩篱，平等相处。奢侈品研究专家玛堤娜·库内

（Martina Kühne）与大卫·伯斯哈特（David Bosshart）在他们的研究中点明："大部分的专柜人员都很有创意，虽然他们的口袋没有顾客那样深，但却跟顾客具有一样的时尚风格及细致的品位，这也使得他们能与顾客站在平等的地位。"

对个人惯习来说，这也代表着，无论存在什么样的社会问题，但对奢侈品一律嗤之以鼻，甚至像法国作家巴尔扎克所言，认为每笔财富背后都是罪行，实在不太有格调。像"多余的奢侈""谁需要这种东西"或"有钱能使鬼推磨"之类的批评，也会将优美、努力的过程，严谨的质量或珍贵的材质一笔抹杀。况且，瞧不起奢侈品本来就显得忌妒小气。想跟上上层社会的游戏规则，更好的做法是，懂得享受独一无二的事物，而不总是模仿。

就像购买知名手工巧克力店的巧克力，在高级旅馆过一夜，或是拥有连女儿也会喜欢的经典名牌包，参加某位知名人生教练的课程等等，这些偶尔的奢侈能丰富你的人生，亲身经历能帮助人参与相关话题的讨论，形成自己的看法，并尝试进入那些原来不属于自己个人日常生活的领域。而且：

新惯习开始形成，对较高阶级圈中常见的物品及习惯不再陌生或排斥。富裕也是一种心态！

除了这些代价高昂的极端情况之外，许多能产生文化资本的事物都是免费的："幸运的是，就算账户余额降低，也不必舍弃许多生命中美好的事物。"亚历山大·冯·笙堡（Alexander von Schönburg）是笙堡贵族格劳豪伯爵分支的继承人，他在著作《穷得有品位》一书中这么说道："礼貌、仁慈、友善、乐于助人，这些能使生活变得更愉快的东西可以无限扩增，而且与物质条件完全无关。"

礼仪仍然是社交竞争中的关键资产

又是特朗普！酷热的天气，英国国歌早已奏完，全世界地位最高的老太太在温莎城堡等人，十分钟，十五分钟，终于美国总统的座车路虎揽胜开进城堡。有力的握手，没有鞠躬，连微微低头致意都没有。一起行经仪仗队前时，美国总统特朗普背对着英国女王，走在她前面。米歇尔·奥巴马曾单手揽住伊丽莎白二世女王的肩膀，这也不合规矩，但由于态度亲善，并不让人觉得粗鄙。尽管在同样的情形下，我们都会像米歇尔·奥巴马那样表现友善，不过就规矩来说，并不太适宜。

亲切友好要比粗鲁好得多。无论是私人生活或职场，和气好相处是很重要的。但是当地位越往上升，就越需要另一种品德：熟谙社交礼节。这个意思是说，面对各种阶层及不同文化都能举止合宜。按照礼节行事很容易僵硬不自然，例如不能碰触英国女王，或是盛夏时节，只要房间里地位最高的人士没有脱掉外套，其他人就不可以脱。对中产阶级来说，这些犹如枷锁般的规则常常令人难以接受，真实、正派和发自内心的友善才值得重视。当然中产阶级的人还是会正确使用刀叉进餐，帮推婴儿车的父母将婴儿车抬上公交车,以及称赞邻居家的新厨房,即使私心觉得可以更新颖些。

但当礼貌变成彬彬有礼的礼节时,中产阶级便心存疑虑。

许多中产阶级都很排斥社交礼节或等级之分,不喜欢对贵族、教授或市长等使用敬称。在中产阶级眼里,礼貌是为了减轻相处时的麻烦,这样的行为如果拿来当作区隔,就会显得装模作样。就像之前发生的一幕,一位年轻人对法国总统马克龙说:"嘿,马努,你好吗?"而法国总统在镜头前坚持对方应该称呼他"总统先生"时,大多数人都站在年轻人那边。

但在顶级阶层就不一样了。在商界高层,公司对外的举止表现必须正确且毫厘不差。良好的应对进退,包括政治正确、跨文化能力,以及对头衔及职位的尊重。形式化的礼节简化社交互动,使其变成常规并避免出现意外。这些规则不是用来拉近人与人的距离,恰恰相反,正是要避免人与人太过接近,如果不能满足这些要求,别人就会因为工作上的失误而对你不满。

这已经是十几年前的事了,如今再发生类似事件的可能性不大,但谁也无法保证不会发生。事情发生在新款奥迪 A8 刚引进美国时,当时新上任的福斯总裁文德恩跟商业杂志《财富》的一位女记者一起试驾新车。文德恩开车,记者问他最喜欢这辆车什么地方,文德恩答道:"每个人都能上手,就算女人也不例外。"

在久居上层阶级的圈子里，良好的举止行为被视作优雅与尊贵的标志。因此，出身权贵家庭的人不太需要考虑：该说什么话；一群人中应该先介绍谁；什么时候可以轻松，什么时候不可以；如何正确地吃附餐面包。如果真要开玩笑，只能开自己的玩笑，他们已经将这些人际交往的仪式内化于心。尽管不会因此成为更好的人，但却会使人觉得舒服。俄国作家陀思妥耶夫斯基就曾指出："无论如何，一个人就算是坏人，还是可以借由精神、情感和舒服合宜的举止而显得迷人。"

无论对良好举止有什么意见，它仍是处在顶峰的人必须具备的个人特质。这对于位于中层的人来说是个障碍，虽然通过礼仪课程可以知道该如何打招呼，在什么场合该说什么话，不久后也可能大致掌握着装规范和得体的交谈，但他们仍容易在陌生惯习前显得僵硬造作，甚至在意想不到的时刻完全失态。

所有晋升至高位的人都知道，在新领域里，感到压抑及偶尔显得笨拙是无法避免之事。阿道夫·科尼格（Adolph Knigge）男爵曾解释如何在社交场合表现得像含着金汤匙出生的人一样轻松自在："重要的是，不要忽视任何细节，任何一条关于体面的规则，再细微都要遵守，就连在自己的家庭里也如此。为了改变天性，要仔细观察，看自己到底缺乏什么，什么令我们觉得压抑，何时习惯原谅自己的轻忽。"简单地说，就是：

熟谙礼仪形式必须落实在生活中，而不是临时抱佛脚。

要培养有教养的交际行为，最适合的时间莫过于其他人较为放松的时候，例如在厨房餐桌上、在烤肉派对、在超市，以及与餐点外送员的应答上。看着对方的眼睛；忽略对方的错误；明白表达自己的意思；平稳使用餐具；介绍陌生人彼此认识；无视手机的存在，就算手痒也不去动它；正对着人，而不是背对着人；记住他人的名字；不要咄咄逼人；对服务人员说句友善的话等等，生活中有无限多的练习机会。坚持下去，迟早会有回报，你会发现自己偷偷检查并纠正自己的次数越来越少，渐渐地感觉自己越来越轻松自在。这也代表惯习已然成形，行为表现与那些从小就习惯这些事情的人没什么不同了。

全球化视角下的文化资本运用

下层阶级的人固守地方，中间阶级的以国家为范围，上层阶级的人放眼全球。这是美国作家及教育学家露比·佩恩（Ruby K.Payne）在世纪之交时对不同社会阶层的想法与行动视野的定位。不到二十年，时代就变了：在人类历史上，放眼世界首次不再是上层阶级的特权。对于千禧一代来说，在国外工作及生活已是再正常不过之事。高中到美国科罗拉多州当交换学生，大学到巴塞罗那当交换学生，或是到拉丁美洲打工度假，这些经验标示出从上往下延伸至中产阶级的成长经历，距离几百公里，甚或几千公里的远距恋情在现实生活中屡见不鲜，在年轻的专业人士圈中，登上乞力马扎罗获得的社会声望不亚于升职。

与此同时，也出现了另一种完全相反的趋势："家乡"这个词突然热门起来，在 2018 年甚至挤进 50 个最重要的广告词排行榜内。乡村生活风格杂志 *Landlust* 和 *Hygge* 等的热销，都反映出人们重新唤醒对安全感的渴望：有妈妈味道的饮食、熟悉的风景、习惯的节庆，还有那些从幼儿园就认识的朋友。

对新世代的年轻人来说，国际和地方早就不再对立。人们同时活在两个世界，例如一家成功的国际新创公司就设在创办人的家乡。

有意愿又有能力的人，穿梭在各个世界之间。

在社会地位较高者的惯习中，总是期许一个人不只在一个世界感到自在。早在17世纪，权贵家族便习惯送儿子（偶尔女儿也会）出门壮游。巴黎、罗马、伦敦、伊斯坦布尔、雅典，壮游的目的是期望年轻人拓展文化视野，也是作为古典教育的隆重结尾。相较之下，一般民众一直要到20世纪50年代才能开着宝马旗下的Isetta泡泡车到意大利里米尼度假。

自此之后，大家的视界都拓宽了，因为爱彼迎、廉价邮轮及打工度假的出现和普及，所有人都有机会走向世界。尽管如此，差异仍然存在。并非每个经常出门远游的人都能成为世界公民，他们的想法也不会因此就变得国际化、弹性化及全球化。

惯习是否具有国际化，从决定是否出国留学上，表现最明显。一项德国联邦教育及研究部与德国大学生服务中心共同进行的调查研究显示：出身社会阶层较高的学生，到国外留学的比例是出身较低阶层者的两倍。

进大学后，出国留学或实习的决定，也取决于父母的态度。这不只是因为钱，而是国际经验是否被当成关键能力，父母是否愿意大方地给予资助。学生个人的文化涵养，更是决定性因素。

出国交换一学期，甚至整个学年都在国外进行的学生，通常已与爸妈游历过至少半个欧洲。到伦敦商学院或巴黎高等商业研究学院的学生，遇见的同学也全是出身各国上层阶层。与这些来自日本、中国、波兰和马来西亚的同学在一起，培养出国际化的惯习，并与世界各地的人士建立起朋友及交际圈人脉。到学业结束时，来自德国吉森大学的毕业生，他的兴趣及对世界的开放态度，更接近来自美国及亚洲的大学同学，已与待在家乡念大学的朋友大不同了。

国外的经历装饰履历，强化成就感并表明愿意离开舒适圈。无论是参加派对，或是青年领袖营，都是学习如何置身不同视角，以及如何串联全球各地——至少是不同语言的区域——的未来决策者。从这些活动获得世界经验未必对每种职业都一样重要，但它会融入个人惯习，并且受到大多数人事决策者的青睐。

> 酿酒师杰夫·梅塞尔（Jeff Maisel），也是梅塞尔经典白啤酒的负责人，曾在美国大学待了三个学期，他说："对我来说，这段经历让我能够了解另一种文化，例如理解美国人的想法。开放，不故步自封，坦诚讨论问题与机会，这就是我在那里学到的东西。"

比起中上阶层，出身工人阶级的小孩较常认为热衷国外经验只是浪费时间与金钱。国际化的职涯发展并不存在于他们的生活环境，国外经验对他们来说是度假，而不是职涯发展机会。比起去巴塞罗那或波士顿上几堂课，不如好好读书，拿个好成绩，尽快结束学业,以及打工赚钱。同样的思考模式,想学外语,也可以在家通过网络自学。况且,按照经验,大部分的人最后还是回到家乡,住在父母及老朋友家附近。

这种想法并非完全错误。无论如何谈论出国游学或开拓视野,高等教育研究所一项研究显示,仍然有大约一半的大学毕业生最后都定居在毕业大学所在地。全球排名前一千位的大企业的执行长,90%留在自己国家工作。精英研究专家米歇尔·哈特曼便认为:"在职业招聘及人生发展上,精英多半以国家为范围。"

这不代表他们视野狭隘。在国际场合表现合宜,与成为家乡志愿消防队的一员,都属于现代高尚惯习的一部分。与印度的合作伙伴进行网络会议,就像与地方政府直接沟通一样理所当然。人在明斯特、开姆尼茨或林茨,一样可以进行国际化的思考与行动,文化及社会资本不该以国界为限。未来学研究者口中的全球主义者是世界漫游者,他们散布世界各地,将两种元素结合在一起:开放的世界观与心怀地方家乡。游戏制作亿万富翁蒂姆·斯威尼(Tim Sweeney)就是其中一员。

电玩游戏《堡垒之夜》的全球热卖程度几乎是前所未有。创作者蒂姆·斯威尼自学编程,在父母家地下室创立游戏开发工作室 Epic Games。如今,Epic Games 预估价值为八十亿美元,中国网络公司腾讯持有近50%的股份。斯威尼将公司总部设在北卡罗来纳州的乡村地区,远离都市尘嚣。"在这里,员工可以用薪水买一栋漂亮的房子,同样的钱在洛杉矶只能住一套公寓。"斯威尼自己则投入了好几百万，以保护卡罗来纳州数百平方公里自然环境不受污染。

低调奢华：精英阶层的身份象征

社会学家宣布了三大新趋势，所有想晋升高位的人都不该错过："隐形财富""含蓄消费"，以及表明非必要的"反信号"。尽管三者不完全相关，但也有不少共通之处：依循这标准生活的人，因为不显眼反而变得显眼。闪耀炫目的奢华，与世代相传的上层阶级及知识分子的自我形象相冲突。在成功人士眼里，只有缺乏美学素养的人才会拿豪车、名牌标志，以及大手笔举行派对招摇炫耀。真正老资格的上层阶级只会在幽暗处闪耀。

文化资本越高，通常财富越不外显。

享有声望的证书、个人运动、植牙、罕见的限量复制画、不受外界视线干扰的住宅，以及拥有整个舰队的服务人员，接手家务及处理生活各种琐碎小事……尽管这些都不便宜，但真正的奢侈，很少有闪闪发亮的外表。

加拿大一座国家公园里，辽阔的树林、幽静的湖泊间，有驼鹿、黑熊及河狸。湖边一角有个度假营区，有小木屋、二十来艘独木舟及加拿大式艇，但没有无线网络，到处都没有。狭小的房间里配有弹簧床，以及最细柔的埃及棉床单被套。餐厅里的食物都是采用地方最好的食材，用餐时的服装规定是休闲服饰。如果没下雨，很多人会在黄昏时再出去划独木舟。晚上十点后听到的只剩蟋蟀的叫声。有时会有大家庭前来，待个十到十四天。此处住宿价格高达每人每晚三位数。只有一对夫妇透露他们的职业：男方的职业跟房地产有关，女方则在一家国际管理顾问公司工作。

对没什么钱的人来说，上层阶级对奢侈的定义有些古怪。在荒野的营区到底哪里好？竟然能胜过拥有水上飞机、儿童俱乐部及无边际游泳池的奢华度假中心？刻意表现出不像个精英有什么好处？为什么不好好享受这个身份带来的种种舒适？想避免忌妒？崇尚俭朴生活是出于上层阶级眼高于顶的优越心态吗？或者，他们像大部分的中产阶级一样，不耐烦故作姿态和繁文缛节？

毫无疑问，这的确与疲乏倦怠有关。人们很容易对手上拥有的东西失去兴趣，习惯后就不再那么享受。一个人要是整天都得站在人群及镁光灯前，在家或度假时就想保持宁静。光着脚的奢侈是新的广告词，指的是脱去刻板礼仪，除去陈腐仪式及各种繁复设备的舒适。高尔夫俱乐部餐厅必须适应新形态，如今精致餐点对有钱的顾客群来说已不再具有吸引力，"我继续供应踏实的餐点，如今高尔夫球俱乐部会员不想再吃鱼子酱……"因此菜单上不再有龙虾、螃蟹，而是农家风味欧姆蛋配上黄瓜沙拉。就算有精英宣称自己喜爱奢华，那仍是经过深思熟虑并且脚踏实地的结果。

导演索菲亚·科波拉（Sofia Coppola）在《亮闪闪的戒指》一片中，检视暴发户奢华的疯狂行径："我爱美丽的事物，也对设计、艺术、美感及摄影着迷不已。我也觉得幸运，身为女人，能以时尚表达自我。但我无法忍受那些刻意用来炫耀及展示的奢华，那太过分了。但除此之外，我也不是什么清教徒。"

她意思非常清楚：有格调且出身良好的人，不会到处亮钞票撒钱。还有，低调及有意义的奢侈，在社交上也是明智的：

上流阶级刻意表现出来的节制可讨中产阶级欢心，还能跟暴发户保持距离。

比起一般大众，上层社会的生活虽然更为私密，但他们不是生活在真空中。即使最富有的前3%，与剩下的97%当中最有钱的人相比，还要多出好几百万，甚至数十亿的财产，不过他们仍是极少数的存在。在知识及文化惯习上，中上阶层紧紧追在顶尖富豪身后，掌握了大部分的诠释权，发展创新并领导新潮流。不过，比起购买力强大的上层阶级，中产阶级无法真正尽兴发展他们的品位与兴趣。

这位兼职的W2级教授看过萨尔斯堡音乐节大部分的表演，不过都是在电视或在网络上，亲临现场观看表演是她毕生的愿望。但她为自己竟然有这样奢侈的愿望感到惭愧。人力资源总监就不一样了，她每年至少去看一场音乐节的现场演出，如果时间允许，就会安排更多场次。

无论因为习惯，还是出于计算，在不伤及商业及学术能力资本的状况下，财富精英并没兴趣公开展示他们与一般大众之间的经济鸿沟。在德语文化区中，高雅的生活方式常常刻意保持低调。财富研究专家沃夫冈·劳特巴赫（Wolfgang Lauterbach）在接受商业平台《商业内幕》的访谈中表示："他们生活在隐匿中。"

稳居前百分之几的上层人士完全负担得起这样的隐匿生活：他们地位如此超前，根本无需任何显眼的消费或引人注目的风格品位来强调地位的特殊。若需要展现区隔，也鲜少针对经济远落于他们之后、但文化素养相当的中上阶层。明显的区隔通常是用来区分世代相传的世家或初来乍到的新富。

保守的家庭以不同的方式展现自己的社会地位，暴发户亦然。

所谓新富，也就是俗称的暴发户，往往是从底层努力向上晋升的人。他们的奢侈行为通常发生在蜕变的阶段。无论是迅速致富，或者劳心劳力打拼赚得财富，他们通常会选择将钱花在汽车、星级餐厅、珠宝、定制西装、小费、奢华旅馆或名牌包上，以彰显手上这份仍属陌生的财富。富豪世家虽然也做同样的事，但凭借雄厚的文化资本，他们知道只要有钱，无论是嘻哈明星还是俄罗斯经济权贵，每个人都可以炫耀手腕上的金表。毕竟刚晋升为有强大消费力的大户，总有东西需要补齐，还要跟出身阶级做出区隔，显示自己如今的新身份地位。相较之下，能展现精英精神的是比利时制表厂 Ressence 推出的设计简约的跳时表。能显示个人品位的，则毫无疑问是造型亘古优雅的 NOMOS Tangente 腕表。这种看起来毫不起眼的高贵，只有同等级的人才能知晓，因此更显其独树一帜的风格。不过，在这种故作不经意的背后，比起前者未必有多大的进步。

因为世代继承权贵的惯习容易倾向保守，而不是激进。就企业发展的角度来看，习于低调奢华的富豪世家通常也不太贴近时代的脉动。可想而知，他们的最高指导原则就是守住财富。然而，爆炸性的成就通常来自颠覆性的技术及策略。今日网络时代的亿万富翁，就像 19 世纪的铁路大亨范德比尔特及石油大亨洛克菲勒家族，都是从"新富"的身份开始。世代相传的精英世家对他们的消费行为摇头，就像今日我们对新加坡富豪的夸张行为摇头一样。

再进一步思考，有些白手起家的亿万富翁对外界肯定的需求心理还有另一层意义：低调的奢侈是一种反思美学的表现，是高度经济及文化资本交互作用后的产物。那些依靠自己实现梦想、创造未来的人，通常是在一夕之间缔造出丰功伟业，在毫无经验的状态下，只能不顾优雅品位在所能允许的范围内，不断夸大宣称自己的优越性。

进阶路径　塑造个人风格，培养高阶文化素养

顶端阶层重视的价值是对各种礼仪的熟稔、国际化思考、传统意识、培养人际关系，以及最重要的，维持已获得的成就。中间阶层则有其他标准，今日最被看重的有：平等待人、放眼未来调整个人脚步、成就和能力、经济安全感，以及最重要的，支持

孩子取得最高的教育程度。不同的文化态度反映出不同的生活条件，每个人的思想言行皆是配合个人生活地位所提供的可能性与限制，但若想向上晋升，便要了解并内化上层社会的规则与习性。

1. 想扩增文化惯习并不是一件轻松的事，不仅耗费心力且规则不明显，而且最麻烦的还是在实践上。 夸耀、展现名气、暴发户作风及凡事都要插手的行为，明显格调太低，但还有一种很少有人知道的行为，也就是过度适应上流环境的行为，也会出卖自己初来乍到的事实。因此，刚进入新环境，最好的策略就是保持低调不张扬。一开始采取随波逐流的做法，就有时间调整自己顺应新环境。这也正是米歇尔·奥巴马当上第一夫人后采取的策略："最重要的是，慢慢来，不要着急。进入白宫的头几个月里，我主要的工作是照顾女儿，之后才开始进行我的个人计划。我想，以这种方式开场还不错，甚至可以说很好。"

2. 即使很多人反向操作，文化种类与表演形式之间也存在清楚的上下等级。 阅读歌德作品的读者会比阅读约翰·格里森姆（John Grisham）作品的读者获得更多的赞赏，如果他也懂得欣赏阿尔诺·盖格尔（Arno Geiger）就更好了。新的卖座电影当然很棒，但在艺术电影院放映的独立制作电影更好。国家歌剧院《没有影子的女人》的演出是一流的，其他表演厅的《魔笛》比较适合一般大众。不过，根据汉堡大学社会分析及社会变迁教授西格哈德·内克尔（Sighard Neckel）的说法，我们也不必远离主流及流行文化，因为今日有文化素养的人都是杂食性的，"他们对文化潮流及趋势有广泛的吸收与认知，即使并不平等对待。"这也是文化优越的一项证明。

3. 从书籍、文化节目及现场直播中可以学到很多东西。但是走进施泰德美术馆看展览，与只在网络上看数位展，无论数位展的科技有多惊人，两者之间还是有差别的。星级餐厅及顶级旅馆也是一样，总是避免进入这些高级场所的人，对舒适及服务永远无法自在。

4. 艺术品赋予其收藏者格调，可惜绝大多数的人都无法将马蒂斯或亚历克斯·卡茨（Alex Katz）的画挂在自家墙上。作为文化资本的实体化物品，最合适的莫过于书籍（如果不是电子书的话），或是独一无二的设计师家具，例如阿纳·雅各布森（Arne Jacobsen）的经典蛋椅（注意：复制不算，只有原件才有价值）。尽管如此，不用花大钱也可以表现品位，因为不出错也可以提升地位，就像《南德意志报》记者沙尼格所举的例子："别买油车，包包上不要有像宝缇嘉的品牌标志，套头毛衣不要出现 Brunello Cucinelli 的字样，度假时不要接电话，不要上脸书，不要买工厂出产的冷冻食品。"

5. 接纳自己的文化根源，更好的做法是，将出身转化成个人优势。任何不是出生就处在上流社会的人，熟悉的社会环境不止一种，他们能够理解目标群众，且有平易近人及脚踏实地的特性，就像人们口中的德意志银行总裁克里斯蒂安·泽温。他的父亲是一家小型印刷厂的老板，每次提及良好的行商之道，索温总要提出父亲为榜样，这也使他显得特别值得信任。

6. 选择合适的伴侣是增加文化资本特别有效的方法。从初恋到第二任太太，一个文化惯习较高级的伴侣，对方听什么音乐，做什么运动，怎么用钱，吃什么东西及吃法，这些都可能提升个人行为——如果善用机会，而不是坚持自己旧习的话。不过，如今这种借由爱情提升的机会也不比从前了，今日的潮流是平等的两方结合，也就是说，如今医生的结婚对象不再是护士，而是医生。而女医生宁可保持单身，也不愿与低于自己社会地位的族群结婚。

7. **地位越高，就越不能只是略懂。**这也包括个人意见及独特观点，就像指挥家长野健在一次采访中被问及古典音乐是否能让人变得更好，他这么回答："几年前我曾发现，许多好莱坞电影里的反派，都无法抗拒古典音乐的魔力……"这类的观察有无数的可能，不带偏见地关注文化及时代精神，并将观察做出跨界的交叉联结。但身为阶级晋升者很容易就被人看穿，因为他们可能只是现学现卖，或者更糟，只是鹦鹉学舌，毫无新意。

思维对话 现代社会分层更精细，文化资本决定你的圈层

什么是好品位？就是能接受新事物且内化成个人所有的能力——趋势研究专家及社会学家马蒂亚斯·霍克斯（Matthias Horx）这么认为。

多丽丝·马丁：请问霍克斯先生，里尔克、伦勃朗及拉赫玛尼诺夫，这些文化资产阶级的经典，如今还是文化最高级证书吗？

马蒂亚斯·霍克斯：或许比较可能是法兰克·扎帕、希腊人左巴或禅宗吧？这要看我们如何定义文化。在较为传统的定义里，

文化是文化资产阶层认定一成不变的经典作品，以及礼貌、惯例、态度和一堆必须熟记下来的东西，这些能将自己与未受过教育者及无产阶级区隔开来。这样的古典教育颇适合工业社会的结构，但在今日知识社会里并不太可行。

瑞士作家马克斯·弗里施（Max Frisch）曾说过："在我们生活的这个时代，人们已经丧失定义文化的能力了。"

今日世界有更多层次，也变得更复杂。传统意义下，自认掌握文化绝对诠释权的精英早已不复存在。文化如今代表的是"培养"个人感知形式。以不断变化的角度看待世界，灵活思考，以及自我改变，这在今日加速变化的世界是绝对必要的。"文化"最终不过是阅读、诠释，以及改变符号及代码，并使其成为新的东西，促使心智成长，或者可以说是意识的转变。

最富有的 1% 以何种形式的文化资本让自己显得与众不同？

在一个高度分化及多元化的社会中，几乎不可能明确概括和划分社会中的精英群体。如今有创意精英、财富与商业精英，还有思想精英、网络精英，以及情感精英。精英通常相当前卫，各种不同的精英也有各种不同的文化资本形式。例如商业精英就不可能没有多语言及综观世界的能力；若身为艺术家，必然多少有些怪癖，因为他们必须将事物不为人知的一面呈现出来。但这些很多都往下渗透到社会中层。也有不少是倒过来向上渗透，或是来回渗透。感谢上帝，不是所有好东西都来自上面，这才是活络且多元的社会本质。

文化资本比金钱更容易用来区隔不同的社会环境，有人说，至少要到第三代才可能改变出身缺陷。对于那些晋升上层，想尽快融入新环境的人，您有什么建议？

以开放的心态出门旅行；留意自己如何与陌生人互动；自我反省；接受危机。我想，在教育议题上，我们必须脱离"教育内容"的争议。教育其实关乎心理与心智能力，能设身处地思考问题，对世界提出新疑问，能理解事物的复杂性。从前人文主义者早就明白这一点。自以为拥有知识素养的人，其实早已失去它。实际上，教育的核心是一种反思能力，包括对个人存在的反思。

歌剧还是流行音乐——对文化专家来说答案清楚明了。不过，品位的正统是不是也与时代精神息息相关？

时代精神是用来安慰那些缺乏内在指南针的人。品位纯粹是个人主观认知，但人们喜欢将它变成规范。不过，今日这一切区分更精细，像我就觉得流行歌手海伦娜·菲舍尔很棒，喜剧演员马里奥·巴特和歌手迪特·波伦就很糟糕。还有民谣歌手海诺也很不错。我的内在指南针是真诚，及打从心底散发出来的热忱。

您将钱比文化多的人称为"专业粗人"。

对，这样形容我们在生活风格研究中的人物类型，其实是带着玩笑意味的。世上的确有人会刻意将生活中种种粗鄙转化成另一种形式，并且乐此不疲。这对他们而言有认同感，像显眼的刺青、粗鲁的言辞，以及穿着豹纹衣物招摇过市，或者开着四个排气管的豪华轿车，这些让他们自我感觉良好。这同时也是一种对文化资产阶级的造反，一种自我展演，多少带点嘲讽及玩笑的意味。像漫画家布罗塞尔,原名罗特格·费尔德曼,就属于这一类型的人,这种人又有不少与"怪胎"类型相同的因子,是那种什么都反对的怪人。

那么今日最受推崇的区隔特征是什么?

其实每天都在变。不过,如果硬要举出来的话,那应该就是看穿区隔特征的能力,知道它其实不过只是时尚而已,并且专注在自己想做的事上。这种能力在今日媒体"妖魔化"的时代,可以将自己与其他人明显区隔开来。僻静的小径才是真正的大道。至于媒体文化的规则:不要上脸书,不要参与那些有关特朗普及标榜另类正义的政党 AfD[1] 永无止境的激烈舌战,这可能是唯一的区别特征了。不过,在今天这种时代,你也可以用一种反转式的嘲讽心态去拜罗伊特听瓦格纳,将它当成一种朋克式的自我表演。实际上这也没错,在瓦格纳的时代他本来就是个朋克。

公开展示奢华的年代已经过去了吗?

没错,一百年前,不,两千年前就这样了。早在古希腊时期,展现奢侈就已经是个引起争辩的恒久话题,哲学家还因此导向精神层面的问题。对物质主义的批判,就像人类社会一样古老。然而,总是会出现大量金光闪闪的商品,卖弄式的消费,以及各种炫富行为。尤其在今日,阶级之间的界线变得模糊不清,这种情况更是变本加厉。我们活在一个自命不凡的奢侈文化里,每个人都想要劳力士或保时捷,并且自认与众不同,尽管他的车也和其

---

1 AfD: 德国的政治党派,全称是德国选择党。

他保时捷一起塞在路上动弹不得。

有良好品位的安全指南吗？

在瞬息万变的世界里，品位是一种能力，能在事物尚未被贴上"品位"标签时便先接纳它。例如，这四年来我只开电动车，多年来这被认为是错误的，是环保人士不切实际的幻想。不过，今日人们已然知道电动车有多完美，突然之间，它就成了街口大家争相注目的明星。

若《福布斯》也列出文化资本富豪排行榜，您认为谁该上榜？

比尔·盖茨这位全球最大软件公司的创办人，现在总是推荐改变人生的书籍。不过，这的确很难选择，因为有太多不同的观点。在我的未来学院里，每年都会选出一位年度最重要的"未来人"，其中可能是在刚果创建香草种植农场之类的杰出人物，或者是经历内在深刻转变的人。我个人最爱的是黑白照片摄影大师塞巴斯蒂昂·萨尔加多（Sebastião Salgado），二十五年来专注拍摄人类最残酷的苦难，之后因此陷入抑郁的泥沼，几乎要了他的命。然而，他不但活了下来，还在他老父居住的辽阔农庄种了三百万棵树，保护了土地免于进一步退化，如今那里已是一片拥有丰富物种的热带丛林。或许文化资本就是将期望付诸行动的能力，一种能将意义与个人生活结合在一起，提升自己精神高度的能力。

马蒂亚斯·霍克斯创立了德国最重要的未来学智库，其研究总部设于法兰克福与维也纳。他每天都要面对的问题是：哪些趋势，以及大趋势形塑出了今日当下的样貌，从这些趋势中，我们又可以为社会、企业与文化的未来提出什么样的建议？

Chapter

6

身体资本
外在形象如何影响社会评价

身体资本：

1. 身体及生理特质，例如健康、外表、力气、青春活力、体重。
2. 身体意识及对身心的态度。
3. 择偶、职业生涯规划或阶级晋升时，身体的使用价值。

刺青在公元 6 世纪的日本是用来标示罪犯及贱民的；中世纪时，欧洲有详细的规定，每个人都必须按照身份阶级穿衣服；到了洛可可时期，欧洲上流社会的女士争相将头发梳高，甚至可以达到她们头部本身高度的四倍。直到 21 世纪，衣着或裸露的身体，仍然是一种表演媒介。迪特·蔡澈（Dieter Zetsche）任职戴姆勒集团执行长时，以牛仔裤、运动鞋的造型为企业带来新气象。法国总统马克龙穿着一套三百八十欧元的西装，告诉大家："我是你们之中的一员。"在网络时代，用户将自己最完美的照片贴在 IG 上：健美的身材、完美的姿势、令人眼红的造型、精巧的修图技术。在各个时代及每个社会，外表都会不断发送信号，在如今这个时代，更是有过之而无不及：

我们不再把身体当成由我们设计及展示的外壳。

今日，对外界展示的外表，也会透露出我们的内在。

这样的文化转向并未过度强调肌肉及人工日光浴，或者将显眼的名牌标志变成明日黄花。今日引领潮流的是健康活力：闪亮健康的头发、精心保养的肌肤、粉红有光泽的指甲，以及凹凸有致的身形，这些都表达出个人的内在价值——健康、热爱生命且精力旺盛。慕尼黑社会学家宝拉－伊琳娜·薇拉（Paula-Irene

Villa）将这种社会地位的神秘密码定义如下："最重要的是，身体要能在个人意志下展现出最佳状况，并且显示出个人掌握了所谓适量的诀窍。"要苗条，但不能瘦；要训练，但不能太夸张；要活得健康，但不能苛刻；要妆容完美，但不能看起来像是在镜子前花了大半天时间的结果。

与洛可可时期不同，如今完美的外表看起来很随意，好像早上一起床就开始了活力满满的一天。实际上当然不是这样。瑜伽、平板支撑、防晒系数、睡眠监测 App、洗牙、超级食物，还有天然有机化妆品、计步器、筋膜滚轴，以及清理不该长毛的地方，这种全面健康需要个人高度投入，至于投入的高度则完全没有上限：私人教练、养颜美容的营养补充剂、各种 SPA 按摩、除皱针、颈部拉皮手术、瓷牙贴片等等。好莱坞女星莎朗·斯通（Sharon Stone）曾说过："要看起来很漂亮是一件非常困难的事。"没人能说得比她更透彻了。

但全心投入身体资本的经营，获得的回报是双倍的。首先，轻松且真实的气场是绝佳的区隔特征。这无法迅速用钱买到，因此，最迟四十岁之后，只有那些早有预感且守纪律，注重身体与生活方式的人才可能得到。其次，也更为重要的是，对身体及心灵的注重是对生活质量最有意义的投资。女星希拉里·斯瓦克（Hillary Swank）曾在一次受访时表示："如果不健康，很多想做的事就没办法去做了。"听起来没什么，但却是很残酷的事实。有身体障碍的人虽然也能成大事，但对大部分人来说，身体资本越丰厚，就越容易取得最佳成果，这些成果当然不只是在运动上。

你的外在如何成为你的社交名片

无论你同意与否，但身体就是个差劲的泄密者。我们是谁、从哪里来、现在如何，这些个人资料全都写在身体里面。它还会透露出一个人是否对自己满意、有多少钱、品位如何，甚至权力大小，以及个人最早的记忆是人类登陆月球还是第一代 iPhone 上市。身体具有强大宣示能力的原因很简单：身体所散发的影响力来自大量难以操控的方面。那不只是皮肤光滑、身材苗条匀称与头发健康等外貌，还包括种种肢体语言：体态与行走动作，声线清亮，身形是否优美，在特定场合动作是呆板僵硬还是轻松随意；还有如何打扮，要显露什么风格，穿着是否得体、是否与年纪相当、是否适合自己；以及在身体外形上能投注多少时间、金钱、知识，愿意承受多少痛苦。

布尔迪厄称惯习是"变成身体的历史，写进大脑，但也写在身体每个皱褶上，写在手势、说话方式及口音上，也写在发音、各种反应以及我们之所以为我们的所有表现上。"也就是说，我们的社会地位就像为我们量身定做，穿在身上的衣服。比起顶楼豪宅、保时捷和名人朋友，身体更能表达出我们从前成长及现在生活的环境条件。与我们谈话的人会接收到一连串的讯号，并以此作为重要的判断基础。对方一看到我们，便自认已经知道我们是怎样的人，在不到一秒的时间就已经决定，眼前的人是友善、地位崇高，以及聪明，或是别扭、麻烦，以及成就可能不高。这种对他人的瞬间判断基础来自个人生活经验，由于个人储藏的资料有限，因此常常不太准确，但这种决定可以瞬间完成，还能节省脑容量。得到的结果是心理学家所称的光环或尖角效应，意思是说：

第一印象决定未来关系笼罩在一片光明或是乌云之下。

就算后来证明是错的，人们也很难改变自己的第一印象。希望自己是正确的意愿太强烈，强烈到不惜违背所知事实。英国心理学家娜塔莉·怀尔（Natalie Wyle）曾针对这种现象进行研究，她让两组受试者看一张照片，是一位名叫艾德华的秃头青年。她告诉第一组受试者，艾德华是位癌症患者；对第二组受试者说，艾德华是光头党。结果就在意料之中：艾德华在第一组受试者心目中形象因光环效应得利，在第二组受试者心目中则因尖角效应受挫。在接下来的实验中，两组受试者不断接收有关艾德华的资料。最后实验者告知第二组受试者，最初给他们的资料是错的，实际上艾德华正在进行化疗。此举终于提升了艾德华在第二组受试者心目中的形象，不过仍然是有条件的：只有当受试者有时间思考时，他们给出的答案才是正面的。但若使用内隐测量，也就是测量受试者下意识的观感时，则显示出第二组受试者无法完全去除他们的成见，人为灌输的不良第一印象仍然存在并发挥影响。

一家汽车经销商店经营的汽车品牌是顾客欲望清单上的前几名，剩下的问题就是价钱。所有销售员都忙着与这位顾客交谈，等了十分钟后，终于有个流着鼻涕、头发扁塌的销售小姐拿来各种销售方案。经过一番讨论及一阵咳嗽后，销售小姐从计算机中找出长期租约方案，价格甚至比这位顾客的预算还低。虽然一切都很完美，但这位顾客还是不太安心，最终选择了另一家车厂的车。

"美貌永远受欢迎。"歌德这么说。不过，是否有吸引力则因人而异，卡车司机与创意总监对吸引力的判定就不一样。什么样的外表称得上舒服得体，高薪的国际企业管理顾问与硅谷高端技术宅显然意见不同。造成差异的原因则是个人偏好、所受影响，以及周遭环境条件。

虽然如此，仍然存在一种美与审美的客观标准，社会学家乌尔里希·罗萨尔（Ulrich Rosar）称其为"吸引力共识"，他说："我们应该都会同意，乔治·克鲁尼（George Clooney）长得比伍迪·艾伦（Woody Allen）好看。"我们也很可能都会同意，乔治·克鲁尼和巨石强森的外表都称得上是天之骄子，但两者之间谁更有吸引力，就不可能没有争议了。

无论如何，有一点是可以确定的：乔治·克鲁尼及巨石强森和所有长得好看的人一样，光是凭借他们的身体资本，就已领先他人一步。这种优势从小就显现出来，可爱的宝宝会获得更多的关照；漂亮的小孩有很多朋友；有魅力的学生成绩较好。这种持续不断的确认反馈，形成一种良性循环：有魅力的孩子更有自信且勇于尝试，在圣诞剧中扮演主角，赢得观众的热爱，魅力大增。

这种良性循环在孩子长大后还会继续：长得好看的人，容易给人好印象，择偶时也会出现更多好机会；容易赢得人心；能较快找到期望的工作，且薪水比资历同等、但长相不起眼的同事高出5%。对上市公司而言，由一位健康英俊的执行长掌舵，股价就会上涨。选举时，候选人的长相也是决定胜败的关键之一。就连在法院里，长相好看的人通常更容易得到宽宥。

而且不只如此，积极的经验都会体验在惯习之中，使人更加自在、自信。甚至连个人的财富成就也可以从外貌看出来，这种说法已被多伦多大学证实：即使是没有明显情绪表现的表情也能透露一个人是来自年收入低于 6 万美元的家庭，还是高于 10 万美元的家庭。不管怎么说：

长得好看又会打扮的人，会增加成功机会。
否认这种说法只是自欺欺人而已。

因为外表吸引力是社会地位、成就、健康和性感的体现。外表吸引力不仅发挥在择偶上，职业发展也受其影响。弗莱堡大学社会学教授尼娜·德格勒（Nina Degele）解释其中原因："吸引力能加强激励的力道，这正符合新的理想领导模式——鼓动他人、散发热情并随之起舞。你绝对无法想象这样一个人外表会是超重、随时气喘吁吁，而且阴阳怪气。"不管出自什么原因，我们总是将领导力、亲和力、爱情与美和善联想在一起。这种笼统的认知也使我们自以为是，认为长得不好也就不是那么聪明。

古希腊诗人赫西俄德（Hesiod）的作品中有一句话："美丽才会受人喜爱，丑陋则无人理会。"早在公元前 600 年，人们就已明白从外表可知一个人内在特质。

也就是说，具吸引力的外表对社会声望的取得是一大优势。不过，这当然不是说只要长得漂亮就一定能将优势转嫁到社交或职业成就上。无论我们拥有多少身体资本，只有周遭的人都认为它能加分时，才可能获得声望。通常也应是如此。然而，像油头粉面男或金发无脑女这类刻板印象也说明了一点：虽然健康整洁的外表绝对不会错，但如果过分强调这些魅力，也会引起猜忌和不满。

自信的肢体语言胜过千言万语

不要为了工作需要，是为了自己需要而穿着衣服，这句话偏偏出自一位有着杰出的职业成就，但却在工作时完全回避穿西装规矩的人：乔治·阿玛尼（Giorgio Armani）。早在乔布斯、迪特·蔡澈和扎克伯格这些爱穿休闲装扮的执行长之前，阿玛尼就已经穿深色长裤和圆领 T 恤上班了。这也埋下了不安的种子：当人们要站在台前代表公司，或者自荐接下重大的任务时，到底该穿什么衣服呢？从此，我们的想法必须重新调整：

正式服装常常是正确的选择，但不是在每个时候，也不是在所有场合都是正确选择。

金融、法律及商业顾问等传统环境最简单，在这里，传统的商务穿着仍是绝对的标准。男生穿西装衬衫、领带及皮鞋，女生套装、裤装或剪裁颜色端庄的合身洋装。相较之下，很多其他行业就没有单一且通用的服装要求。不同性质的场合，不同的公司文化及行业习俗，不同的个人地位及扮演的角色，还有不同的穿搭也会传递出不同的讯息，可能性实在太多了。而且每个人的特质都不一样,有时同样职位且同样场合,两个人有完全相反的穿搭却都一样没问题。

两位巴伐利亚木构建筑公司老板,一样四十出头,公司都有数十位员工。一位喜欢穿着深色西装,别着俱乐部徽章,在设计精致的高级原木会客室招待来宾。另一位则偏好巴伐利亚乡村风的设计,会穿着皮裤及工作鞋,坐在十字苦像壁挂下的传统转角木椅里招待宾客。两位都散发着成功的气息,两位都体现了他们的理想:一个是高度现代化的工业公司,另一个则是脚踏实地的制造业者。

职业上的服装规矩正在改变,而且差别更加细致,更加显现时代精神,并且更需适应形势发展。尽管如此,规矩还是存在,而且上层社会比中间及下层社会规矩更多、更复杂,想掌握诀窍也就更为困难。几乎没有任何时尚指南可以让读者知道,什么样的穿着能正确代表一家年轻、充满希望的公司,如何穿着打扮才能在视觉上显现自己已从中阶经理晋升至顶级联盟,在家工作参加视讯会议时又该如何穿着,以及被邀请到拜仁慕尼黑足球俱乐部贵宾席位时又该穿什么衣服,等等。

乔治·阿玛尼曾在接受英国《卫报》访问时表达了自己对服装选择的看法:"照镜子时,我是非常挑剔的。我会考虑要穿什么衣服看起来才会好看,像我就不能穿条纹或亮色衣物，因为那会使我显得更胖。白天我喜欢穿深蓝色裤子，配 Emporio Armani 的白色 T 恤及白色运动鞋。晚上我会穿黑色 Smoking 外套，配 Giorgio Armani 手工缝制衬衫。我几乎都穿一样的款式，虽然我有健美的身材，但可惜身高只有一百七十厘米，我知道自己适合穿什么衣服。"

无论休闲或正式场合，想在外表流露出高雅惯习，那就不能不好好考虑如何穿着打扮。最好还是寻求专业帮助，请熟悉顶级联盟时尚规矩的西装裁缝师或造型师帮忙打理。一旦找出适合的穿搭风格，就可以安心地将注意力放在其他问题上。就像乔治·阿玛尼、奥巴马，以及默克尔所展示的：站在顶端的人必须穿着质量优良的衣服，但并不需要追求潮流或天天换新装。

个性。就连服装也一样没有所谓的上流社会风格。一个女人无论每个月花五十欧元还是五千欧元在服装费上，人们看在眼里的，是她偏好舒适轻松、保守、禁欲风格或是前卫造型。此外，服装还得配合身材、年龄，以及职务要求，因此基本目标总是一样的：穿着打扮必须强调能力及个人性格，要能与场合相配，但又要符合个人审美观。从默克尔与国际财经界最有权势的女人克里斯蒂娜·拉加德身上我们可以看到，同样位处顶峰的女人所诠释的可能性是多么不一样。

场合归属。教育程度越高，就有越多的场合需要我们融入。

从学校的家长会谈到国际会议，从传统新春茶会到与客户共进晚餐，从慈善音乐会到探访养老院里的奶奶，出现在不同场合，并不代表你真正"属于那里"。每个从工作场所直接赶去参加家长会谈的人都有这样的经验，一套量身定做的西装可能是整间教室里最好的服装，却因太隆重或不恰当而遭到侧目。只有当我们的穿着打扮与所扮演的角色相符时，才可能获得尊重。

白色棒球帽、白色运动鞋、洗得发白的牛仔裤、卡其色衬衫、太阳眼镜——这是前第一夫人梅拉尼娅·特朗普在艾尔玛风灾后出现在佛罗里达州的模样。若是在乡村俱乐部，这样的穿搭会显得休闲轻松，但在一个街道被水淹没，房子倾倒，至少死了四个人的地方，第一夫人选择这样的穿着却显得凉薄且缺乏尊重。显然，她与她的团队都没能准确评估灾区民众的心情。

代表性。 身处高位的人最重要的任务之一，就是成为公司或机构对内、对外的代表人物，但这不代表他们要穿戴最时髦或过分昂贵的服饰。只有新富才会打扮得花里胡哨，富贵世家想显得与众不同，则是凭借高贵的质地与面料、配饰、完美的合身剪裁、做工精细的衣服，以及通常只有内行人才能辨识的巧妙细节。例如西装平顺妥帖的肩线、高级布料、搭配得宜的袖扣，以及手工缝制的皮鞋，这些是成功人士及高层阶级的象征。理想状况是从不显现邋遢的一面，尽可能让自己看起来像是有司机开车或搭乘头等舱的人。与你对话的人会从你高雅的外表辨识出你的社会地位,并因此调整他们的行为。

曾任脸书营运长的雪莉·桑德伯格(Sheryl Sandberg)便展现了一个成功跻身顶级联盟的职业女性的穿搭风格:及膝裙、中跟鞋,深蓝到深红色范围内的单色搭配,服饰上不会出现蓝绿或粉红色,衣服上也没有任何图案花样,而且配上极简的饰品,方便活动。这足以显现出个人特质,不会被误认为助手。英国《卫报》对这种风格做出如下的定义:"这是理性务实、商务化的魅力:合身连衣裙、包鞋、同色系穿搭,线条简洁且高尚优雅。这样的穿着也出现在剑桥公爵夫人身上,或是茱莉亚·路易丝-德瑞弗斯(Julia Louis-Dreyfus)在电影《副总统》中扮演的角色瑟琳娜·麦尔(Selina Meyer)身上。"

与众不同。不久之前规矩还很清楚,商场上的高层人士就得穿西装打领带;职位越高,衣服颜色越深,质地和面料也越精致。这种服装规矩正在转变,随着应对礼仪越来越宽松,打领带的规矩也跟着宽松起来,直至在职场日常完全消失。这种新的宽松风格背后自有其算计:科技产业巨头的轻松风格和酷风潮也吹进保守产业里。另一现象是所谓"红色运动鞋效应",这是一种矛盾现象,打扮休闲的高阶经理人及教授,反而会被认为特别成功、特别有能力。商学院教授安娜特·凯南(Anat Keinan)解释个中缘由:"这样的穿搭等于是向世人宣告:我完全自主,且成就之高可以无视服装规矩,随心所欲。"不过当然要记得,"红色运动鞋效应"只有在相对高层人士身上才能发挥作用,因为人们相信他们深谙规矩,只是故意违反而已。

权威穿着。服装不只影响观者,也会影响穿者本身。为了即将展开的会议或演讲,我们打理好服装仪容后,马上会有士气大振的感觉,就像女超人脱掉日常衣物,穿上她的蓝红英雄装准备拯救世界一样。鞋子设计师克里斯提·路铂廷(Christian Louboutin)也说过类似的话:"鞋子会改变你的肢体语言,以及你的行为,它会提升你的身心。"穿着高级服饰也是我们给自己的一大助益。既然商务打扮不再热门,那另一种选择就是高贵优雅的休闲风格,就像乔布斯经典的高领克什米尔羊绒套衫,乔治·阿玛尼穿的也不是廉价T恤。志向远大的人,就连休闲装扮也会考虑质感、成熟色系及合身的剪裁:既不紧身,也不会显得松垮。

健康和精力是高阶层人士的必备资本

成功就像财富一样,从外表就能看出谁是有钱人、谁是成功人士。因为晋升高位,或至少达到个人期望的目标,会带来安全感,并在肢体语言中显现出来。就算穿着T恤和百慕大短裤,仍然会散发夺标者的惯习。一个人越成功,行为举止就越安然自在,对自己就越满意,外表也就越不像那些仍然努力往上爬的人,容易显得拘谨局促。身材、皮肤、走路姿态、微笑、肢体语言及眼神等细微之处都显现出那是一个享有声望的人,而且不必再向任何人证明这一点,除非他自己愿意。

成功就是努力、炫耀及地位象征，全都变得多余了。

对世代相传的上层阶级而言，美丽与珍贵的东西并没有失去它们的意义，而且恰恰相反，如果有足够的钱又觉得喜欢的话，谁会不想买游艇，买保时捷帕纳梅拉，或在奢侈品电商 Net-a-Porter 上购物呢？只是对精英来说，符合身份地位的外表展现，比起购买奢侈品更重要。他们留意自己的身心状态，乐于接受私人教练的指导，这在企业顶尖高层已是理所当然的常态。即使是第二线的管理阶层，也有五分之一的人接受专业健身训练及饮食控管，三分之一的人使用健身 App ——这是马克思·格伦迪希医院所进行的具代表性的问卷调查研究结果。在意身体是否健美，背后隐藏的想法是：成功的潜规则是很残酷的，想在职业及社交上有所成就，最好身材高大，再不济也要身材苗条健美。太矮、身高超过一百九十五厘米，或者是体重过重的人，晋升之路将难上加难。

一位企图心跟腰围都不小的出版集团部门主管便被直率告知，如果想晋升一级主管，必须先减掉超标体重。这话说得很诚实，而这种政治不正确的理由是："因为这样的腰围无法展现知性，不符合我们客户对公司一级主管的基本期望。"今日，德国企业大多数的执行长的确看起来都很健康且充满活力，完全处在"最佳状态"，就像他们的公司一样。

与其他资本形式一样，身体资本在上层、中层和下层的分配也是不均等的。这种现象也是很早便显现出来：成年后的体态、外显的气质及如何对待身体，全都在童年就开始形成。社会地位对身体健康产生的影响，在零到十岁的儿童身上尤其明显，这种影响塑造了成年后的身体及健康意识。虽然所有社会阶层都一致认为健康是生命中最重要的东西，但对待身体的差异却是非常明显，这可以从专门搜集分析个人体重、吸烟、饮酒、饮食及运动资料的指数中看出，这五项因素每个人都能自主掌控，但只有一项未显现出阶级差异：无论哪个阶级，都喝太多酒。

无论是葡萄酒、气泡酒、威士忌，还是啤酒，上层、中层和下层阶级都不遑多让。

其他四项因素则显现出非常明显的差异。下层阶级有十分之四的少女体重过重，上层阶级只有十分之一。吸烟也是一样，下层阶级有三分之一的人吸过烟，中层阶级只有四分之一，到了上层阶级则是五分之一。至于饮食也存在同样的现象，盛行于上层阶级的是某种狂热的饮食规则：有机、原始人饮食、无麸质、纯素等等。新潮烹调不再新潮，取而代之的是洁净饮食与超级食物。还有运动行为也与社会阶级息息相关，上层阶级明显比下层阶级更勤于运动。

社会前段班处理身体资本的方式，给他们带来双重回报：拥有较多财富及接受较好教育的人不仅长寿，还会拥有一具养眼的身躯。在享有特权的社会环境里，健身、外表及从容自在，会被转译成另一个层面的长处：负责、高效率、自信及强势。再加上适当的穿着及细心的保养,整个人散发着自然且充满朝气的精神。这与天生基因关系不大,是精心安排的良好生活习惯造成的结果。

画家及雕塑家马库斯·吕佩尔茨(Markus Lüpertz)是德国当代最重要的艺术家之一。尽管觉得负担,但他还是在个人外表上投注了不少心力:"你知道我为此付出多少吗?每天早上进行仰卧起坐、举重,花大钱请专业裁缝,等等。我当然虚荣,为什么不呢?将人体如设计作品般呈现,不正是对周遭环境的一种赞美吗?"

虽未特别表明,但上层阶级的确将身体资本当成追求个人职业目标的基本条件。有机食品及斯佩尔特小麦面粉跟瑜伽或晨跑一样,都是对个人未来理所当然的投资。对许多人来说,保持健康这件事已经内化到完全无须思考。人们对压力的看法也与从前不同,如今压力象征一个人缺乏自我控制的能力,休息时间和自我恢复成为新的社会地位象征,同时也成为话题。

桑德拉·纳薇蒂(Sandra Navidi)是国际知名的企业家、金融专家及畅销书作家,她以管理代办事项的高效手法来管理自己的身心健康:"由于我可以自由分配时间,也到处都可以工作,因此特别注意定时休息的规划。每次到外地出差,我总会多待个一两天,给自己留有时间去观光或拜访朋友。因为生活中很少有重复事件,我又选了一个自己喜欢的工作,所以也很少疲惫到需要去度假。"

比较起来，下层阶级的人多认为身体状况是天生的状态，特别是在健康方面。将上下两阶层拿来相比，可以得出两种完全不一样的身心观念：

上层阶级认为自己是掌握健康的专家，下层阶级则认为健康与否是上天注定。

新近研究结果显示，上层阶级对健康的追求是正确的。有违一般较无优势族群的想法，好看的外表及十足的精力与基因之间的关系相当有限，爱丁堡大学亚瑟研究所研究员彼得·乔许（Peter Joshi）及其团队的全基因组关联分析研究证实了这个说法。就统计上来看，风险基因只会让预期寿命缩短几个月，相较之下，长年累月每天一包烟则会减少七年寿命。每减少一公斤的过重体重，就会多活两个月；遗传造成的冠状动脉性心脏病风险，可以透过健康的生活方式降低一半。相反的，不良的生活方式几乎完全抵消良好基因带来的低风险优势。

好消息是，健康的生活方式并不是中上阶层的专利。少糖、少抽烟及少喝罐装饮料，多吃蔬菜、多喝水、多骑脚踏车、多走路，放轻松并保持足够的睡眠——这些其实都不贵，虽然也有人投资大笔金钱在健身、养生、超级食品及美容疗程上。

不过，问题不在金钱上。如果不卖力挣脱的话，每个人多少都受个人出身惯习羁绊，面对健康问题也是一样。从这个角度来看，穷人处于劣势，想要追求健康生活，必须比富人付出更多力气摆脱从小养成的习惯。有过节食经验的人都知道，要改变习惯是一件多么困难的事，况且健康的生活习惯并不是马上就看得到成果。基森大学教授尤根·史威尔（Jürgen Schwier）特别强调这一点："作为预防性'医疗'，运动并无法直接与成功挂钩，无法储存成效，也无法在练习时确认功效。"饮食习惯也是一样，放弃比萨、啤酒及薯条，转向加工程度较低的食品并不会立即带来好处。对那些生活原本就不是那么称心如意的人来说，还要花精力注意身体健康，比本来就对吃食挑剔的人要困难得多。

不过不管怎么说，无论是谁，无论在什么样的社会阶层，保持健康生活方式的努力是值得的。只要能坚持下去，就会创造出身体资本，为生命每时每刻带来幸福。强壮健康的身体还会提高社会地位，它能展现个人性格及社会成就，即使他没有权力及财富的权杖傍身。

> 管弦乐团近日公开彩排。夏日外头骄阳正艳，里头音乐家穿着休闲服饰在调音。指挥骑着脚踏车赶来，穿着百慕大短裤及宽松的衬衫，一手拿着指挥棒，另一手拿着水瓶，再也没有比这画面更不起眼的了。只是，身体惯习还是泄露出崇高的社会地位：从乐曲第一拍开始，他整整六十分钟身体紧绷，全神贯注，动作精确且精力充沛。

形象管理：为什么成功人士如此在意外表？

"或许在不久的将来，皱纹会成为一种风格。其实现在打丰唇针已经跟刺青一样不入流了。"这是2007年《明镜》记者克劳迪娅·沃伊特（Claudia Voigt）写下的句子。十二年后，潮流果然朝这个方向发展。美貌的年龄界限正在打破，至少现在范围越来越宽广，而且还不需要人为加工的美化或想方设法留住青春。时尚经典品牌 Céline 找来八十岁的美国作家琼·狄迪恩（Joan Didion）做时尚广告代言人。《法兰克福汇报》称赞 1953 年出生的法国首相夫人布里吉特·马克龙（Brigitte Macron）是"法式风格"的典范，有令人眼红的高格调和轻松自在的酷。梅根·马克尔（Meghan Markle）嫁给哈利王子时已三十多岁，是英国皇室年纪最大的新娘，婚礼当天的新娘妆，看起来就像没化妆，却比其他人美上千万倍。

如今，引起人们无限遐思的风格典范发生了变化。青春完美无瑕固然美好，但个性，以及时装设计师吉尔·桑德（Jil Sander）引进德语圈的英文字 effortless（轻松不费力）更加重要，而且这规则适用于所有年龄层。或者，就像 *Vogue* 关于琼·狄迪恩的描述："她的作品一如其人，优雅、脆弱、出人意表且毫不做作。"

上流社会的标准面貌——不造作、不拘谨、不急躁。
从前如此，今日有过之而无不及。

在 2018 年纽约时装周的伸展台上，光滑柔顺、没特别吹整的闪亮直发是最热门的造型。这种发型被《纽约》杂志称为"富家千金发型"，理由一目了然：看起来如此轻松不费力，只有天生丽质又有钱的人才可能办到——个个都像从肯尼迪全家福照片中走出来的人物。特别是步入中年的人，这种典雅自然的造型绝对会使一个人看起来与众不同。

2018年，六十五岁女星伊莎贝拉·罗西里尼（Isabella Rossellini）再度成为兰蔻焕采保湿霜广告代言人。彼得·林德伯格（Peter Lindbergh）为她拍摄的广告照片完全没有修图，罗西里尼也拒绝肉毒杆菌、填充剂和整容手术："我认为这些东西对人体不可能带来任何好处。我努力保持健康，在长岛的庭园自己种水果和蔬菜。"至于脸上已有皱纹却还是被视为美的代言人，罗西里尼认为这是因为今日广告焦点不再放在完美的鼻子、嘴巴和身材上，而是自我认同、热爱生活和充满活力。

虽然中层以上阶级全都乐见运动成果，保持精神最佳状态，以及以轻松的态度面对老化等事实，但侵入性或微侵入性美容矫正仍属于私人领域。眼睑下垂矫正手术、丰胸、除皱、服用雌激素等被认为是肤浅甚至落伍的行为，不过保持年轻是理想状态。事实上，再怎么开明有教养的人，仍然要面对现实。到了每天早上必须要花很多时间遮住脸上的皱纹时，就是该拿财富资本换取身体资本的时候了：玻尿酸、肉毒杆菌、激光治疗、眼睑下垂矫正手术、鼻子整形、抽脂手术等各式各样的手术，遍及身体所有部位。最重要的就是不要让自己变得灰溜溜、毫不起眼，但另一方面，又不可以像唐纳泰拉·范思哲（Donatella Versace）那样夸张。最好是做完美容手术后容光焕发，看起来就像刚享受完三周的夏天度假。就像保守人士及知识分子不喜卖弄式消费，不爱炫耀头衔及认识名人一样，他们也不会明说在身心和谐的表象之下到底投注了多少金钱与心血。

此外，财富自然也可能有截然不同的展示。在德国，隆乳手术植入的体积越来越小。在美国，特朗普妻女梅拉尼娅及伊万卡却向世界展示了完美无瑕的脸庞与身材：洁白闪亮的牙齿、矫正过的颧骨、日益减少的表情纹和增大的胸部。尽管人工美貌在美国也不属于开明的生活风格，但光滑紧致的脸皮就像染发，对美国商界、政界和媒体高层人士，和在纽约第五大道的人没两样，都属于标准配备。

但在德国，若做得太过火，就会给人"专业粗人"的联想。这个引人侧目的称呼是法兰克福未来学研究中心提出的，典型人物则是盖森家族及卡戴珊家族。这些有钱有闲的极端享乐主义者仅占人口总数的1%，"他们集聪明、坚强毅力、真心喜欢低级娱乐与奢华物质、精心装扮外表于一身。"尽管开明的中上阶层对这种乐于展现肌肉、曲线及大片肌肤的表演讪笑不已，但这些暴发户毫不在乎。毕竟全世界都知道，那些工作过度的女医生及套装上每个扣子都扣紧的商场女强人根本负担不起这种表演，就像她们也负担不起一辆拉风的改装法拉利一样。

这些"专业粗人"改变及装扮身体的方式深受部分下层民众的喜爱。当青少年在IG上突显骨感的腹部强调健身结果的肌肉，或者手掌宽的大腿缝时，也就意味着展现身体已是不分社会阶级的事了。至于这种呈现是关注身体的哪一方面，是优雅迷人或是青春洋溢，无论在上或下阶层都是文化资本的问题，已经与经济资本关系不大了。

因此，在排名前 1% 的富豪里，这两种对立的观念并存。"专业粗人"在视觉上以金光闪闪、凸显女性特征或是刻意展示男子气概的方式与一般人区隔开来。与之相比，传统的精英则以优雅及掌握时尚潮流而显得与众不同。真正名副其实的顶级富豪的显著特征是十足的保养并带着一丝毫不费力的不以为意。或者，像未来学研究中心说的："所谓自然正面临最大的挑战，就是完美地展示不完美。"

马拉松与高尔夫：社交场上的"身份象征"

马拉松全长 42.195 公里。在德国，每年都有超过十万人努力跑到终点，每八百人中就有一人接受这项长距离的挑战。然而，一小部分人打破了统计数据：DAX 大型及中型企业的高层主管。他们一百人之中，就有十人参加马拉松比赛。并且有证据显示，他们从事这项健身活动也有利于企业发展。

这两者之间令人讶异的关联，是科隆大学研究员彼得·林巴赫（Peter Limbach）和弗罗里安·索南伯格（Florian Sonnenburg）发现的：若公司执行长热衷竞技运动，会比规模类似、但执行长不做竞技运动的公司，价值高出 5% 到 10%。在收购或合并公司时，体能训练有素的执行长也会产生可观的剩余价值。这里所谓的竞技运动，研究人员以一年成功跑完一场马拉松为标准。这也证明了：

在运动场上全力奋斗的人，也会在其他方面争求优秀成绩。

不过，要训练身心达到最佳成效有各种不同的可能性，为何偏偏是马拉松呢？这么多顶尖人士同时选择这种长距离的挑战，也反映出下列事实：一个人偏好什么样的运动，不仅仅是个人品位的问题，社会地位也是其中一项因素。

布尔迪厄就曾详细解释过，具有高雅惯习的人较偏好的运动种类有以下特点：在特殊时间与风光明媚的地方，和自己选择的同伴一起进行，例如帆船、登山、网球、滑雪，以及高尔夫球。此外，在这样的圈子里，大块肌肉是粗俗的象征，因此上层阶级较偏好那些动作优雅，能锻炼出苗条修长身材的运动方式。

> 住在加州的记者丹尼尔·杜安（Daniel Duane）一开始和周围大多数的人一样，都习惯以慢跑及骑脚踏车健身。在他决定转向重量训练，以强健骨骼后，他的脚步开始变重，胸部也越来越宽，他觉得自己越来越孔武有力，也乐于展现，但家人及朋友显然不太能接受这种变化。"有天，一位身材精瘦的三铁运动员慢跑经过我家窗前，戴着运动帽、超炫的太阳眼镜，还有 GPS 手表，我太太瞪大眼睛，满脸欣美。那天晚上我们吵了一架，她也坦承比较喜欢从前瘦削的我。"

但像马拉松这种需要长时间锻炼的竞技运动，不只是能塑造出充满禁欲精神的优雅身形而已。对上流社会来说，在锻炼身材的同时，也一边锻炼心性。这点在富豪研究专家齐特尔曼对高收入者所做的访谈研究中非常明显：超过一半的受访者在青少年时期都是全国排名前十的竞技运动选手，像滑雪、马术、划船或十项全能。这些运动教会他们如何超越自己，如何冒险，如何抓住机会，以及就算落后也还是要继续坚持到最后。这种有利于惯习养成的效益，主要来自竞技运动。周日早上轻松地打场网球或许能增强心肺功能，却不能培养运动精神。

马拉松对身心的要求远高于一般日常运动，投资报酬率也就更高。

不跑马拉松的话，也可以挑战单车越野赛，或是拿铁人三项成绩来装饰履历，或者去中国挑战华山长空栈道。最重要的是，运动目标是具体和可量化的，而且会让那些不怎么运动的人瞪大眼睛。运动成果早就变成社会经济地位的衡量标准，因为人们认为，一个勇于锻炼身体且接受挑战的人，在其他领域一样会拥有坚强的意志力。若想得到更多的肯定，就必须完成不可能的任务或突破极限。

艾米·穆林斯（Aimee Mullins）出生于1976年，天生就有肢体不健全的问题。她在一岁时，两条小腿都被截掉了。九岁时，她用脚（义肢）画了一张火箭喷射器的图，二十岁时参加残奥会并刷新两项短跑世界纪录。如今，她有十二副超级先进的高科技义肢。她会滑雪，为时尚大师亚历山大·麦昆（Alexander McQueen）上

T台走秀。装着义肢的她跑起来轻轻松松就可以将一般"正常"人抛在身后,"我完全不介意自己的残疾,我早就超越正常人很多了。"

无论选择马拉松或是其他领域的体能挑战,务必记住:顶尖人士对运动的态度就像在做生意,求胜之外还要充满热情并保持最高水平。在追求完美的要求下,自然要有质量优良的装备、最佳的训练条件,以及一流的教练傍身。

进阶路径　管理身心状态,打造最佳个人形象

曾经,健康的意思就是没有疾病缠身,如今,健康的定义则是充满活力且快乐地生活。这要求很高,甚至可以说是高得离谱。因为无论我们有多成功,脆弱永远是人生的基本状态之一,我们无法得知这具带来或多或少成就的躯体能撑多久。尽管如此,投资身体资本仍是一件值得的事:健康、身心舒畅及保养得宜的外表会使我们心情开朗,提高我们做事效率及社会声望,使我们能尽情发挥自己的能力。我们的身体比设计名宅、滑翔机或剧院贵宾席更能展现我们对自己的期许,以及影响他人如何看待我们。

1. 教练都会要求确保自己是房间里所有人中状况最好的一个。 听起来是否太以自我为中心?的确!但先不要有成见,这种想法其实是很好的建议。正如在飞机上若遇到紧急状况,你得先为自己戴上氧气面罩才能帮别人一样。这种原则也适用在生活其他领域:你只能做到身体能够负担的程度。一旦耗尽精力,脑力衰竭,

健康状况堪忧时，既无法承担大任，也无法享受生活，或者至少要更费劲且更有意志力才能达成。因此，想扩增个人身体资本，也要遵守基本原则：顾好你自己。

2. 计步器及健身 App 能帮助身体获得它应该获得的关注，不过，日常生活中许多能使身体更为健美的小事却常常被忽略。不走楼梯搭电梯，不好好吃午饭只吃巧克力棒，晚上只想赖在床上，没力气使用牙线洁牙，这样是无法累积身体资本的。要达到身心舒畅，一些习惯必须成为个人生活的一部分：充足的睡眠、运动、适当的营养、足够的休闲，并且经常走出户外。你可以在家里等水烧开时做一些伸展运动，以一把坚果取代巧克力，睡前一小时不再打开手机。这些对身体健康有益的小事被畅销书作家布兰登·布夏德称为"高成效习惯"，花在上面的力气短期内看不出什么成效，但从长远来看，非常有助于惯习的养成。

3. 格调的展现往往比穷人想的要隐晦。合身但不过分紧身的剪裁、不裸露太多皮肤、中性色调、永不过时的经典风格、天然材质，以及一些不显眼的饰品，代表着有格调的品位及高度文化资本。财力雄厚的人，能在慕尼黑精品店林立的马克西米利安大街或伦敦萨维尔街买到高贵精致的行头，但他们也会在相对便宜的 ZARA 或 Mango 等品牌选择服饰，虽然内行人一眼就可以看出差别，是奢侈昂贵或经济实惠，是手工定制还是工厂成衣。因此穿一件一百欧元的克什米尔羊绒套衫并不代表有钱，但却代表穿衣者知道什么是高雅品位。

4. 看透服装选择的自由空间。西装领带及套装、皮鞋可说是一般资产阶级或高层人士的穿着规矩，但并非绝对。在一般的日常工作场合，商场精英也会只穿衬衫及运动鞋，而且比起过去的同行，他们也有适合的身材穿这样的衣服。穿着正式的商业套装通常是直接面对顾客的服务人员。因此不要搞错，一个人穿戴的服饰，可能正好显示出这个人在服装选择上有多大的自由空间。

5. 研究显示，人们推测名人的身高通常会比实际身高更高。这种错误印象来自体态习性，地位较高的人习惯抬头挺胸，自信使得步伐加大，从容冷静的外表充分展现了威严。与其相比，紧张的动作传达出来的讯息则是迫切渴求及内在压力。根据布尔迪厄的说法，匆忙意味着惧怕，惧怕自己无法达到他人的期望，惧怕自己占用他人太多时间。

6. 哈佛大学心理学家艾美·柯蒂（Amy Cuddy）的著名研究显示，当我们身体摆出坦率大方的姿态时，"压力荷尔蒙"皮质醇会降低，睾酮浓度升高，我们的想法及行为也会更有自信。今日经济社会学实验甚至显示，坦率大方的姿势能使人看起来比实际拥有的权力更具威望。实验以坐姿放肆和拘谨来做对比，你也可以简单测试这样的区别：将手臂搭在旁边空座椅的扶手上，然后跷起二郎腿；作为对照，你可以把手压在大腿下，并拢双腿。

7. 比起下层阶级，上层阶级在身体资本的投资上更显得理所当然，39% 的上层阶级认为运动、保养及身心健康非常重要；下层阶级中只有 18% 的人能享受这种奢侈。同样的，上层阶级也认为运动是下一代整体教育中的一部分。教育水平及经济程度越高的家庭，下一代在运动社团中的表现越是活跃，并因此定期接受高水平的训练：上层阶级有超过 81% 的孩子会在专业指导下从事运动并参加各种比赛，中上层阶级的比例是 69%，中产阶级则是

56%。下层阶级只有 32% 的孩子参加运动社团。

思维对话　外在举止透露气质，优雅的人更受信赖

形象顾问暨时装设计师凯萨琳娜·斯塔雷（Katharina Starlay）在她的书、课程及演讲中，告诉人们如何让自己显得好看。她的忠告是：比青春及天生美貌更重要的是姿态、个性与人品。

多丽丝·马丁：斯塔雷女士，今日魅力已经成为最重要的地位象征之一，请问外表为何越来越重要？

凯萨琳娜·斯塔雷：我们生活在一个快速发展的时代，观者对进一步了解表象背后深度信息的意愿越来越低，当今的信息都以图像化的方式快速传播。无论在网络或实体世界的社交场所，人们几乎没有机会传达个人的内在价值，但这其实是最重要的。因此，我们的服装仪容必须传达出没机会说出口的讯息，也就是表明自己是怎样的一个人。

可以举个例子吗？

一个举止优雅的人，人们会认为他的精神也一样优雅；一位穿着讲究的人，同样也会讲究工作质量。或者就像英语格言所说的："风格就是无须开口，即可表明你是谁的一种方式。"

另外，很多成功人士并不像 IG 网红的照片那么迷人，比起修饰完美的光滑脸蛋，一张充满活力及经验细纹的脸更有亲和力。人们已经开始厌倦编排完美的故事和柔焦处理的脸孔，现在又重

新重视起个人特质的展现，就连公众人物也是一样。

在身体资本中，先天注定的比例多大？毕竟不是每个人都拥有理想身材。

这里所讲的身材跟模特儿身材无关，而是如何将自己最好的一面展现出来。活力焕发的身体、皮肤与姿态，炯炯有神的目光及剪裁得宜的服装，对握有权势的上位者已成为必备条件。就像送礼，包装跟内容一样重要。

意思是说，完美无瑕并不重要？

对年轻人来说，矫捷完美的身体自然是一种地位象征，可以在调情或约会时尽情展现。年纪越大，身体所代表的意义也就越不同。例如训练有素的身体代表的是纪律与意志力，身上每条肌肉线条都在昭告世人："我将时间投注在训练，我享有锻炼身体的奢侈。"社会地位及个人价值就这样透过服装、身体和肢体语言传递出去，并且引人注目地描绘出个人故事。虽然不是永远完美，但在今日一时的完美也益发显得可疑。这里描绘的是一个保养得宜且均衡、具吸引力的整体形象，如果深交后仍旧显得正直、可信赖，那就是最理想的状况了。

越来越多高阶经理人不再打领带，这在从前是无法想象的事，这是否代表服装规矩越来越宽松了？

当今服装的时代精神的确有休闲化的倾向。数字化使人不再有"职场"及"私人"两种不同角色的区分，这种区分在过去是很完美的。今日人们几乎毫无间断地处在"职场"位置，另一方面却同时以"私人"身份活动,结果就导致了服装休闲化趋势——这也代表两者是可置换的。

时尚老佛爷卡尔·拉格斐(Karl Lagerfeld)曾说过:"穿运动裤的人失去掌控人生的能力。"但哈佛大学一项研究显示,今日人们认为职场上穿着运动服饰的女性特别有自信。

但愿人们也会认真听他讲话且记在心里。不过,休闲装扮在今日的确释放出主人有足够本钱这样穿的讯息,特别是地位显赫的人配上休闲造型,就像穿红色运动鞋的企业执行长,每个人都知道他的地位。除此之外,原则仍然没变:一个保养得宜、穿昂贵衣物且有礼貌的人,会比穿牛仔裤及连帽卫衣的人受到更多礼遇,只是"昂贵"在此应该代换成做工精细,而不只是表面的精品名牌而已。

时至今日,还有可能以具代表性的衣物显示个人地位与权力吗?或者,还有这种必要吗?

今日确认地位的方式隐蔽细致多了,西欧人不再喜好炫耀,不像俄罗斯文化,展示拥有的物品还是很盛行。南欧各国对待奢侈品的方式又不一样,就像定制西装在意大利比较不会惹人眼红,而是代表对美好事物的欣赏。因此在使用这些地位象征时,另一方例如商业伙伴、对话对象的想法也非常重要。毕竟会面时如何穿搭,也是必须将对方考虑进来的策略决定。

在晋升高位的路上还是无法摆脱西装或套装?

在一个几乎要为了打领带而告罪的时代,穿西装又变成特别的事。还有，其他国家的状况也必须留意：西装在国际上仍是得体的男士服装，仍然会引起他人的注意与重视。内行人能从定制西装的剪裁、质料、做工和细节看出质量，不管裁缝师是谁。女士套装也是一样，尤其是当衣服提高了主人的影响力时！在藏青色或鼠灰色的两件式西装，以及其他优雅别致的整体穿搭中，仍然有很多能展现精英威望的自由空间。

健美、运动风格及气质的重要性如何？

这能让人联想到弹性及灵活，精神层面也是。不过，我们不能再将健身与减重想成一件事。有些人身材瘦削，将身体锻炼得像钢铁般硬邦邦，毫不灵活。也有些人腰围较大，但身体充满弹性，散发出轻盈且充满活力的气质。重要的是，我们要为自己的身体做些事，要有意识、有规律，并且兴致勃勃地做这些事。据说卡尔·拉格斐曾说："我不跟自己讨论这件事。"这能帮助我们坚持下去。

顶尖人士不仅代表自己，也代表企业、品牌甚至国家。中阶管理人和顶级联盟成员的外表有何差异？

一旦登上顶峰，其他人自然会知道这个人的身份地位，因此也就不再需要任何能展现个人地位的明显象征。刻意凸显地位象征，或者总是摆出高高在上的姿态，代表这个人还汲汲于展现个人的重要性。顶尖人士最好自然地散发出尊贵且亲和的气质，使人乐意听从他的想法。这也是一个值得追求的目标。

请用三个词说明外表对晋升高位的贡献有多大。

这样说吧：外表、举止、行为，占第一印象的50%。

凯萨琳娜·斯塔雷致力于改善个人及企业的外在表现，为此她制定了品牌亮相时的风格指南。除此之外，她为《经理人》杂志撰写时尚专栏"斯塔雷快讯"，并出版了《时尚的秘密》和《男士时尚教练》等书。

Chapter 7

语言资本
表达方式决定你的高度

语言沟通资本：

1. 语言能力、表达方式以及与之相关的沟通和社交技能。
2. 这是一种社会区隔特征，可反映出个人的教育水平、出生地区与社会地位。

1912年英国作家萧伯纳（George Bernard Shaw）发表剧作《卖花女》，1956年作曲家弗雷德里克·洛伊（Frederick Loewe）将其编成音乐剧《窈窕淑女》。故事脍炙人口：语言学教授希金斯与人打赌，六个月内可以改掉卖花女伊丽莎·杜立特尔（Eliza Doolittle）的考克尼口音，并训练她成为上流社会的贵妇。实验最后成功了，在一场舞会中，伊丽莎以毫无瑕疵的口音与完美的社交礼仪周旋于高贵的宾客之间。这也证明了造就一个人的是语言，而不是出身。只要有意愿，并且有适当的指导，每个人都可以学会有教养的口音、恰当的闲聊及得体合宜的表达方式。

在阶级意识浓厚的英国，语言惯习从以前到现在一直是社会地位最重要的标志。即使在其他国家，从语言也可以看出一些与出身、教育和地位的相关讯息。视对话对象而定，有时甚至只是拼错一个字，或者只是使用了日常生活中常见、但字典里不会这样表述的说法，别人对你的看法就一落千丈。只需一点点差异，滥用语言及维护语言之间便出现一条鸿沟，而这也经常是社交的鸿沟。在上层社会环境里，会通过口音及表达方式这种一般人认为细微的差异，辨识谁是或谁不是同个圈子里的人。

斤斤计较语言上的琐碎小事，听起来毫无气度，但却对惯习的养成有决定性的影响。这点在加州大学伯克利分校一项研究中得到证实。实验中，心理学家让两位互不相识的学生开始交谈，若两位学生出身环境类似，谈话就很顺利展开；但若有不同的出身环境，谈话就不是那么顺利。特别是出身环境较占优势的学生会显得不知所措：他会较为沉默，也不太有笑容，或为了掩饰常常露出尴尬的微笑。接下来的实验，心理学家先让两位受试者知道彼此间的共同交集，如此一来沟通行为的差异就失去影响力了。

说话方式暴露你的社会阶层

《窈窕淑女》一剧告诉世人，语言资本是可以培养的。每个人都可以在措辞、表述及发音上下功夫。我们可以要求自己对谈话对象展现更多的兴趣，谈话时不用缩略语，更多地倾听，更生动地表达自己的想法。使用电子邮件的语言则须简明有力，要有重点，而且不要塞一堆金句格言或成语滥竽充数。只是，也很少有人会像卖花女伊丽莎那样，一开始的措辞就令上流人士脸色发白。

1914 年，萧伯纳的《卖花女》首演几乎成了剧场丑闻，他在第三幕借由伊丽莎之口，说出下面的句子："走路！去他的！这怎么可能，我要搭出租车。"这个句子引起轩然大波，据说有人去看这部剧就只是为了"去他的"这个在当时会引起惊骇的词。

这种事在今日看起来可能只是大惊小怪，但实际上，我们还是会为了触犯禁忌界线的用词或文章而激动，想想饶舌歌里的挑衅言辞就知道了。今天跟一百年前没什么两样：形式或内容令人不快的说话风格，通常来自语言里的"局限型语码"，很少来自"精致型语码"。这两种不同语气风格的区分可以追溯到英国社会语言学家巴兹尔·伯恩斯坦（Basil Bernstein），20世纪60年代他提出匮乏假说：中层、上层两个阶级的人对这两种语域都很熟悉，但对社会后三分之一的下层阶级而言，大多只使用简单的日常生活用语。今日人们对这两种语域的评价渐趋中性，并认为各有优劣：

> 使用"精致型语码"，可以不带任何价值判断且较平衡地讨论事情。精心修饰的措辞，代表修辞学上的优势，但也可能太过抽象及充满说教意味。

"局限型语码"则适合拿来作为一种简洁有力、有时甚至正中要害的工具。那是一种表现"天生机智"的语言，更容易令人记住，也更情绪化，但也很容易变得粗俗或错误百出。

借由这两种语域，可以表达出所有事实，而且还可以在强调深奥或直截了当中任选其一。如同维也纳语言学家安娜-玛丽亚·阿达克蒂洛斯（Anna-Maria Adaktylos）所坚持的："这绝对不是说上层阶级的语言就更美、更丰富，或是下层阶级的语言既丑陋又贫乏。"但我们还是无法忽视上层阶级的语言听起来就是比较高级的事实。

最好是两者都能掌握，这对学生的在校成绩尤为重要。虽然校园里盛行"局限型语码"，但要拿到好成绩，必须措辞贴切妥当、论述清楚明了,而这只有使用"精致型语码"才能办到。不过,同时人们也意识到,某些"局限型语码"的元素有助于沟通。即使对那些能做复杂思考的人,简洁有力的语言还是比较容易理解。因此就像领带一样,沟通规矩也不再那么一板一眼,今日成功人士或企业更是特意减少使用精巧的修辞。不过这种自由还是有限度的,例如为了语言上的流畅,人们对措辞不再那么讲究,或者不使用敬称,但同时语法及表述仍然保持最高标准。这会给人一种印象,用字遣词符合当代精神,但依然不会失礼。乔布斯就是这种潮流的引导先驱,聪明的人便懂得仿效。

"我们社民党党员必须在语言上多下功夫,"安德蕾雅·纳勒斯(Andrea Nahles)这么说过,"我们在语言上犯了太多错误,它应该要清楚明了,还要更有感情,要像办公室休息时间喝咖啡的闲聊。我们的语言常常太机械,也太冰冷了。"她认为,要使用平等的语言,就要把类似"小老百姓"这种字眼丢到垃圾桶:"这是高高在上的人对待民众的态度。"

"局限型语码"的典型特征是词义清晰,句型简单,附加语句很少,几乎不用被动式,表达的意思清楚明了。像"进程"或"有效"这种常见却空洞的用词,以及如"工业园区"或"弹性劳动市场"这种经过美化的修辞,不会出现在"局限型语码"中。不过麻烦的是,"局限型语码"也存有不少有损说话者颜面的语言讯号,若能除去"局限型语码"中不登大雅之堂的元素,惯习将立即提升。

发音含混不清。咬字不清，对听者来说是件很吃力的事，也会削弱语言内容意义且给人不经大脑思考的感觉。光是说话速度快似连珠炮，就会给人这样的印象。

缩略语。使用"精致型语码"的人通常认为缩略语不好听，而且给人文化素养匮乏的印象。想要改变其实再简单不过，只要使用原来的词汇就好。

指称含糊。习惯这样说话的人会说出类似下面的句子："他们根本不懂。"或者："总得有人做。"语言学家将这类表达称为"模糊指示"。这种含混不明的指称让人难以理解真正的意思，也流露出无奈的感觉。因此，使用"精致型语码"的人通常会选择讲明是谁或是什么事，就算句子主语可以从上下文脉络中得知也一样。

单调及陈腐的形容词。叙述缺乏差异，不管什么都套上非常精彩或超级糟糕之类的形容模式。在"精致型语码"中则有一系列具有细微差异的词语：杰出、优秀、一致、不太成功、令人失望等等。

冗长地讲述。使用"局限型语码"的人，叙述事情时会带更多感情，经常重复且多使用直接引语。使用"精致型语码"的人叙述事情则较简洁，通常只讲重点，讲述个人经验时会注意故事的起承转合，并留意听者是否听得懂或是否走神。

语法错误。例如将"我被他打"说成"我给他打"等等。尤其在使用语法形式较严谨的场合时须特别留意。

有些"局限型语码"一出口就会被人看不起，无论使用者平时说话多么优雅。不过，并非所有属于"局限型语码"的元素都会遭到同样的鄙视,虽然语法错误或使用外文不正确会使人地位一落千丈,但使用像"去他的"作为加强语气的语助词,就连上层阶级也是毫无忌讳。

语言的力量:如何让你的表达更具影响力?

德航长途航班的经济舱座位与前排距离是 78.7 厘米至 81.3 厘米,最新的商务舱空间则宽敞许多,座位可以变成 2 米长的床。这两者的空间差异非常大,机票价格也是。对我们大部分的人来说,飞上云霄后,也只能接受事实:好几个小时困在小到不能再小的空间里。不过,在沟通上就不必如此亏待自己,这里的空间不用钱,大空间的奢侈每个人都负担得起。只是中产阶级出身的人不像一直处在上层阶级的人那样习惯成自然,想到就说,也不太在意用词。中产阶级总是担心自己显得太过自大,因此习惯淡化自己的成就,甚至对此没有丝毫察觉。

新开张的厨具专卖店,占地辽阔,干净整齐,充满纯粹主义风格。作为旗舰店,展示了各种样式的厨具及搭配设计,一切都符合今日最新科技且质量优良。宣传非常成功,因此客人在询问处预约时间,新上任的店长亲自出面:"非常乐意,让我们先小谈一下,看看彼此是否看对眼。"最后谈了足足三个多小时,客人离开时心想:可惜,但感觉就是不太对。

与力争上游的人相比，身居高位的人较常在沟通时流露出身处高位的态度。就像生活中的其他事情一样，谈话时，他们会在措辞、表达、说话节奏及长度方面保留自认适合的空间，并在对方表现得过于自谦时感到大惑不解。要培养成功惯习，或者想以平等心态面对上流人士，就不能在言谈中给自己设下不必要的限制。希望自己表达贴切稳当，就必须像权贵人士一样措辞谨慎。他们的语言惯习强调能力，给予谈话内容应有的意义，并与对话者建立信任关系。基本上，谈话或会议，就像长程航班上的机舱一样：

处于最佳状态的，永远是拥有空间的人。
放弃这种优势，就会显得紧张可疑。

影响最明显的就是词语可以将事物描绘得更加宏大或渺小，选择的词汇也可以提高或贬低说话者的身价。德文说一个人说话讲究用词时，代表他使用的是较典雅的语言。这种说法说明了社会地位也会反映在语言的文化教养上。布尔迪厄甚至认为语言文化是说话者社会地位最明显的标志之一："放在语言的脉络下，这个对比就是不经考虑直说出口的广大群众，以及用词精挑细选的资产阶级。"

为了解释上层阶级如何显示他们在语言上的主导权，传播学家亚敏·赖因斯（Armin Reins）以一个叫马汀的虚构人物为例，不无讽刺地描述道："马汀偏好罕见词汇（例如温文尔雅、优秀卓越），或者很少人使用的表达方式（例如只有不祥的预感、打从内心的热情参与）。有时为了帮自己增添一点知性的气质，也会使用精致型语码。他无法抗拒双关语、名言佳句、成语及隐喻的魅力，但对英文流行用语毫不欣赏。"

当然不会欣赏，因为像马汀这种人开口说话时，不会像大嘴巴一样，有什么讲什么。地位高的人会斟酌用词，除了内容，还讲究形式，一旦开口，必是经过深思熟虑，而且不急躁。适时的停顿及清楚的表达，使说出口的每一个字更显分量。稳重的肢体语言凸显出话语的意义，掌控全场的眼神更是吸引住听者的目光。身居高位者不仅在意说话的内容，也在意表达方式。尽管他们尽量避免滔滔不绝的发言，因为那代表失去控制，但他们的表达方式显露出自信，相信自己的言语必定会受到对方的尊重与肯定。身处顶级阶层的男性——女性则不那么明显——喜欢使用较强烈的字眼，并以加强语气增加这些字眼的影响力，例如"我全力支持""出发点完全正确""有无限多的可能性"，以及"我打从心底相信"。

美国前任总统在推特上的帖文，虽然夸张了点，但完全反映出所属社会阶级典型的语言行为。

居于次位的社会阶层就没有这种戏剧化的倾向，他们的表达方式较为就事论事，层次较多，并且带有职场智慧。尤其是中层阶级的人，特别留意表达方式是否文雅。这一阶层的女性对正确及规则的重视，甚至胜过顶级阶层的男女。

相较之下，阶级越往下，言辞修饰就越不讲究，说话也越不经大脑，形式较无创意，滔滔不绝毫无停顿，常常会不自觉地提高音调，并流露出害怕惹人厌，以及忘记重要事情的恐惧，还有必须立刻接话的压力。因急迫而无法兼顾修辞，并因此减损威望。没时间考虑的人，自然也就无法找到适切妥当的词汇。同样的问题也出在肢体语言、论述和表达方式上。

这种匆忙不安的态度不可能在一夕之间改掉，但你可以训练自己，培养出顶级联盟成员稳重且受人重视的说话惯习：挺直身体，放慢说话速度，咬字清楚。一旦掌握窍门，每场谈话都会变得更加清楚有力。只要记得给自己空间去做这件事，由此产生的自信，就像那种平静的胜利感——终于学会如何赢得飞机中间座位两侧扶手的使用权。

高水平沟通带来的隐性收益

千禧年左右，无论是谈话类节目或在绩效面谈上，沟通都有了新的调性。上司对着下属咆哮，顾客拍桌子大骂店家，或者运动员以粗鲁的言辞发泄失败的沮丧，这些行为遭人侧目的概率远远大于从前。社交名流报道记者玛莉·瓦尔德堡（Marie Waldburg）就指出，与过去相比，名人变得更有外交手腕，更友善，也更加圆滑。哲学专业出身的畅销作家理查德·大卫·普雷希特（Richard David Precht）也观察到类似的现象："今日上谈话类节目的人，最重要的是亲切友善的表现，政治人物的发言绝对不会偏离事先讲好的方向。"

这样的风格也适用于日常生活中。一旦情绪失控，口不择言，会被视为瑕疵而非强势。说话的人如果不是落入必须如此强势展现个人地位的地步，就是对社会容许的陈述方式无知。虽然权力意识具有最高等级的区隔价值，但语言表达必须从容镇定。和颜悦色显示出一个人的格调、懂得自制，以及社会地位，即一个无须蛮力，只凭论述就能贯彻个人意志的社会地位。

管理顾问公司创办人罗兰·贝格（Roland Berger）将员工应具备的语言惯习写入企业宗旨："我们说客户的语言，了解他们的产品、他们的挑战，以及他们的愿景。如何做到这点？我们观察、倾听，我们关注且尊重对方。"

粗鲁言行不可能从这个世界上消失，大西洋两岸都不乏有霸道型男性，这些人总是盛气凌人，习惯贬损沟通对象。不过无论如何：

避免破坏气氛仍是理想言谈的依归。

一个人若能在强大的压力下，依然凭直觉掌握公认、正确的语言惯习，将会赢得众人的推崇。从小在家里养成正确修辞习惯的人，较容易做到这一点。

有段时间，他比总理还受欢迎，但最后还是因自己的失误而只能辞职。尽管如此，几乎一半的德国人还是希望卡尔-特奥多尔·楚·古滕贝格（Karl-Theodor zu Guttenberg）能重回政坛。这种持续的社会肯定，主要是源于他对语言行为的掌握：优雅、叙述清楚明了，以及尊重对方的态度。由于在贵族家庭长大，古滕贝格从小便开始锻炼语言能力，十二岁就代表家族在社团周年庆或员工的家庭聚会上致辞。在同龄小孩还在背诵拉丁文单字时，他已经开始学习如何在五分钟内说服台下观众了。

就像其他许多资源一样，上层阶级的孩子从小在家便获得最具社会优势的语言惯习。相较之下，在学校才养成的语言能力就像第一外语一样，就算学得再好，仍无法完全确定自己的表达方式是否正确。虽然在词汇量及文法上，许多中层阶级的小孩跟权贵家庭的孩子同等优秀，甚至还更讲究言辞，但两者沟通模式仍然存在差异。

上层阶级的修辞，主要是为了凸显区隔及社会优势，确定社会地位后，重点就会放在个人威信及责任承担上。况且与他们同等级的竞争者很少。相较之下，中层阶级拥有的资源少太多了，不同的生活感受也造成生活的重点不同：首先要努力晋升高位。因此，与上层阶级相比，他们的沟通能力更着重在如何谈判及推销自己。从语言风格就可以看出这个差异：在竞争激烈的地方，修辞很难不受失当情绪的影响，因此有时难免流露出防卫或说教心态，或者有点言词过激。

这个差异很小，但是却很明显，例如发言被打断会有什么反应。无论在谈话类节目或项目会议上都一样，面对打断者，社会地位高的发言者态度较为平静，可能完全忽视插话者，或者不动声色地要对方稍等，接着专注在自己的发言上，好像什么事都没发生。这种态度在无形中传递给听众这样的讯息：我不需要努力让别人听我说话，它就是会被听见。重要的是：

保有发言权，意味着高人一等。

但有格调的人不会舍不得将发言权传给下一个人，只是必须出于自愿，而不是被迫交出。

若发言者觉得个人地位受到威胁，会认为插话者不只是行为不礼貌，而是对自己的人身攻击，发言权的争夺将瞬间扩大成战场："请您让我说完好吗？之前我也没打断您说话。"可惜这样的愤愤不平只会带来反效果：禁止别人插话会损害自己的形象，特别是讲到破音或两眼发红时。真正身居高位的人，并不需要捍卫自己的权力。

真正具领导特质的人不会让他人不礼貌的行为影响自己，并且会在火爆场面中冷静自持。这种行为与顺从他人、无法贯彻个人意志无关，而是尽力将沟通导向一个更全面、更重要，而且可达到的目标。要做到这点，最简单的方法就是放下失去地位的恐惧，只处理重要的事。给自己时间找出答案，大方展现目标，并在给建议时，句子尽量简短好记。

站在领导位置的人不会说"我们或许可以……"，而是说"我认为要这么做……，因为……"坚决、直指核心，以及最重要的是以目标为导向。居高位者虽然没有魔法，但深知综观全局是必要的事，知道至少要分析情势，接受现实状况，并专注在可影响的事情上。抱怨、防卫和相互指责只会造成这种情况："IT 部门都这样。"或者："这又是谁的主意？""谁付钱？"优秀的语言惯习表现不是这样的，而是像下面这个例子：

> 2018 年媒体夏日空窗期[1]，德国电视二台记者杜贾·哈亚莉（Dunja Hayali）因兼职而饱受批评。面对质疑，哈亚莉冷静回应："之后我会对自己在电视二台之外的兼职更加审慎小心。"如此一来谁还会继续声讨？

展现领导力和以解决问题为导向的说话方式，并非银行大户或公司地位高高在上的人才能做到。无论在哪个阶层，这种说话方式都会带来优势，若再加上第三个基本元素——善意，就更加势不可挡。什么是善意？魏玛古典主义四大家之一的约翰·戈特弗里德·赫尔德（Johann Gottfried Herder）认为，善意是一种"尽我们所能，让彼此生活更舒适"的决定。在顶级联盟中这种想法尤为盛行，这并非因为上层人士对彼此特别无私有爱，而是他们的确比下面阶层的人更倾向恭贺彼此的成功，并抱持如下的观点看待彼此：达到一定的水平后，每个人都是特别的，都是社会上的佼佼者。一个好的领导者正是抱持这种观点对待所有员工及相关人士，他会让其他人尽量表现，并且不吝给予赞赏。这种态度表现于外的形式就是赞赏、社交软件上竖大拇指的图案、谢函、祝

---

1 德国夏天议会休会、运动赛事停摆，因此是媒体空窗期。

贺信、致辞、荣誉状、纪念刊物，以及颁奖颂词。

善意使称赞者及被称赞者更显优雅。

企业顾问多萝西亚·阿希格与多萝媞·埃西特特别强调这一点："对他人成就明确表示赞赏，能显示个人自信，创造凝聚力，并且有助于建立个人及他人的自我意识。完全属于情绪管理的范畴。"可惜的是，这种提升彼此的行为只在上层阶级盛行，其他地方仍然少见。而在下层阶级，"不斥骂就已是赞美"的心态仍相当流行。

逢十的大生日，寿星邀请朋友一起烤肉庆生，蓝牙喇叭传出一首首派对歌曲。突然有人敲敲杯子说："等等，现在我得勉强自己一下。"然后念出一首打油诗："蛋糕上的蜡烛有几根……等一下，这怎么可能……真是不敢相信！你开玩笑吧！真的是四十根吗？"这是好意吗？当然。只是，亲昵赞赏的用词会更有善意："亲爱的茱莉亚，转眼我们已认识十年了，每次与你见面我都觉得，和你在一起的时光，总是如火箭般飞逝……"

高端社交中的语言规则

他们希望在职业成就和生活享受之间取得平衡，要求扁平化的组织，而且只有优秀的上司才会得到他们的认可。这些千禧世代,也就是1980年至2000年出生的人,正在改变就业市场。从前上司仅仅因为职位高就拥有决定权,以及出席各种场合比取得成就重要的日子已经过去了。新一代的人在富裕、愿望得以满足及充满赞美的成长环境下培养出来的惯习,改变了那些早已落伍的状况。如今,上司与员工之间增温的速度比海洋还要快。琉森大学专研企业领导、组织与人事的教授彼得·凯尔斯(Peter Kels)指出这种变化:"'温和的新一代'在职场上掀起了一场宁静革命,他们要求彼此合作的团队气氛,要求新的反馈文化,以及更有智慧与弹性的工作。"

特别是在人手短缺的产业中,高学历的职人工匠和知识工作者要求更多的自由空间。从前只有高层决策者才可能享有这样的空间,现在刚踏入职场的新鲜人便可自由选择工作时间,受人赞赏,接受训练,升职,成就一番事业。尽管如此,工作仍然不是他们的人生目标,他们对上司直呼其名,且理所当然地与高层领导阶级的成员在社交软件上打交道。看起来似乎在许多产业里,一时间大家都一视同仁了,但其实并不尽然。就算在扁平化的组织里,还是有决策者,决定框架及规则。虽然这个事实在新的工作世界里(几乎)可以被忽略,但是当你晋升得越高,这个状况就会越明显:

只有在沟通时会将细微地位差异考虑进去的人,才可能获得社会群体的肯定。

这些考虑包括知道什么时候适合什么样的用语,需要展现什么样的语言水平,以及什么样的话题是可以提到的。要是有人漠视这些潜规则，莽撞的行为一开始会先受到间接的抵制。最典型的表现就是谈话参与者显露疑惑的表情，谈话经常出现停顿，或者莫名地转移焦点，少数情况下也会导致公开批评，甚至中断谈话。若希望在每种环境中都能如鱼得水，就必须留意身份地位的区别，并调整自己的说话语气。

即使身居顶端高位，也必须具备这样的能力。当脸书执行长扎克伯格被要求到美国国会听证会发言时，他舍弃惯常连帽卫衣的打扮，全身黑色西装出席。这位全球排名前五的首富以恭敬的态度回答那些对IT毫无概念的问题，并且始终以头衔称呼在场的政治人物。他毫不迟疑地承认错误："这是我的错，非常抱歉。我创立并经营脸书，发生这些事我必须负责。"这种态度足以放进彰显智慧的身份地位教科书中。《华盛顿邮报》如此评论："扎克伯格了解传统，也熟悉官方流程，知道权贵人士怎么想。"

能力与经济实力可以使很多美梦成真，但并非能实现一切愿望。我们每个人无论多成功，外在表现仍然受到周遭环境的种种限制：环境允许我们发表长篇大论吗？或者会因此惹人嫌恶？环境允许我们不经筛选直接表达个人意见吗？或者点到为止就好？能跟别人分享我们成功的喜悦吗？这会被视为炫耀吗？怎么做才正确，必须看环境、看对象才能决定。布尔迪厄称这种感觉是一种"对可接受度的直觉"，他确信：

能说什么是由掌权者决定，但聪明的人会不动声色地随之起舞。

例如，夜半时分在路上开车，被警察拦了下来。你心知肚明自己超速远不止十公里，拦住你的警察也知道。或许你的社会地位比警察高，但此时他占有全世界的道理与权力，且主导问话，拒绝或驳斥是没有意义的。懂得沟通的人在这种情况下都会保持礼貌，不会说出可能激怒对方的话。

这种调适需要情商。几乎所有社会关系都逃不开身份差异，这种因社会地位、不同生活条件或年龄造成的社会不平等，常常可以通过不说，或是谨慎措辞的方式平衡。通常我们都很乐意且主动这么做，就像任何有一点分寸感的父母都知道，不要在别人儿子必须补考时，炫耀自己儿子的高分。但在某些状况下，使用这种调适方法并不容易，特别是对方地位更高，而且还可能掌控你的饭碗跟升迁时。不过，还好我们不是生活在18世纪。

"请您交由信差转达，在这个下午中的哪一个时段，我可以在不会打扰您的情况下登门拜访。"1787年，德国启蒙文学的代表人物之一席勒写信给长他二十六岁的维兰德，当时——早在席勒之前——维兰德在魏玛文化圈中已有巨大的影响力。"我会感到很不自在，去接近一个人将会以好评与喜爱决定我未来生活美满的人，也是我的梦想。或许，这份恐惧会让我无法纯粹享受在您身边的乐趣，但我仍然衷心期盼，您的善意将能消除所有我对自己的疑虑。席勒。"

如今，资历与地位的差异变得细微许多，但尊重他人的行为举止依然重要，社会地位或职位越高，这种行为也越重要。力争上游的中产阶级对这种态度较为陌生，不像上层阶级那样熟悉。礼貌当然很重要：打招呼，让别人把话说完，不在背后说人坏话，这些都是能让社交顺利运作的事情。但在行为举止上，中产阶级因为对平等、一视同仁的坚持而显得生硬或太过谦卑。例如在瑞典或加拿大，人与人之间距离没那么远时也相处得很好，那为什么还需要敬称？谁该先介绍给谁重要吗？称呼有博士学位的商业伙伴为"博士先生"重要吗？谈话时分神瞄一眼手机有关系吗？

的确，这些毫无疑问全都不是攸关生死的事。只是，上层阶级的人不这么想。在顶级联盟里，完美的行为举止代表尊敬与优雅，也是赢得他人好感的最佳方式。与中产阶级的想法不同，对上层阶级来说，尊崇与阿谀奉承或缺乏自信毫无关系，而且恰恰相反：

对别人表示尊敬，同时代表自己隶属同个圈子，同样高贵。

当然，你不一定要同意这种看法，若觉得不舒服，可以不接受上层社会的细腻精致行为。但如果你想融入那个环境，最好加强自己"对可接受度的直觉"。最重要的规则是，在力争上游过程里适当的行为举止，在到达目的地后就不合适了。一旦进入企业高层、社交俱乐部或权贵世家，或者单纯社会地位提高一阶时，务必记得：冷静下来！提高一阶，同时也代表着新的规则和标准的转变，如果不想只是形式上属于新环境，而是希望在其中赢得肯定，那么，"少即是多"。

少谈工作：晋升到某个阶段，掌握专业细节的能力就会失去它的价值。在社会金字塔的顶尖处，专业技能无法像在其他阶层那般带来声望。到了顶尖处，重要的是融入和综观全局的眼光。这两种技能的最佳展现时机是在社交闲聊，以及交换对社会发展的看法时。

少解释：若你曾是某个阶层团体中最健谈的一位，那么当你往上晋升一阶后，最好矜持一点。人在越高处，懂得也越多，也容易很快就会觉得无聊。最糟糕的情况，莫过于男人喋喋不休地跟女人"解释"这个世界如何运转。

少透露消息：精英（不是名人）重视隐私，每个新进成员对团体间毫无保留的私下交流都是威胁。因此，请表现出你会保密且值得信赖：不八卦，不炫耀认识哪个名人，并且不要随便将消息透露给第三者，就算这些消息看起来一点都不重要。

受邀参加在荷兰小镇奥斯特贝克秘密举行的毕德堡会议是一项殊荣，每年来自政界、商界、媒体、学术界及贵族等高层人士都会在这里对时事话题交换意见。为了让思想交流无碍，与会者须遵守已有百年历史的查塔姆守则："谈话内容可以自由引用，但发言者及参与者的身份须严格保密。"当你不确定该说什么、不该说什么时，这项守则是个很不错的参考标准。

语言的权威感：清晰表达与坚定语气

身居高位者希望他们的地位及成就获得赞赏。对其他身居高位者，特别是对企业顾问、员工及服务人员，最重要的要求就是忠诚与谨慎。这难道是说，社会的顶端是由一群唯唯诺诺的人组成的俱乐部吗？事实上的确有此嫌疑，从新闻中我们看到的确存在这种现象，而且不是从福斯柴油废气排放丑闻一案才开始。

勇敢说出该说的话，不是件理所当然的事。

有时缺乏表态的勇气，有时不知该如何措辞，很多时候则与企业文化有关。从水平思考方面谈管理学的彼得·克罗伊兹（Peter Kreuz）打破最后一丝幻想："最容易突破瓶颈登上顶尖高位的人，是那些毫无保留接受现行秩序的体制顺应者。行为独立自主，持有异议或敢质疑惯例的人，很快就会变成公认的万恶之源。"

因此从职业发展及社交角度来看，在棘手的情况下张嘴发声未必能得到回报，例如在手术室里发现主治大夫手在颤抖的年轻外科医生、质疑机长决定的副机长、公开批评决策缺陷的机关负责人，都得冒着个人风险：被微笑带过、被无视、承受怒火，甚或调职。某些环境下可以说的话，却被相关负责人严令禁止。每一句说出口的话，据布尔迪厄的说法，都是在必须说的话与支配领域的潜规则允许说的话之间妥协。但这不代表我们最好统统闭嘴。

"对可接受度的直觉"其实也关乎个人操守，如何捍卫信念、表达疑虑，以及指出弊端，然而，我们也必须考虑自己的立场，找出适合的表达方式。布尔迪厄称这种较劲为"委婉化"的过程，也就是说，人们设法为想说出口的话找出一种能跨越等级界线的表达形式。简单地说，就像歌舞片《欢乐满人间》里所讲的一样："一茶匙的糖可让你吃下所有的药物……"将真相稍事修整再拿出来呈现，或许无法说明全部，但也不错。

Netflix 剧集《指定幸存者》中有大量的片段，告诉观众高级顾问如何以极有礼貌的态度，直截了当地告诉全世界最有权势的夫妻赤裸裸的真相。以下是剧中白宫法律顾问坎德拉·戴恩（Kendra Daynes），以及曾是律师的第一夫人亚莉克丝·寇克曼（Alex Kirkman）之间的对话：

坎德拉：寇克曼夫人，我没想到会看到您。

第一夫人：我以为我应该出现。

坎德拉：您绝对有权出现。（转向助理）辛蒂，请带寇克曼夫人到旁观席上。

第一夫人：喔，我想以共同律师的身份出席。

坎德拉：（转向助理）辛蒂，我们里面见。恕我直言，夫人，我不认为这是个好主意。

第一夫人：为什么？

坎德拉：因为这次开庭会传唤您母亲。

第一夫人：正因如此。

坎德拉：正因如此，我建议您不要这样做，因为这牵涉到您的私人关系。

第一夫人：谢谢您为我担忧，但也请理解我的忧心。我无法袖手旁观，看人家怎么对我的家人做出判决。

与高层人士打交道，除了要有骨气，还要有让人信服的沟通行为：采取明确立场，但要考虑权力地位的落差及对方的敏感度。走在修辞的平衡木上，脑袋要非常灵活，若不是从小就习惯友善坚定的说话方式，一开始在完全没准备的状况下很难达到目的。但不要放弃！多练习，就会越来越容易说出让人信服的话，而且还很可能影响你周遭的人。无论如何，你会造成影响并获得地位。最重要的是，就算不是每次都能成功贯彻自己的意志（这也是意料中的事），但你再也不必因逃避而自责。以下是四个初步做法建议：

提供保障。私下讨论问题时，使用轻松的语气，表达对对方的理解，并尊重对方的职位，譬如使用特别尊敬的称呼方式。

明确提出疑虑。适切的表达方式是以"我"为出发点的句子，例如："我觉得这不是好主意。"或者："这样做令我很不安。"

提出建议。"在这种情况下，我想……""我建议……""我认为这样做会成功。"避免使用像"我们要不要……""或许我们也可以……"这样的句子，这类表达方式有损你的身份，并且会淡化你的论述力。

最后还有很重要的一点：描绘出正面结果。你的建议会带来什么好影响？对方会得到什么好处？

精英沟通方式的核心特征

他们住在一米高的树篱笆墙后，坐在霸气的 SUV 里将世界隔绝于外，有一整群助理将访客及来电保持在安全距离之外。他们会在各种活动或交流会上认识他们需要认识的人，并且被介绍给那些他们想与之交谈的人。无论是私人或公开场合，社会顶尖人士对谁在什么时候能接近自己一事谨慎到几近变态。就连那些凭借技术在短时间内赚进大笔财富的年轻科技新贵，也与久居上流社会的世家一样，将私人领域隔绝于众人眼光之外。

"让世界更开放、更紧密联结"是脸书的宣传标语，通过大数据分析，它也越来越了解用户的私人生活。同时，扎克伯格却尽可能将自己个人及家人，远远隔绝于世界之外，尤其是他位于夏威夷考艾岛北岸的度假豪宅，占地两百八十公顷，拥有八百米长的私人海滩。

社会学家戈夫曼认为，对隔绝及隐私的追求是社会阶级之间最重要的惯习差异："不仅通过尊重他人隐私这样的特征展现自己与众不同，更是通过避免接触他人来进行各种防范。阶级越高，防范程度越是全面完善。"

距离与亲近在中层、上层两个阶级里重视程度不一。无论哪个时代、哪个地区，上流人士总是生活在宽敞的空间里。相较之下，中产阶级就很习惯在相对狭小的空间中彼此调整适应。这两种不同的社会化过程，产生了不同类型的行为模式，这也使得两者之间的沟通就像猫跟狗之间一样困难，因为双方都对彼此发送的讯息有所误解。同一种行为，例如很快就从尊称改成亲近的称呼，这在越下层就越显亲切平易近人，在越上层就越显冒犯，甚至是种侵犯的行为；反之亦然。消费能力强大的游客，认为沃尔特湖畔高级旅馆拥有通往湖滨的私人通道是件理所当然的事；但对在公共通道等着进入海滨的一般游客来说这代表的意义完全不同：紧闭的私人通道大门表示"上面那些人"与众不同，不要跟穷人在一起。

对距离与亲近的不同态度也表现在闲聊之中。中产阶级将闲聊当成敲门砖：通过闲聊可以认识陌生人，建立一个从前没有的社交关系。这在上层阶级也是如此，甚至有过之而无不及。只是，在这里闲聊对话的重点是稳固既有的联系，而不是建立新的联络人。因此想通过闲聊接近权贵人士不像一般状况那样容易，恰恰相反：

冒失插入对话会给人留下像用铁撬硬撬开门的印象。

那该怎么做呢？最好的办法就是遵从握手及称呼转换的礼仪规则：由地位较高者决定是否要这么做。举例来说，被邀请至会议致辞的嘉宾听到陌生人突然对他说："我叫思帆·布斯曼（Sven Baumann），您的演讲很棒。"未必会觉得荣幸。上层社会的惯习有另一套自我介绍及表达推崇的措辞："您关于德法经济关系的演讲给了我许多启发，非常谢谢您。"你会从肢体语言看出对方是否有意愿继续交谈下去。

一旦进入圈子后，规则就不再那么严谨了。受邀参加商业饭局或应征面谈时，能言善道不仅是被允许的行为，甚至受到期待。对话题大胆提出自己的意见，对崭新、陌生或意料之外的事物保持开放的态度，对突然提及的问题也有所准备，如："您认为股票市场的走向会如何发展？"或者："您觉得德国队有机会吗？"接下发球，勇敢表达自己的意见，但请记得：不要三句不离本行，也千万不要说教，最迟六十秒，早一点更好，就要把球传出去。

最重要的是保持谈话的轻松，在理想的状况下会产生相同波长的契合。美国人称这种现象为文化契合，它造成的影响常常远大于知识或成就。

> 凯洛管理学院学者萝伦·瑞微拉（Lauren Rivera）观察研究纽约各知名律师事务所、投资银行，以及管理顾问公司的面试情况，得出以下的结论：应征的职位越高，应征者就越不会被拷问专业上的知识，决定的关键反而是闲聊。这样的结果连社会学者自己都很惊讶："在一场面试结束后，我立即与面试官进行访谈。他打曲棍球，应征者也是。谈到最后他几乎有些语无伦次，完全无法解释自己为何如此欣赏那位应征者。"瑞微拉下了个结论："面试官必定喜欢这个应征者，并且感觉自己愿意花更多时间跟他相处。这种感觉的形成，主要通过共同文化背景所使用的语言讯号。"

高层喜欢的谈话主题是家庭、文化、未来、地区、志愿服务和体育。在家族世袭圈层、音乐节、投资、慈善活动及体育赛事的世界里，这六项主题也是社交生活的全部。一个人对这些话题发表的内容，可以看出彼此是否契合。出身背景相似的人，与至尊男聊天根本是家常便饭，但如果不是背景相似的话，最好以目标群体的表达方式、社交生活、兴趣和媒体消费为依归。因为社群归属是无法假造的，想做到符合身份的谈话，就必须对语言模式、话题及意见上造成区隔的原因有所感觉，并找出共同点。对有教养的上流阶级来说，去看音乐剧并不算什么，就算坐在最好的位置也一样。相较之下，成为室内歌剧赞助会成员会引起更多关注。投注的金钱（而且还不必再多花一欧元）马上出现三种上层比其他阶级更重视的价值：文化、传统及善行。

除此之外，精英当然也会提到他们买了什么，但并非拿来炫耀，就只是描述有这么一件事。若一个人一个月赚到的钱，抵得上高薪者半年所得，那么很多事就会变得理所当然。闲聊时不经意提起的事物，对大多数人来说遥不可及，但对某些人来说不过是生活日常。

某次，在公司的夏日宴会上，大家聊到澳大利亚，有位宾客插嘴说他害怕长途飞行，主办宴会的总经理几乎同时间说道："我们会在迪拜转机，中间停留的时间可以去贵宾室，去泳池游一圈，再去按摩一下就通体舒畅了。带着孩子也只能这样安排。"

巧妙掩饰财富差异且不发表任何意见，是高雅惯习的一环，不过，仍然可以找到共同的话题：带孩子旅行的经验是非常好聊的话题，无论是收入颇丰，或者只是赚得还过得去的人。

不必强调使用语言展示成功

德国有五千七百万人拥有智能手机。智能手机带来的地位价值平凡无奇。其中42%的人拥有苹果手机，十六至二十五岁族群则占其中的60%。苹果手机带来的地位价值不如预期。一位同事午休时从不拿出她的iPhone，至少不在其他同事面前拿出，为此她引用一项研究数据说，知识工作者在数字化交流沟通上耗掉了85%的时间，因此几乎无法真正工作。这番话令人印象深刻，说话者正训练自己戒除手机，这件事所散放出来的讯息是：我独立自主，我的生活完全由我掌握，真实世界的人际关系比起网络帖文及点赞数都要重要。这一行为带来的地位价值极高。

千禧年后又过了二十多年，不仅物品会向外界传递关于身份和地位的信息，我们面对所有物的态度都传递出我们的态度、价值观和个性。随着商品与符号的"通货膨胀"，昂贵的葡萄酒、名车或名牌衣物只有在特定的条件下才可能成为区隔特征。因为所有备受追捧的商品都可以用便宜的价钱取得：T台上的新装很快就出现在ZARA的衣架上；好闻的香氛蜡烛可以在奥特莱斯商场买到；在廉价超市奥乐齐就可以买到多功能料理机，或者至少是类似的产品。

结果大家都知道了：无论上层或下层还是中间随便哪一层，几乎每个人家里都堆满了物品。因此在西方世界，摆脱多余物品反而会比买下东西更能获得声誉，更好的是一开始就不要买。在物资过剩的世界，整齐无杂物的书桌、极简风格的房子，以及有计划的消费，成为新形式的奢侈。最受自愿性极简生活吸引的，就是那些物资过于充裕的上层阶级世家。

卡尔斯鲁厄理工学院历史学研究所教授库尔特·莫泽（Kurt Moeser）提出两个理由，说明为何舍弃消费成为高雅惯习的特征："展示空无，象征舍弃所有物，舍弃庸俗的财产累积，同时也象征着好品位，而且与众不同。就像在设计师、建筑师等品位风格类似的圈子里，白色房间非常流行。"也就是说，比起长篇大论，风格告诉我们什么是重要的。

四项金球奖、八项艾美奖、三十项其他奖项——HBO影集《大小谎言》是近几年来获奖最多的影集之一。主要场景：美如天堂的海岸风景、直通海滩的房屋、看起来总是完美又没有精心装扮痕迹的直升机母亲、原木天花板、厨房中岛、刚出炉的香蕉玛芬。无须任何言语，这些物品就已经交代出这部剧描写的是什么样的社会环境。

剧中每个场景都告诉我们，其实不必使用语言展现成功，每个人都可以从围绕在我们身边的东西，看出我们的品位、价值观，以及社会排名。过度追求肯定只会适得其反，因为对外表示谦虚是高雅惯习的一部分。过于明显展示地位象征，看起来就像在自吹自擂，会被降级成自以为是的人物。心理学家形容成功人士的谦虚态度是一种"反信号"，并解释它的用处：

以不炫耀来炫耀。

以下就是"反信号"的例子：一个哈佛毕业生说她曾在波士顿就学；主人说口感极佳的香槟来自"我们的御用供应商阿尔布雷希特"；或者当一家中型企业的老板被问及是否以严格的纪律管理公司时回答："是的，我努力这么做。"如此淡化或自嘲个人成就及其象征，释放出来的信号是：地位与格调足以说明一切。

进阶路径　精炼表达方式，增强沟通感染力

英国上流人士可以从几个词语中判断说话者的社会地位：身处社会顶端的人听不清楚时不会说"抱歉"，而是"什么"；提到牛油果时不会使用缩写"Avo"，而是全名"Avocado"。在其他国家，用词差异并不这么明显，但某些用词还是会造成特定印象。身份地位越高者，对言辞也越谨慎小心，特别是与其他同阶层的人在一起时，使用的语言也会越有文化。因此语言不仅仅是表达内容的工具而已，它从来都是财富、地位和权力的象征。以下方法可以使个人语言惯习更为精致：

1. 所谓语言"细腻"，就是清楚、不笼统含混的表达方式。 以下四点尤为重要：第一，表达清楚、精确。第二，使用明确的指称，就算私人生活也是，例如不要说"他们又要罢工了"，而是，"报纸编辑呼吁进行为期两天的警告性罢工"。第三，避免使用习用语或俗谚，像是"别误会""抱歉喔，不过……""你知道我在说什么吧"。第四，不要随便夹杂外语。重视传统的德国上层社会对英文词汇的抗拒多于接受，因此尽量避免夹杂英语。

2. 不过分咬文嚼字。 培养语言惯习所伴随的风险是显得造作不自然，因此最好从小处着手慢慢修正。此外，情绪激动时更要留意，因为在被激怒的状态下，容易重回旧有的说话习惯。

3. "从容是展现自信的优雅形式。" 这是奥地利作家玛丽·冯·埃布纳－埃申巴赫（Marie von Ebner-Eschenbach）在约两百年前写下的句子。直到今日，谦虚内敛的态度仍然赢过大肆渲染的张扬行动。因此，不要太急着回答问题，留点时间多想一下，

斟酌用词，以稳重平和的语气和比平常说话更慢的速度发言。如此一来，不只有更多思考的时间，还会让人显得既自信又自制。对自己地位有把握的人，不会让自己受到逼迫，也无须以莽撞的行为成为舞台焦点。

4. 多使用赞赏、肯定、感激的词句。多留意别人——无论什么职位——的成就及贡献，并详细说明你赞赏的原因，像是："对于……我很高兴。""我很赞叹你竟然能做到……""你做到……实在太厉害了。""对于……你实在非常有天赋。"在适当的情况下大方地赞美对方，尽量慷慨。能进入顶级联盟的人，每个人都有两把刷子。

5. 晋升至高层后，互相攻讦不是好主意，初来乍到者必须先学会这个潜规则。就像马库斯·索德尔刚当上巴伐利亚邦长时公开表示，限制十年任期不止对巴伐利亚有意义。这种对当时德国总理默克尔含沙射影的说辞，使索德尔的支持度掉了不少百分点。即使有不少人同意这个观点，但企业界及媒体一致认为不该如此谈论总理。上层社会心知肚明：无论有多少争议，共识会巩固他们的权力。

6. 可想而知，中间阶层的中流砥柱最常定义自己的方式是绩效、效率和专业知识，但在高层，重要的是形塑力、影响力，以及实现愿景，这些必须通过人际沟通才可能达成。想要其他人与自己同行，就要跟他们交谈，说服他们，并且到他们的位置上领他们过来。对，这很花时间，也得牺牲掉一些专业，而且的确，这也牵涉到政治角力。要在沟通上投注多少精力，取决于你的目标是专注在内容、领导团队，还是调整策略发展方向。

7. 正面评价自己及个人目标,但不要过度溢美。 到了某个阶段,自我称赞及夸耀就不再有用了,只会让人怀疑这样一个顶尖人士为何还需要自吹自擂。当一个人提到自己的成就,语气无异于赞美别人的贡献时,就会显得自信。

> 好莱坞女星黛安·克鲁格(Diane Kruger)完美地展现了要如何办到这点。以汉堡为背景的电影《凭空而来》首映时,她在这座城市的贵宾签名簿上签下自己的名字,在接受这项殊荣时她说:"我很高兴汉堡将会因为这个签名记住我,我终其一生都会记得汉堡。"

思维对话 顶尖人士交流时,绝不会流露嫉妒与抱怨

简·绍曼(Jan Schaumann)为高层管理人员、政治人物、明星及流行歌手提供训练课程。访谈中他提到权势的语言听起来如何、决策者喜欢听到什么,以及志向远大的人不仅要精通语法,还要掌握情绪。

多丽丝·马丁: 挪用一下作家马克斯·弗里施(Max Frisch)的说法,若您遇到一位穿着泳裤的人,在对他一无所知的状况下,如何从语言判断他是否身处顶峰?

简·绍曼: 顶峰可以有很多不同的意义。对某些人来说,当他快乐、内心平静、坠入爱河或完全满足时,就已在顶峰。在这

种情况下，他的谈话说辞通常会积极正面。不过，在某些条件下，也可能得出相反的结论——一个满口正面说辞，充满热情与喜悦的人，并不在顶峰状态。

也就是说，说话正面积极的人，很可能过得不错？

我们先假设这位穿泳裤的上流人士有正当职业，而且是以诚实的方式晋升高位。升到某个特定阶段，他就常常要代表公司进行对外，不只是经营管理而已。也就是说，他的工作需要经常与人沟通，而且大部分是与他一样职位的高层人士。如果这位穿泳裤的先生无法顺畅表达自己，就无法说服他人站在自己这一边，也就不太可能晋升到今日的高位——无论是穿着西装还是泳裤。

身居高位者往往要下达很多指令，权势的语言听起来如何？

理想的状况下，权势并非必需，但实际上权势永远存在。不过，除了法律约定及制定的框架之外，权势应该始终包含高度的同理心。就这点来看，权力在沟通上要通过倾听、学习和理解来表现，才能（在经验与智慧的帮助下）使用权势来为所有人谋求利益。虽然现实大多与这个理想图像有落差，不过这是另外一回事……

例如特朗普吗？

曾为美国总统，特朗普至少在政治上身居顶峰。他的修辞技巧使他赢得各个阶层的选民接受他的想法，并顺利登上总统宝座。虽然有个阔爸爸，但他仍是半路改换跑道才登上顶峰。正因如此，他在晋升为全世界最具权势者的路上，并不太依赖正面的沟通行为，尤其是对他的资金赞助者，就算有些沟通失误也无伤大雅。他性格中高度的自恋程度，也使他不会怀疑自己的沟通方式是否有误，因此也就不会显露出彷徨不安的态度或示弱。

是否有特定的语言属性会暴露出人的弱势背景？

如果自由及自主也算优势的话，缺乏这两项，的确会在语言上造成影响。间接语句及谨慎的措辞，会使说话者不那么容易受到攻击。一些人在表达中，会流露出对生活压力的焦虑或对不公平现象的情绪反应。相比之下，那些拥有更多资源和优势的人，通常不会如此，因为他们在生活中已经具备较多的保障和选择空间，自然也不需要通过情绪表达来争取认同。

您如何评估社会地位和语言表达之间的关联？

萧伯纳《卖花女》中的伊丽莎·杜立特尔因学会正确的发音方式而进入上流社会。不过，地方腔调或方言并不代表说话者就一定地位卑下。简单的句型及语法，还有不多的词汇量，倒是更容易看出说话者的背景。

有办法超越和成长吗？新的语言模式听起来常有学舌的感觉。

的确有办法超越和成长，只要愿意走出舒适圈，并且投入时间与精力。就像众所周知的，阅读使我们免于单纯无知。不同质量的文学消费，可以构成个人语言发展的基础。

不过，语言还是要多使用才能熟练。就像我们学外语一样，刚开始说话总是生硬不自然，这是常态。然而，一旦我们接受这份不完美，渐渐能灵活运用，我们也会跟着变得真实自然，而且越来越好。这使我们的语言从造作呆板,变得文辞达意。

铺路者对晋升高位很有助益,但首先必须有技巧地与决策者展开交谈。

通往成功的崎岖路上有不少岔路,到了某个阶段不可能继续独行。这时就要设法赢得决策者的支持,帮忙扫除一些障碍。没有人会出于同情跟我们交易,真的没有这种人!所以问题就是:人家为何要帮我?理由通常出自兴趣、好奇或平等交流。我和其他"一般"人有何不同?哪一点令我突出?最好准备这些问题的答案,不要等到人家提出才开始想。换句话说:如果在可能为我铺路的人面前,我无法提出自己的三个具体优势,那么就不应该试图与他交谈。此外,当然也要对对方有所了解,无论是职业生涯或是私人生活。了解越多,就越容易与对方展开交谈。

在这一点上,知识又变成力量了。对我自身的了解,我的长处、我的优点等等,以及对沟通对象的了解,握有这样的知识才可能开始对话。没有知识,就不可能交谈。

当一个人从中层晋升到顶尖联盟后,交谈的主题、内容和形式是否会改变?

想为晋升做好准备,就要学着适应抵达目的地后的沟通行为。什么是热门话题?大家从事什么样的职业及私人活动?什么可能成为众所瞩目的焦点?愈深入理解这些问题,就愈可能将它们内化至个人惯习中。我关心什么?我未来的交谈对象又关心什么?最好避免哪些话题?在剑拔弩张的领域里,我需要——或是应该——表达多少真实的自我?这里谈话的目的,不是找终生好友,而是为了实现我们追求的目标……

但有时候连大人物都会犯错,遇到这种情况该怎么办,是要掩饰错误,还是出声纠正?

对一切唯唯诺诺并不是理想的解决方式,只会见风转舵的人无法真正抵达顶峰。一只老是对着人快乐地摇尾巴的小狗,不会有人想将它一直带在身边。重要的是,委婉地论述自己的立场。也建议绝对不要陷入激烈的争论,尤其在遇到自己无法冷静叙述的敏感话题时。优秀的沟通者会尽可能地理解和接纳反对意见表述,再想办法尽可能巧妙地融入自己的论点,消弭对立。

这听起来像是踮着脚尖在郁金香花丛间跳舞?

正是如此。毕竟这可是顶峰高层,若有那么简单,每个人早就身居高位了。

高层人士如何看待保密这件事?

晋升到高位的个个都是秃鹰,秃鹰是不会互啄对方眼睛的。秉持"己所不欲,勿施于人"的原则,保密是很自然的事。吹哨者还来不及说"不过",在那之前就会被逐出圈子了。就像大家常说的,上面发生的事保留在上面就好……

简·绍曼提供企业咨询服务,包括内部和外部沟通、价值导向的谈判策略,以及切合时宜的礼貌行为。他的客户除了政治人物,还有国内外的知名演员及高阶主管。他的座右铭是:"将心比心,希望别人怎么待我,就怎么对待别人。"

Chapter 8

心理资本

思维模式塑造人生高度

语言沟通资本：

1. 能让人变强的资源，例如希望、自信、乐观以及韧性。
2. 与其相关的有意志力、情绪平和、追求进一步发展，以及在压力状态下也能发挥影响力。

当我们说一个人很有格调时，很少会想到金钱、装扮，或是出身方面，主要是想表达这个人有突出的品格及风范。一个有格调的人，特点在于性格，他的态度令人印象深刻，这也使他显得与众不同。患有脑瘤的女性，尽管身患绝症，仍然对许多事物感兴趣，并且会为其他人高兴，这就是有格调。政治人物承认犯了大错，并决定辞去公职，也是有格调。足球选手在队友都放弃希望时，奋力在最后一分钟射门成功并赢得比赛，这也是有格调。在超市宁可人插队，也不愿与之争论，这也称得上有格调。

好莱坞黄金时代的贵妇玛琳·黛德丽（Marlene Dietrich）结合了勇气、自持和冷静，并为此下了一个绝妙的脚注："内心深处，我是一位绅士。"

如今在 21 世纪，过有格调的生活，不再像从前那样与阶级出身息息相关。因为每个人都可以积累自己的心理资本，培养乐观心态，控制自我，并学习从容面对逆境。尽管有些决策者仍然认为，精力充沛、无所畏惧的行为惯习主要出自上流社会，特别是企业世家，但普通人迎头赶上，不仅仅是在高层，越来越多的人意识到：强大的人格特质比好成绩更重要。

远大目标与安全感：成功的心理基础

2018 年夏天，十二岁的汤姆·戈伦（Tom Goron）驾驶儿童版单人帆船，以创纪录的时间横渡英吉利海峡。从英国怀特岛到法国瑟堡 60 海里的距离，这位法国学生花了 14 个多小时完成壮举。汤姆十岁时便立下这个壮志，为了完成梦想，他足足训练了两年。60 海里的路程，他父亲驾驶另一艘大一点的帆船全程陪伴，但总是落后在 300 米之外。这位十二岁的孩子独立创下这项纪录，即便晕船好几次。"我为他感到自豪，他很倔强，也很有企图心，并且坚定执着。"汤姆的母亲说。

汤姆·戈伦为如何培养心智坚毅惯习立下最佳榜样：在有充足安全感与强大支援的环境里，最容易达成个人远大的目标。其中家庭最初所扮演的角色，是最重要的。对于下一代，父母有多大的自由空间能提供支援，是耗尽全力，绕道而行，还是支持实现梦想？

直到几十年前，为下一代提供各种机会，还是少数上层阶级的专利。

经济上的安全感、高水平的学校教育、对音乐和文化的深度理解、特意营造的轻松气氛，以及长时间居留国外，直到 20 世纪 60 年代，这些只有排名前 5% 的阶层才有能力做到。当《蒂凡尼的早餐》1962 年在德国上映时，德国每 100 人中只有 6 人上大学，其他 94 人选择职业训练，学习能赚钱的专业技术，而且在十四岁或十六岁时就已经开始赚第一笔薪水。那些想要更高学历的人，面对的不是肯定，而是种种阻挠。

半个世纪后，局面有了翻天覆地的变化。现在德国有二分之一的人进入大学就读。而且不只是获得学士、硕士的头衔，还有从小学音乐的经历，拥有阅读习惯、间隔年、大学交换生经验，还能住在家里购置的小公寓中，继续享受妈妈嘘寒问暖的照顾，并延迟进入就业市场。虽然新世代中仍有一半的人觉得这很不可思议，但若补上一些附加条件也就变得很正常了。今日，女性结婚年纪大多落在三十岁，男性则是三十二岁，20世纪70年代则是二十二岁和二十四岁。这多出来的八年，还不必负担成年人生活里的种种责任，人们在这八年中研究学问、参加派对享受生命、第一次执行计划。利用这段时间培养出国际视野的惯习，提高意志力、人格涵养、经验与自信。许多人因此得以超越他们的父母，这不只体现在数字化世界里，也在思想及行动上。

"对儿子来说，我们的格局都太小了。"一位朋友这样讲起二十二岁的儿子，语调混杂着自豪及困惑。这位朋友是工程师，住联排别墅，闲暇之余热衷烤肉。儿子正在斯坦福大学读书，之后打算到宝马在中国的合资公司实习。

短短几十年间，从前只由少数人独享的奢侈，已经开放给更多的人了。不仅是上层社会，就连中产阶级提供给下一代的环境，也不再只是鼓励成就表现，同时还鼓励人格发展。如同上层社会一样，他们的子女也能有时间去认识世界、发展自我及创造行动。

若需要车库空间，父母一样可以提供并鼓励他们去做，就算父亲只是电工师傅，而不是企业高层。

同时，企业里也正处在典范转移中。思想先进的雇主支持千禧世代为自己规划的生活方式：自我实现、稳定的生活、弹性的工作时间、扁平化的组织结构、去中心化的工作模式、有利于家庭生活的福利、对个人优点的欣赏、足够的自主时间，以及一份好薪水。在这样的环境下，中产阶级的惯习越来越接近上层阶级（但收入并没有）。渐渐地，中产阶级远离精英口中的工作狂标签，这的确值得赞赏。今日，上层社会面临着这样的事实：

注重全人发展、完整圆满的教育最重要的资源：时间。

上层社会对新中产阶级后来居上趋势的感觉非常复杂。一方面，他们的企业明显需要大量的知识及创造力，这些资源不可能只靠少数精英提供，需要普罗大众来提供。另一方面，从前某些只是形式的东西，现在对自己的儿女突然变得非常重要，那就是能继续维持阶级优势的求学生涯。因此，身处社会上半层的族群纷纷将孩子送进私人学校、双语教育或音乐教育重点中学，或是教会学校。加钱将孩子送入英国寄宿学校及国外顶尖大学的人也越来越多，那里学费以五位数（欧元）起步。这不仅能确保个人化的培育教养，也为他们的下一代及早保住与众不同的优势。

经济精英的想法当然非常现实：对孩子的期望，父母若不出手帮忙，要实现绝对不是理所当然的事。尤其是刚进入经济精英圈的第一代，担心孩子可能又会失去这样的身份地位。有句话说："第一代累积财富，第二代管理财富，第三代研读艺术史。"这听起来仿佛是讽刺谐星奥利弗·维尔克（Oliver Welke）在《今日秀》节目上会说的话，实际上出自德国第一任首相俾斯麦。就连19世纪崛起的新富，也担心社会地位不保，下一代可能又会失去地位。

  他的十七岁生日礼物是保时捷敞篷车。学校放假时，他在维也纳的萨赫酒店、马德拉的里德宫酒店，或者马尔代夫的四季度假村度过。高尔夫俱乐部锦标赛上，他从地方行政首长手中接过冠军奖杯。自十四岁起，他就开始在爸爸的公司观摩。公司在欧洲各国首都设有办公室，每次观摩地点都不一样，他也总是在地区负责人身边。"这样学得最快，在学校学不了什么。"他决定中断文理高中的学业，认为学校太不实际了，了解线性代数或光合作用又能做什么？不久后他就会从实科中学毕业，他父母也没有高中毕业会考文凭，还不是比大部分的大学毕业生要有成就。他的职业目标是：进入公司。那当然了。一开始可能从广告部门开始，至于技术部门他不是那么有兴趣，"这交给IT工程师就行了"。

许多上层社会的父母可以把世界端到孩子眼前，但是，当子女太把父母的成功当作榜样时又该怎么办？或者，如果孩子自己没有能力，或是没有动机去证明自己又该怎么办？同时，他们又无法想象一个处于下风的生活，一个低于精英阶层的生活，就像刮花了的苹果手机屏幕一样令人难以忍受。比起中产阶级的孩子，这里就不必提下层阶级了，这些孩子从他们地位崇高的父母处得到许多礼物。然而，要保持地位的领先，除了家族名望，还必须发展出独立成熟的人格及个人的目标才行。因此，必须接受与中产阶级孩子不同的教育过程。对中产阶级孩子来说，教育的挑战在于需超越传统力争上游的惯习，能自信从容地在更高的层级中活动。

但对继承家产的孩子而言，他们的挑战是发展自己的目标，并在与众不同的惯习熏陶下仍能脚踏实地。

这种如布尔迪厄所形容的"家庭出身良好、有文化素养的儿子的业余嗜好"，在今日数字化和全球化的世界里已不再那么具有优势。鉴于中产阶级社会环境文化的崛起，继承家产者比起从前有更大的责任，必须以自身的能力及才智，使习以为常的上流生活风格臻于完美，否则便会出现纨绔子弟症候群的风险：不费吹灰之力继承而来的上流气派被视作空心萝卜，出身上流社会与被宠坏画上等号，变成不劳而获的代表性人物。

坚定信念的重要性：如何真正相信自己

"当然，工作非常艰巨，但我不知道谁能做得比我更好。"这句话出自约翰·肯尼迪（John F.Kennedy），他一出生就躺在成功的摇篮里，在他之前与之后都鲜有人能与之相比。肯尼迪家族是美国的"政治世家"，早在他当选第三十五届美国总统之前，他就已经深信：身为肯尼迪家族的一员，就不可能是第二名。

如何评价肯尼迪的这份信念？不同的社会地位会出现不同的

反应。对那些从小便被耳提面命要守本分、不可夸张的人，肯尼迪的豪情壮志可能是优越感满满之言。但对那些传统世家出身的人而言，肯尼迪对权力欲望的展现就没那么荒诞狂妄。他敢这么宣称，也不过只是依循家人的榜样，以及家族对他的期望而已：高瞻远瞩、永远领先并承担责任。这当然不是在什么小事上取得成就，而是实现真正的大事业。对那些生活条件并不充裕的人来说，将这种想法化成文字并说出口是狂妄的表现。但如果一个人从小就在远大志向的话语中成长，一切就像使用刀叉一样习惯成自然。在所有欲望都能满足的环境下，自然从小就会产生自己也是顶尖人士的确信。

充足的安全感是非常宝贵的心理资本，有利于实现个人的远大志向。不过这当然不等同于保证能成功，对成功的信心，若不是以个人能力为基础，那就只是自以为是而已。

> 2018年夏天世界杯足球赛，德国代表队提早出局就是最好的例子。过去代表队的成功带给球队错误的安全感，三场比赛后，自以为是佼佼者的牛皮就被戳破了。精于针砭时事的《西塞罗》杂志这么评论："已经安于现状的人依然安于现状，没人觉得紧张，整个团队完全失去方向。"

自认为天选之人的感觉，最后可能是砸自己脚的那块石头。但如果对成功未抱持足够的信心，也是不行的，因为成功的驱动力、勇气，以及自负，都必须建立在相信自己的基础上。这种坚信一定会成功的想法从何而来，组织心理学家研究结果显示，最重要的就是感觉：无论发生什么事，一切都会变好；要是跌了个狗吃屎，虽然很丢脸，但其实也没那么严重。这种天不怕地不怕的心态，上层阶级明显比中产阶级多太多了，中产阶级又比下层阶级多出许多。因此，一个人是否具备冒险犯难的精神，与其说是性格之故，不如说是拥有资源的多寡之故。

拥有越多的人，可以输掉的筹码就越多；拥有不多的人，只能如履薄冰，小心翼翼。

这很合理，只要稍微想象一下：没戴头盔，没有安全钩环，要通过高山索道几乎是不可能的事。一个人若是避开险路时，选择较简单的道路通过，并不是因为天生胆小，而是审时度势后的理智选择结果。但如果全身攀岩装备齐全，面对这样的挑战自然较能轻松以对。

所以，勇气取决于拥有资源的多寡。这个认知开启了行动空间：如果你对某件事深信不疑，但因安全感不足而裹足不前时，可以先确认一下，你能投注多少私人、物质和社交等资源去做这件事，利用一切可动员的力量去建立安全网。这些准备工作需要投入创造力及毅力，回报则是你可能会突然发现，之前看似无解之事出现了新的可能。

贝尔塔·本茨（Bertha Benz）1849 年出生时，父亲在家庭《圣经》上记下一句话："又是个女孩。"虽然贝尔塔对机械技术很感兴趣，但在当时根本不可能去读大学。仿佛命运对她的补偿，1872年，她与卡尔·本茨（Carl Benz）成婚，一位身无分文，却有宏大计划的工程师，且梦想打造出一辆不用马来拉的车。新婚妻子带来的嫁妆使这一切变得可能。十多年后，他们终于可以为机动车申请专利了，只可惜没人有兴趣。贝尔塔决定独自开车跨过边界，"不管是燃料不足、阀门堵塞，还是电线磨损，旅途中遇到的所有问题，她都能找到解决方法，无论是用吊袜带还是帽针……"贝尔塔冒险犯难的精神获得了回报：在多年的冷嘲热讽后，随之而来的是财富、赞叹，以及一个成功的品牌。

有勇气去做某件事，同时也代表着对自己有信心。若从小身边就有许多独立行事的成功人士，也会比较容易有勇气。如果父母原本就经常接受艰巨任务、管理众人、启动项目、做出决策、说服银行贷款等等，也会增强孩子的个人信念，认为自己以后也能和父母一样成就大事。毕竟日常生活中就常见到同样的事，知道如何能够成功。同样理所当然的，还有寻找解决方法，以B计划应付无法预知的意外，选择那些看起来比较适合自己、而不是依赖特权的目标奋斗，并且能清楚表达自己对职涯发展的想法。

有高成就的双亲，他们的孩子更能够做到这些事。与中产阶级环境不同，这些孩子一开始就着眼在更好的学校及精英大学，追求最高的收入及成为各行业中的佼佼者。他们不当演员，而是成为艺术总监；不继承肉铺，而是成为工匠协会会长；不是律师，而是政府高阶文官。肯尼迪也有同样的想法：不当冷板凳议员，而是成为美利坚合众国的总统。是什么让上流社会的孩子能有这样的信念？很简单，任何出生在高成就家庭的孩子，从小就对达到顶尖目标充满信心。

还有，人力资源经理也不会觉得富裕家庭长大的孩子野心太大。恰恰相反，若应征者谈及职业上更高的目标时，面试官会认为这是积极的表现。能清楚表达自己的能力与目标，就包含在导向成功的惯习里。这种能力并不是在最后的晋升阶段才需要，在每个阶段表达出个人关注焦点及企图也会带来好印象。例如："我的目标是接触越来越广泛的任务，无论是业务或市场营销上各个不同的职位，我都希望能有所涉猎。"这会引起面试官的不满或疑虑，因为他不是讲出个人远大的目标，而是在言辞中流露出对自己能否胜任新任务的迟疑。

信息工程学系教授苏珊·艾格斯（Susan Eggers）成长于20世纪50年代，那是一个"看得到小女孩，但听不到她声音"的年代。2018年，艾格斯获颁计算机结构领域大奖，成为首位拿到这项殊荣的女性学者。在获奖感言中，她提起个人职业生涯中的第一个里程碑：就读伯克利大学期间，她和几位同学获准与国际商业机器公司研究员，也是图灵奖得主约翰·科克（John Cocke）共进午餐。席间，科克想知道同学们正在研究什么题目。第一个学生小声地回答："我在研发计算机作业系统。"第二个同学出声附和："我也是。"艾格斯采取完全不同的方式回答："我说了类似'我正在解决这个问题，我用的方法是……跟别人方法不一样的地方是……'的话。"科克对她的回答印象深刻,因此长年从国际商业机器公司向艾格斯的研究提供奖学金及研究经费。

精英的责任感:展现自我的艺术

上层阶级说自己不需要赞美,毕竟在上流圈子里,无可挑剔的品位、精心设计的请柬,或是杰出的表现都是理所当然的事。按照这个逻辑,只有那些不懂如何与顶级联盟圆滑交际的人,才会称赞别人的成功。

这意思难道是说,在晋升路上最好都不要出声赞美别人?在参加了生意伙伴邀请观赏歌舞剧及品酒会后,难道也不能发送感谢函?在社交俱乐部对一位财产明显高于自己一位数的讲者,恭喜他演讲成功,也是不恰当的行为吗?若事情真是如此,那就很可悲了。就像埃塞俄比亚王子阿斯法-沃森·亚瑟瑞特(Asfa-Wossen Asserate)的畅销书《教养》(*Manieren*)里所称,视称赞为鲁莽、不高尚,只会扼杀坦率直爽的感情。

尽管如此,赞美还是隐藏了一个陷阱:出声赞美的人,会使自己和对方站在同一等级上。因此,假设一个围着人造纤维围巾的人,称赞朋友的克什米尔羊绒围巾很漂亮,这位朋友明显比他有钱许多,这样的称赞乍听之下的确有些奇怪。但是,社会地位及经济能力的落差,并不妨碍我们表达欣赏与赞美。对人际关系之微妙甚有见解的王尔德,对于这个问题也提出了不错的指南:"赞美有如香水,可以芳香四溢,但不能过分呛鼻。"表达欣赏,需要懂得适度和拿捏分寸，除此之外，最重要的原则是：

无论你身处哪个社会阶级，都不可以小气！

大方的态度不会没有效果。当一个人的努力、成就、决定，甚至是品位及地位象征引起共鸣时，每个人，真的是每个人，都会非常高兴。有人办了一场成功的派对，开了一瓶好酒，赢得万众瞩目的奖项，或者助人一把，都是值得夸赞的。就算这些人拥有一切奢华之物，也早已不必再证明自己的成就，仍然值得别人尊重与钦佩。

称赞他人的伟大，特别是对方过得比我们更好时，有助于改善我们的自我中心意识。当然，谁都希望自己是最成功、最受欢迎或最有创造力之类的人，但高尚的人格却要求我们为其他人做到我们未能做到的事情喝彩。

善妒的人会用其他方式解决这个两难问题，他们会试图说服自己：那点成就就算送给自己都不要；干吗那么辛苦工作；柴油SUV只会造成污染；荣誉奖又没钱，一点都不实用……打住！这种说法及想法，只会让自己变成小气鬼。就算自己过得不如他人，拥有丰富的选择还是会使人变得高贵。"大方就是给予超出你所能的东西，而自尊则是索取少于你所需的东西。"黎巴嫩裔美国画家及诗人纪伯伦这么说。

网络平台 Karrierebibel.de 上有个感人的小故事：在冰激凌还是几分钱的时代，一个小男孩走进一家冰店问："冰激凌一个球多少钱？""二十五分钱！"女服务员回答。男孩从口袋掏出硬币，数了数，又问："冰棒一个多少钱？""二十分钱！你到底想要什么？"男孩又数了一遍，点了一个冰棒。冰棒及账单送上来，男孩吃完，在桌上留下他所有的零钱便离开了。当女服务员过来清理桌子，看到账单及硬币后，倒吸了一口气：桌上放了二十五分钱。男孩为了能给服务员一些小费，放弃冰激凌改点了雪酪。

大方的惯习每个人都负担得起。因为大方有各种不同的面貌：将信心、时间及注意力投注在别人身上，是一种大方；将面包篮先传给他人取用，最后才轮到自己，是一种大方；不坚持行使自己的权利，是一种大方；忽略他人犯下的微小错误，当作从未发生，是一种大方；就算有机会也不揩他人的油图利自己，是一种大方；原谅自己的愚蠢行为，是一种大方；考虑大局胜于追究细节，也是一种大方。虽然听起来颇为矛盾，但大方确实是从小事开始的。

法兰克福高级餐厅商务餐叙上，两位德国人和一位美国人就高尔夫球的种种知识细节高谈阔论：最棒的球场、叹为观止的推杆进洞、最近的锦标赛等等。其中一位德国人今年的差点数值已有20.8，另一位则是令人眼红的17.1。问及美国客人的成绩时，他回道："哦，我只是个柏忌球手。"翻成白话文就是，他一般的差点数值大约在18上下，跟那两人的成绩不分高低，只是换了个说法而已。

两位德国人报出他们的成绩时精确至小数点后一位，美国客人的答案含糊且随便许多，就算他只是习惯这么说，还是显得更有自信。没错，使用约定俗成的话语，加上礼貌的行为，便可以完美伪装出大方的态度。当然，这种能自抬身份的态度最好不只是表面行为而已。大方是从不虞匮乏及过剩中产生的精神力量，也是必须每天培养的习惯。将小气的感受转化成大方的态度，慢慢就会培养出一种以"贵族义务"为典范的惯习——社会地位崇高者须具备的义务，一种超越庸俗利益追求的行为准则。

成长型心态：如何面对挑战与不确定性

提到歌剧、智能家电、现代艺术或纯素美食时，总会有人说自己不知道要这些东西干吗，或者，谁需要这种东西呢？说者似乎觉得自己被冒犯了，其他人只能赶紧换话题或干脆无视。当然，不喜欢柴可夫斯基，不认识塞·汤伯利（Cy Twombly），或不觉得二十五年的泰斯卡威士忌有何意义，一点问题都没有。毕竟每个人的成长环境和受到的影响都不一样，每个人出生后耳濡目染的惯习也不同。

尽管要包容其他意见及生活方式，但我们深深知道，不是每种惯习的价值都一样，也不是每种惯习都是晋升高位的理想先决条件。但我们可以改变！因为，没有不能改变的惯习。

除非有人坚持固守旧习，无法想象世界上还有其他不同的可能性。美国心理学教授卡罗尔·德韦克（Carl Dweck）称这种静态的自我认知为"定型心态"。持有这种心态的人，会像一个坚信自己这一辈子都学不会数学的孩子一样思考。他们相信人的能力是与生俱来的，而且一生都不会改变。不管今天做了什么，明天还是跟今天完全相同的一个人：拥有语言天赋，天生笨手笨脚，认为圣诞节一定要吃火锅，觉得到科西嘉岛度假最棒。这种保守心态出现在各个阶层，从上层阶级到下层阶级都有人这样想。

　　静态的自我认知有其优点。根据演化心理学家金泽智的研究，坚持固守旧习的人，相较敢于尝试不同人生道路的人，虽然平均智商较低，但他们对生活比较满意，比较照顾家庭和朋友，也比较有钱。因此，坚持旧有惯习也是有它的道理。或者，就像维也纳记者埃里希·科西纳说的，不须每个人都是长袜子皮皮[1]，汤米和安妮卡也一样重要。有足够的安妮卡维持日常生活的运行，长袜子皮皮才可能存在。

在最高尚的圈子里也有人抱持静态的自我认知，因为传统与习俗是维护既得利益的安全途径。但如果想挣脱原来环境，晋升顶峰，动态的自我认知可以提供比较多的助力，也比较"现代"。维护传统的人越来越少，特别是年轻一辈，他们强调学习、自我改善、改变，以及超越界线。他们的自我认知建立在强大的信心上："我"可以越来越好。

---

[1] 文学大师林格伦作品《长袜子皮皮》中的角色。

今日我们所经历的、阅读的、听到的，以及为自己所做的，会影响明天的我们。

所有长期围绕在我们身边的人事物，都会影响我们的本性。每一场有趣的会面、每一趟旅行、每一集 podcast，甚至每跨出一步，都会计入我们的文化、社会、知识或身体资本里。虽然每个单一经验影响并不大，尤其惯习具有强大的惯性，罗马也不是一天造成的，但从长远来看，一点一点慢慢累积，也会形成可观的局面。

如果每次职场活动，你都会试着与还不认识或还不熟悉的人接触，那么你的职场人脉将会明显扩大。

如果每天都使用类似"多邻国"的外语学习 App 记住六个单字，一年后，你的基本词汇量将大为增加。

如果每天少花三欧元，一年就少支出一千欧元，十年就省下一万多欧元，这还不包括投资利润。

如果每个周末花时间在 Google Arts & Culture 浏览博物馆馆藏，那么你不只是熟悉了艺术经典，还能一步一步培养出艺术鉴赏力。

如果每次进出门都记得要抬头挺胸，久而久之，这个动作就会变成习惯，你的姿态也会变得挺拔自信。

没有百分之百的静态自我认知，也没有绝对的动态自我认知，每个人的自我认知都是两者混杂而成。但如果想要改变旧习，动态的视角会帮助我们加快达成目标。因为"成长心态"就像一道虚掩着的门，虽然还是得穿过这道门才能出去，但我们知道随时能推开这道门，跨步走向门外的世界。

如果没有坚强的意志力，《哈利·波特》系列就不可能存在。在写第一集时，作者J.K.罗琳失去了母亲，跌进一段仓促的婚姻关系，解脱时已是领失业救济金的单亲妈妈。不管怎样，她还是完成前三章，寄给十二家出版社，却只收到拒绝信：太多形容词、题材过时、卖不出去……最后布鲁姆斯伯里出版社终于接受书稿出版，但仍然暗示罗琳还是得去找份正经的工作，光写童书赚不了什么钱。罗琳无视这个建议，她继续写，打造出各个角色和独立的写作风格，成为有史以来首位写书赚进数十亿的作家。如今她以笔名罗勃·盖布瑞斯继续创作下一套系列小说。

拥有成长心态的人相信，成功是靠决心和努力，这种人生观促进了成长及发展的可能。相较起来，定型心态限制较多，它将我们束缚在所处的位置上动弹不得。但一个人若已功成名就，达到人生目标后，因循就变得有意义了。坐拥胜利之果不再改变，或者最多一小步一小步慢慢前进，感觉舒服多了，而且就算并非总是保持前进但通常也能维持现状。然而，如果想要更多，成长心态就是最重要的条件，拥有它，才可能达到顶峰。而且，不少杰出人士就算爬到成功的顶峰，仍然继续保持成长心态的惯习。

"完美是个不断变化的目标。人会变老，也会重新定义完美。当人变聪明时，也会找到新的定义。最后，等到人不再那么有力气，我想，看待'完美'的角度又会不一样。到时如果还能做些运动就已经很完美了。"拿过多次一级方程式赛车冠军的路易斯·汉密尔顿这么说。

自律与得体行为：社交世界的隐形规则

2018 年夏天，德国福斯柴油废气排放丑闻的主要涉嫌人已羁押禁见；排名前 0.001% 的富豪少缴了 30% 的税给国家；特朗普在白宫打破道德底线；硅谷爆料，在传奇企业家贝索斯手下工作的员工遭受监视、精神崩溃、受到极具杀伤力的辱骂，以及被迫执行社会达尔文式的淘汰制度；曾经的好莱坞大亨在纽约被控强暴，正接受司法审判。

与此同时，安永联合会计师事务所发表了一篇关于企业日常所有违反道德良知的不轨行为的研究：23% 的德国经理人承认，为了职业发展有可能做出不道德的行为。相较之下，西欧其他国家平均只有 14% 的经理人会这么做。特别耐人寻味的是，若有利于个人升迁或加薪，10% 的德国经理人会给上司传达错误讯息。就这一点来看，德国在欧洲三十个国家的贪污程度仅落后于土耳其，高居欧洲第二。

我们当然可以猜测，比起其他国家的高阶经理人，德国高阶经理人可能对实际商业行为的黑暗面更为坦白。不过，比较有可能的是，在单一个人身上找到的证明，同时也适用于整个国家。

当一个人被成功冲昏头脑时，就很容易当自己是老大。

加州大学心理学教授保罗·皮夫（Paul Piff）在 TED 发表了名为《财富让人变得更坏？》(*Macht Geld gemein*) 的演讲，其中提到他测试一百五十二位汽车驾驶员遇到斑马线的反应，证实了一般刻板印象：所有一般小型车驾驶员都会停车，毫无例外；相较之下，豪华汽车的驾驶员则不仅更少礼让行人，而且在十字路口抢先行权的频率是前者的四倍。造成违规行为的原因很复杂，其中之一是上层阶级的权利意识特别发达，他们坚定朝向目标直行的心理根深蒂固，对受到制裁的恐惧感也较低。钱与好律师可以解决许多事，而且一个成就非凡的人不像中产阶级那样在乎别人对他怎么想。因此，随着财富增加，上层阶级也越倾向不那么在乎规则及规范。

当然了，精英不会这样看待自己，没有哪个高层不把"真实"或"同理"挂在嘴边，没有哪个社交俱乐部不特别强调社会参与，没有哪所大学的简介不提到对社会及学术的责任，没有哪次股东大会不提到透明、值得信赖，以及共同福祉等等字眼。

这些伟大字眼颇受客户、员工和利害关系人的青睐。尤其是在中上阶层，更是特别以正义、改变世界、公平贸易、性别平等及包容作为自我定义。他们欣赏自称遵守商业道德且诚实的企业，但若只是嘴巴说说，或是大张旗鼓地独断专行，也会掀起热议。就像 2018 年夏天泰国发生孩童被困睡美人洞事件，马斯克派出迷你潜水艇前去搭救，这在社群媒体引起一阵挞伐：这位特斯拉的创办者显然是利用这次事件来宣传自家产品。只有体现人道关怀精神，才是恰如其分的得体行为。

德国工具机械、激光和软件公司创浦集团执行长妮可拉·莱宾格－卡穆勒（Nicola Leibinger-Kammüller）被视为新一代模范企业家。从小她就被教导，领导能力首先是态度问题，今日她正是依循这样的价值观来经营家族企业。在雷曼兄弟破产引发金融危机波及机械制造业，所有员工不得不缩减工时，家族向公司注入了7500万欧元的自有资本，并且宣布取消孩子们的家庭度假，"这是种宣示行为，主要想表明我们全家与公司共进退。"

企图心需要带点侵略性，这点是毋庸置疑的。企图心与坚定不移并不等于以自我为中心、自恋或种种病态行为。维持礼貌及善意一样可能成功，至于具体做法，德国管理顾问专家莱纳德·史布莱格尔在研究企业的得体行为时说过："要清楚自己的角色，控制情绪，并约束激情。这需要距离，跟自己保持距离，对自己的情绪、反应及怒气都要保持距离。"

因为重要的不只是有结果。

特别是如果还想拥有"优雅惯习"的话，行事得体且有态度的人会有时质疑自己的行为，有时也会遵循别人的规则，并接受不是只有一种正确解决方法的事实。换句话说，他会放下自我。

这种惯习不是通过交谈或引人注意的行动就可以养成，必须从日常生活的实践与小事开始培养。再麻烦也要倾听别人说话；表达批评时不忘为对方保留颜面，就算其实想大声斥骂也一样；公平支付打工接案者的报酬，尽管不这么做利润更高。

的确，除了成功，还要兼顾成功的环境代价并不是件容易的事。不过，这也不是充满浪漫情怀的社会工作，将企图心、道德及利害思考理性地结合起来，仍能在商业行为中获得回报。

《哈佛商业评论》每年都会为全球企业家排名，2017年西班牙人帕布罗·伊斯拉（Pablo Isla）被选为全球最有领导力的企业家。自 2005 年起，伊斯拉便是时装品牌 ZARA 及 Massimo Dutti 的母公司 Inditex 执行长。他上任后，这家企业也成了全西班牙价值最高的企业。他管理企业的风格是安静与合作，避免成为注目焦点，也拒绝自我中心的表现，各地分店店长都是从企业内部提拔，"这使得我们企业更团结，因为它不属于单独一个人，而是我们大家的。经营企业，我们尽量低调、谦逊，当然我们也很有野心，不过是以一种谦逊方式表达出来的野心。"

压力管理与创造力：如何在失败中重整旗鼓

在阿尔高阿尔卑斯山区，登山小道蜿蜒狭窄又很滑，一位父亲带着两个孩子轻快地走过，三人装备齐全，突然间小女儿滑了一下,幸好抵住一根细细树干,因为再往下的山坡相当陡峭。虽然目前没有危险,但小女孩还是不禁打了个哆嗦。"没关系,一切都好吗?"爸爸问。小女孩点点头,爸爸伸手过去,"你反应很快、很好!莉莉,再往前走十五分钟,我们就到山屋了。"很快,三个人的身影就消失在弯路之后。

或许你会觉得爸爸的反应很冷酷,他也可以立即停下来休息,拍拍小女孩,安慰她,拿出干粮等等,但他没有,只是继续往前走,像是什么事都没发生。实际上就是什么事都没发生。小女孩从爸爸的反应中学到,滑倒不是摔断腿,无须大惊小怪,走到山屋后可能也就忘记这段小小的惊吓了。父亲表现出来的冷静会塑造小女孩的惯习,也影响着女孩在遇到下一场或大或小的危机时会如何表现。

站起来,深呼吸,继续往前走,这种坚强的态度无论在英国上流社会、美国东岸权贵,还是普鲁士贵族,都一直属于精英教育的一环。在精英寄宿学校的庄园大屋里,新生代的教育不局限在专业知识上,坚毅的性格也同样重要:运动家精神、自律,以及有韧性。风吹雨打也要去运动、严格的原则、简单的食物,加上学习古希腊语及拉丁文的不合理要求,这些都教导未来的精英要振作,在逆境中也要坚持下去。在严格教育下形塑出来的惯习,有着坚强的抵抗力,就算失去财产、家园和公司,他仍能保有抵抗的韧性。

《时代周报》前主编玛丽昂·登霍夫(Marion Gräfin Dönhoff)伯爵夫人在她的自传《东普鲁士的回忆》中写

道:"接下来三年,直到拿到高中毕业会考文凭我都待在波茨坦……寄住在朋友家中,然后上一所男子中学,我是班上唯一的女生。我很早就认识到生命中的无常,被迫适应各种情况。"1945年1月,她赶在红军到来之前离开东普鲁士的家族庄园,一路西逃直至西伐利亚,路途足足超过一千公里。

艰苦的岁月、失去所有、伤害与打击、缩衣节食的生活及紧张的环境,处在压力下,我们需要另一种技能才能让生活随自己的意志展开,例如熬过严厉的批评、承认错误,以及平静接受愿望不会成真的事实。

能否做到这点,基因也有影响。其中之一是5-HTT基因,它负责调节运输至大脑的幸福激素血清素,有长短两种不同的结构。拥有长结构的人,有较多的激素帮助他们抵抗压力。不过,就算天生神经比较脆弱的人,还是可以增强心理稳定状态的。因为,韧性可以练习。每次面对困难,都是宝贵的学习经历。

堵在长得不见头尾的车阵里、比赛时突然陷入低潮、连收十二封拒绝信函,或是收到令人不安的诊断书,逆境教导我们冷静以对,不要大发雷霆,接受无法避免之事,在困境中找到最好的出路,接受帮忙,并且找寻解决或替代方案。

德国前总理赫尔穆特·施密特(Helmut Schmidt)曾说过:"危难时才能看出一个人的品格。"一位富有的企业家说得更直接:"在赚大钱时办派对每个人都会,但在出问题时保持冷静并且说'来吧，虽然糟得要死，但我们先去吃一顿，再好好聊一聊'就更了不起了。要每次都能做到这点，还是需要强迫自己才行。"

心理学家安德烈亚斯·乌奇（Andreas Utsch）认为，经历失败后的高行动导向是成功人士的重要共同点之一。一般人在受到打击后容易钻牛角尖，甚至自怨自艾，高行动导向的人会较快从这种状态解脱出来，朝着新目标前进。这样的心理能力并非与生俱来，那些在危难时仍能保持冷静理智的少数人，他们知道："若计划 A 失败，不用惊慌，A 后面还有二十五个字母。"一个人能够在困境中比他人更稳重地处理事情，那是因为他曾系统地训练自己的韧性，就像锻炼小腹、大腿及臀部那样。

2015 年，时任脸书营运长雪莉·桑德伯格（Sheryl Sandberg）的丈夫猝死于健身房。一年后，她送给加州大学柏克莱分校毕业生毕业赠言："你们不是出生时就配备着一定数量的韧性。你们可以像锻炼肌肉一样磨炼自己的韧性，并在需要时使用它。在这个过程中，你会发现真正的自己，然后或许会成为更好的自己。"

最好从小就开始学习如何克服困难。特别是敏感的小孩，让他们亲身体验，并自己想办法解决问题是最好的教育方式，就算过程中可能与朋友的关系不那么和谐也无妨。面对书包里老是少带东西的小孩时做法也一样。面对拒绝或错误并不好受，但这会使人变得坚强与（身处危机的）自信，只要学会即使身心已达极限或搞砸事情后，仍懂得如何自助。这种经验的学习，不需要呵护备至，以及无所不知、无所不能的父母，而是父母要以轻松沉着的态度陪伴，并身体力行让孩子知道：忍受劳累、挫折与不适，以及在困境中找到最好的出路是坚强人格特质中的一环。无法面对及消解困难，就很难去承担计划内的风险。无法承担风险，就无法成大事。或者就像加拿大冰上曲棍球运动传奇人物韦恩·格雷茨基（Wayne Gretzky）所说的：

不射门，你百分之百进不了球。

耐人寻味的是，身处最高层及最底层的人往往具有最大的韧性。对出生于顶层的人来说，要在一个极为成功的权贵家庭里找到并站稳自己的位置，在情绪压力上必须要能扛得住；而出生于最底层的人只能靠坚强的意志力才不至于被环境淹没。处于中间阶层的人对这种苛刻的生存条件较为陌生，他们既不必费力保住高层位置，也不必为了生存奋斗，只有心中存有更高的目标时，才会离开自己的舒适圈。至少在随波逐流未遇到阻碍之前，大多数的人都抱持着该有的都有了的心态在过日子。这样的生活条件容易培养出瞻前顾后及避免涉险的惯习。谨慎行事可以避免意外和难堪，但也会因此失去抓住机会，以及从危机中成长的可能性。

加强韧性，还是加强防护？美国社会学家安妮特·拉鲁（Annette Lareau）在针对工人家庭及高学历家庭不同教养风格的研究中提出这个问题，并做出解答：工人家庭的小孩比高学历家庭的小孩更独立自主，被允许做更多的事，行动也更自由。相较之下，高学历的父母在教养孩子上采取类似经营管理的手法，时时关注孩子的安全及未来发展。这两种管教方式各有利弊：高学历家庭的孩子在校成绩表现较佳，但同时也较常抱怨无聊，并期待父母会帮他们解决问题；工人家庭的孩子成绩表现较差，但在逆境中更知道如何自助，长大后也更有韧性。

超越自我：持续成长的心理动力

他们通常有至少三个孩子，是咨询委员会或董事会成员，会捐款给社福单位，参加帆船比赛或是山区越野单车之旅也是为了筹款给弱势青少年、癌症患者或地区临终关怀协会。他们就是有钱有闲的一群人——或许有人会这么说。但事情不是那么简单。当然，上层社会的家庭意识就像他们的社会参与一样，很少只是出自共同福祉的责任感。但说他们只是出于虚荣、自我展现或地位，也是不可能的。比较贴切的说法，应该是自我与社会的双赢：上层阶级以他们的财富与愿景，赋予生命更深刻的意义，确保自己能光荣地退场。生命有限，因此，他们要将手上拥有的，转化成更长久且超越个人存在的东西。心理学家称这种能力为"传承"（Generativity），源自拉丁文 generare，也就是生产的意思。

小提琴家安-苏菲·穆特在她的人道主义计划中帮助罗马尼亚改建了两所孤儿院。她说，音乐对她来说固然非常重要，但这两座分别位于奥尔拉特与维多利亚的孤儿院也变得越来越重要："它们也是我认为最有意义的存在。重要的是，我们可以留下什么给这个世界。"

留下什么？世人会如何想起我？我又要交给这个世界什么东西？在权贵世家的圈子里，这些不是快要退休时才会开始想的问题。打从出生开始，有关社会和传承的行为就已存在：祖母传下来的圣诞饰品、祖孙三代都躺过的摇篮，以及复活节等一年一度的募款与慈善活动，还有叔叔伯伯都上过的高中。任何出生在权贵世家的人，从小就知道什么叫作"传承"：

年长一辈将姓氏、家族传统和遗产传给年轻一辈，并将部分财产反馈给社会。

无论是世代传承的药剂师家庭，或是家族企业第三代，年轻人或老人都自认是世代传承的一部分。与一般中产阶级的成功多半靠个人能力与成就的状况不一样，上层阶级的惯习受到强大的地位意识影响。出生在一个受人尊敬且开枝散叶的大家族，从孩提起就是一件很自豪的事。就算身为子女未曾为了地位及财富动过一根手指头，他们还是认为这是属于自己的。财经记者克里斯蒂安·里肯斯（Christian Rickens）曾观察到这个现象："许多富豪的共同点，是他们都拥有强烈的自我意识及使命感。他们相信自己拥有财富合乎天理，就算只是继承也一样。有钱人认为自己是社会支柱，比一般人有更多的义务且愿意付出。"

无论属于哪个阶级，有一点是共通的，那就是儿孙会带给长辈不朽的感觉。不管经济条件如何，父母及祖父母都会将自己早年得到的东西传承下去。心理学家海科·恩斯特（Heiko Ernst）在他的书《传承》（*Weitergeben*）中探讨了这个现象并做出结论："这绝对不是单纯的利他行为，任何引导世界发展得更好的努力，都会为自己创造出个人意义。"所以，"传承"将大众与个人福祉结合在一起，或者可以这样说，这一行为使人生更丰富，以及退场时更了无遗憾。

"传承"在精英阶层还有另一个鲜为人知的意义：家庭及人道关怀的活动也是区隔特征和筛选标准。董事会或监事会等高层成员，都有不成文的潜规则：模范伴侣及家庭生活，公开的志愿服务，以及最好出身良好。若缺少这些非正式的先决条件，要突破这层职场的天花板就非常困难。德国联邦家庭、老年人、妇女及青年事务部的一份研究资料中，引用了一位高层人士的谈话："若没结婚，那你的履历就少了一块，收收东西回家吧，不用再想了。"结婚是最起码的要求，最好还有一到四个小孩。总而言之：

想晋升顶尖职位，"传承"是台面下的先决条件。
只有那些已经在位的人，才会意识到这有多重要。

"传承"不仅能提高社会声望，也会影响人生幸福。心理分析学家埃里克森在他的生命阶段理论中，将"传承"定义为中年阶段的主要心理发展任务。只有那些出手为下一代打造生活基础的人，生命才算圆满有意义。埃里克森所说的"传承"主要是第一层意义：生小孩，并养大他们。今日，心理学家将所有不是为了自身存在而投注的心力都定义为"传承"。因此，"传承"不必一定要创造新生命，以自己的经验与人脉帮助他人，传递知识，实践理想价值，承担责任，为下一代做好环境保护及节省资源，或者创造出能超越当下、为世界带来持久影响的东西,例如一家企业、一座花园、一个基金会、一部影片、一种演算法、一件艺术收藏、一项新发现。当一个人年事已高,"传承"也就代表接受下面的事实:越来越离不开工具及他人的帮助,父母与孩子所扮演的角色也越来越相反。

因为生命有限,所以要活得更有意义,这也就是人想取得终身成就的原因。当然,像安-苏菲·慕特、施特菲·格拉芙或比尔·盖茨这类人的行事格局会更为宏大。也有许多有钱人将大笔金钱投注在基金会及援助计划上,支援其他国家,并动员各种支持渠道达到他的目的。"传承"不必总是那么规模浩大,每个人都有机会尽自己所能让(将来)世界变得更美好,并因留下足迹而活得更心安理得。

进阶路径 持续优化自我,塑造稳定人格魅力

海明威的短篇小说《乞力马扎罗的雪》中,主角哈利·摩根记起某位记者在一篇报道开头说:"富人跟你我都不一样。"听到这句话,促狭鬼说:"对,他们钱多。"这样讲也没错,但只讲了一半而已。有钱人的惯习使他们拥有跟其他人不一样的心态,无论是白手起家或继承遗产的富豪,都有显著的优越感。出生于高贵环境的人,从小就有十足的把握成功。家庭越是富有,孩子就越觉优越,创意受到鼓励,也能自由发展。良好的教育及充沛的资金让他们能够进行各种实验,并确保有失败的缓冲空间。就算真的失败,孩子也会学到总是能找到解决办法的经验。不是含着金汤匙

出生的人，也可以培养出这种上层阶级的心理资本，只要知道该注意什么就可以了。

1. 永远不要让人看见你正在冒汗。高层人士不轻易流露情感，想要出人头地，就要把情绪藏在心里，永远保持礼貌，维护你的人际关系并表现得积极正面。最好在各种情况下都能试图保持平静，压抑住因惊讶或愤怒差点脱口而出的话，过滤掉忌妒、恶心或恐惧等不良情绪，忽略他人的失礼，控制自己的表情及肢体语言。最重要的是：镇定的行为需要不断练习，只有这样才能避免在高压的状态下再度落入自以为早已跳脱的窠臼之中。

2. 永远不要解释，永远不要抱怨，无论有多困难，接受并消化挫折，不要沉溺在究责及指摘之中。不因窒碍难行而动摇是精英惯习的一环，失败的存在，只是为了下次做得更好。在这一点上，苹果公司创办人乔布斯堪称典范，在那场传奇的斯坦福演讲中，他提起自己如何被自己创办的公司解雇，而且还是被他自己聘请的经理解雇："我出局了，而且相当轰动。"接下来的故事大家都知道：乔布斯从失败中走出来，将苹果打造成人人追捧的品牌，推出苹果手机、苹果平板，彻底改变了数亿人的生活。

3. 一般认为富人比穷人更愿意接受新经验，对新知识更好奇，也较为宽容。这种现象的具体表现，在财富研究专家托马斯·科里（Thomas C.Corley）花了五年时间进行的富人与穷人阅读习惯的研究中清楚显现。科里对富人的定义是拥有超过三百万美元的资金可以支配，在这些人之中，88%的人每天阅读超过三十分钟，且多为专业书籍或非小说类书籍，或者名人传记。相较之下，穷人阅读时间非常少，如果有的话，大多也是为了娱乐或转移注意力。

跻身全球富豪之列的沃伦·巴菲特曾表示自己80%的时间都花在阅读上：手册、商业文献，以及与投资相关的书籍。他建议哥伦比亚大学的学生也这样做："每天读五百页这样的书，就会创造出知识，知识的累积就像复利一样。每个人都有机会这样做，但我跟你们保证，不会有太多人真的利用这样的机会。"

4. 下层阶级的人等待幸运降临，例如下一次升职，或是爱情，以及中彩票。 较高层的人不等待，而是朝着订定的目标前进，无论是职业、家庭，或是身体健康。在科里访谈的富人中，70%的人每年定下至少一项大目标，穷人只有3%会这样。白手起家的千万富翁史蒂夫·西博尔德（Steve Siebold）认为，目标导向的生活是成功的决定性因素，"富人之所以在财务上收获更多，是因为他们遵循计划行事，而不是因为他们更聪明。他们不会傻傻地等待他们的船只进港，而是自己建造个人船只。"

5. 经济条件较差的人容易受到大众影响，经济条件较好的人思考与行动上都相对不易随波逐流。 凯洛管理学院管理学教授妮可·斯蒂芬斯探讨了这种差异，她的研究显示：高中辍学生认为跟邻居买一样的车很好，大学毕业生则对这种想法嗤之以鼻。不同的行为模式同样出现在重大决定上：经济富裕的人不随波逐流，他们不跟随别人，而是创造潮流。

6. 不只是顶尖职位，就算只是学徒的职位，企业雇用时也会考虑应征者是否有企业家精神。 全球最大的再生纸箱制造商梅尔麦赫夫卡集团人力资源主管马里恩·德多拉（Marion Dedora）坦言:"我们雇用的学徒必须从小就有责任感,这种事我们不会教,他们必须在家里就先学会。"简言之,就是受雇者一样要有企业家的思考方式:跳出各部门的框架,能综观全局,有成本概念,并且了解市场、趋势和竞争对手。或者简单一点:知道顾客需要什么,即使这件事不在你的责任范围。

7. 持续不断地自我发展。 梅琳达·盖茨认为就算身处高位,也不能安于现状不思进取,"好几年来,我与朋友每年都会为自己找出一个词,作为接下来十二个月的努力目标。对我来说,这个方法比一般的新年愿望更有效。因为它并不会要求我做出彻底的改变,而是影响我的思考方式。1月初我选择了'温和'这个词,这一年来我都带着这个想法生活:以更温和的方式待人处事,也对自己更温和。"

思维对话　做自己真正热爱的事,成功更容易到来

有些人赤手空拳,有些人则受家庭庇荫走上成功之路。该如何面对这种不平等起始条件?展现自信的同时也展现了自己的长处吗?听听心理学家及畅销书作者艾娃·弗德列克(Eva Wlodarek)怎么说。

多丽丝·马丁: 请问弗德列克女士,出人头地及爬上更高的社会地位是许多人的梦想,但达到目标后,他们却常被认为是自大及不知足。您怎么看?

艾娃·弗德列克：没错，可惜周遭的看法常常是负面的，像是："这人自认为高人一等。"或是："这人显然被野心蒙蔽了。"这些话通常出自没有大志向的人，而他们的看法通常也是错的。出人头地的愿望并不是出自忘恩负义的不知足，而是创造性的不满足。自我成长是人类最深层的需求，不应该否定它。当我们发展个人兴趣，并实现心中的愿望时，同时也开发出我们的潜能。追求富足充裕的生活并不是因为自大，恰恰相反，对自我发展而言，追求上进的渴望是必需的。因此，我们要懂得与不实的负面评价保持距离，要做到这点，可以先问问：是谁在批评？他背后的动机是什么？

努力向上晋升的人，在认知及文化上皆远离个人出身环境。这常常会导致疏离，其他人则觉得被抛下……

我们是群居动物，归属感对我们来说非常重要。在所有关系里，最初建立的、关系也最深的就是家人和老友，那些伴随我们成长的人。每个群体——自然也包括这个群体——都有自己的价值观、信念和行为准则。若一个人在身体或心理上全都远离这个群体时，就会失去群体其他成员的信赖与认同。这会使人感到孤独，必须设法找到平衡：不要为了重新融入而勉强屈就，但也不要完全背离，毕竟这是一个人的根底。只有在毫无理解的可能，以及其他人的忌妒及自卑阻碍自己前进的步伐时，才需考虑彻底决裂。是否要走上这一步，端看你与这些人见面后感觉有多悲伤、沮丧或愤怒而定。

父母地位崇高，孩子通常也会有自己是天选之人的感觉。这种在心理上产生的影响，是没有这种优势的人无法企及的。当父母是名人、富人或精英时，孩子会在一种与众不同的意识下成长，这甚至不必言明，而是像心理学所说的"角色楷模学习"。孩子时时看到父母四处受到礼遇，就会希望自己也得到优待。

意思是说，成功的必然性也会传承吗？

传承下去的是与阶级属性联结在一起的机会，例如经济支援或充沛的人脉。还有教养也是加分的条件，对精英密码了如指掌，使用起来得心应手。这样的惯习是非常好的成功基础，却不是百分之百的保证。在薪资多寡及是否出人头地上，个人的人格特质扮演着非常重要的角色，例如投入多少心血，与他人打交道时的社交智慧，以及追求目标时的恒心毅力，等等。

出生在非常成功的家庭，也可能会对人格发展造成不良影响吗？

如果父母的事业非常成功，孩子承受的压力可能无比巨大，因为总是会被拿来跟爸妈做比较，尤其是当他们选择与父母一样的职业时。这种压力不只是来自家庭本身，也来自外界，而这样的压力可能会导致他们对失败的恐惧。除此之外，由于孩子从小就有各种随心所欲选择的可能，因此很可能学不到如何咬紧牙关坚持到底。

那一般家庭的小孩呢？

一般环境长大的孩子很少能坐享其成，想要出人头地，就必须培养出敢冒风险、自律、坚持不懈的个性，以及跌倒再爬起来的勇气。虽然要花很多力气，但这可以培养人格特质，并且是通往成功的良好训练。

透过良好教育晋升上位的人常常有能力不足的心虚感，即使专业上再有成就，还是常常害怕自己不过只是名不副实的骗子。

这种现象甚至有个专有名词叫作"冒牌者症候群"：总是低估自己的表现，将成功当成天时地利的侥幸。问题通常出在童年及青少年时期，这正是形成基本自信的时期。要解开这种心理，必须不断提醒自己正视个人的能力，具体的做法是：可将已达到的目标及成就列成一张表格；还有就是要认真面对别人的赞美，而不是用"我只是比较幸运一点"或"只是天时地利人和而已"的说法带过；最后，很重要的是，要不断地跟自己说，"别人也只是人，不是神。"每个人都一样。

职位越高，惯习就越重要。如何与那些在"正确"环境长大，拥有"正确"品位的对手竞争？

想进入一个群体时，了解并熟悉那个群体的惯习是非常重要的一件事：举止、穿着、说话方式，还有流行哪些话题及兴趣，这可以通过观察及专门的训练达到。不过，千万不要因太想融入环境而做过头，记得要保持真我，而且不要否认自己的出身。我记得在一次业界高峰会中，一位成功的出版人在一群学者中大方承认自己没有大学学位。比起和与会者在知识上较劲，这种做法更能让人留下深刻的印象。

哪些心理特质有助于我们向上跃升？

对金钱、权力或声望的渴望不应排在首位，对职责的热爱才应位于第一。做自己想做的事，最容易成功，因为这样才会尽其所能发挥长才。还有就是要有欲望,想加入成功者所组成的群体,这需要学习他们的惯习,并大胆地与他们接触。不过,只是与他们并肩站在一起并不代表什么,或许到头来也只被视为暴发户而已。

没人愿意被这样看待……

这就是为什么还是要继续在生活中实践个人价值,懂得感激,怀抱同理心,并且尊重每一个人。身处高位,代表有义务将自己拥有的东西传承给别人,无论是金钱、知识或是支援的力量。凡是将这个要求放在心上的人,不只是外在地位,就连内在精神也是真正的精英。

请举出三位您心目中的精英。

我的选择标准是,在个人专业领域中,为整个社会做出重要贡献的人。在艺术界我心目中的精英是画家格哈德·里希特;在时尚界则是有无限创意的卡尔·拉格斐;金融界我最欣赏的人是克里斯蒂娜·拉加德。当然,除此之外还有许多先生女士值得一提。

艾娃·弗德列克博士是心理师,在汉堡从事多年心理治疗工作及提供训练课程,针对人格发展与沟通问题,是非常热门的咨询者。身为专家,她也在媒体上撰述文章传授专业知识,其中为 *Brigitte* 杂志撰写文章超过二十年。她出版的畅销书籍内容涵盖自信、魅力、孤独和生活艺术,并被翻译成八种语言。

结　语

你准备好跃向巅峰了吗

语言沟通资本：

1. 客观上：当一个人比大多数人更富有、更有权力、更有名时。
2. 主观上：每个人自己定义的最高状态——无论是职位、人生成就，还是个人所认为的充实感。

在本书完成之际，德国突然热烈讨论起一个问题：年收入超过百万欧元的富翁算不算中产阶级？政治家弗雷德里希·梅尔茨（Friedrich Merz）认为算，毕竟是用自己双手赚来的钱。德国科隆经济研究所则说不是，认为相对富裕的界线是中位数收入的250%。就这个定义来说，中上阶层意味着一个四口之家每月净收入不超过九千两百三十欧元。这个数字是2014年1月所定，现在应该更高。不过不管怎么说，年薪百万者的净收入比中上阶层收入最高者还要多出好几倍，他及他的家庭属于德国最富有阶层的前1%。

那么，梅尔茨为何还坚持自己是中产阶级？顺道一提，这不只是他一个人的想法，许多富人或超级富豪也有同样的心理。《南德日报》提出尖锐的观点：因为上层阶级听起来太浮夸，下层阶级听起来感觉需要社会救助。换句话说，一旦有人将自己或他人定位在中产阶级以外，马上就会引起刻板印象及各种偏见。梅尔茨至少在下面这一点上的看法完全正确：我们的社会地位并不纯粹靠经济实力大小来决定，同时也靠观念及生活方式——也就是惯习。然而，惯习在狭窄的上层阶级圈子里，与在广大且多样的中产阶级圈子里有着完全不同的样貌，只是没有人愿意承认。

上层阶级及下层阶级都跟中产阶级一样，喜欢自认拥有中产阶级的惯习。显然这个惯习在每个阶层中都是最理想的：在极端高雅和极端低俗之间，无过也无不及的适中，就像亚里士多德德行论中所提倡的，也正如需要选票支持的政治人物最喜欢的自我主张。就这样，真正重要的观点消失在台面之下，不再有人提起。

中产阶级惯习适用范围广泛，但也不是每个地方都可行。

想出人头地，并突破上层阶级的门槛，必须采取的思考及行动策略，与目前所在环境中被视为卓越的策略不尽相同。如果只是抱着已经习惯的行为方式继续精进，只会在原地打转，持续耗损，撞得头破血流仍无法突破天花板。

企图心强的人必须大量改变惯习。拥有越充裕的知识、金钱、文化、社交、语言、身体和精神这七大资本，就越容易改变惯习。为了适应新环境，必须收敛旧习，认识新环境的规矩，并在生活中实践。只不过，大部分的人不仅对自己深陷的个人惯习浑然无知，也对其他社会环境有不同惯习的事实毫无所知。

以下九组词汇可阐明中间阶层和上层社会的差异：
晋升与前进
追求成就与成就优势
干练与从容
自我营销与自信
不拘小节与熟谙礼仪
优胜劣败与匹配
可预测性与创造力

广结人脉与深耕关系

抓住眼前机会与放眼远大目标

何者对你比较重要,端看你目前的位置:如果你刚踏入社会,并且从基层做起,那么就先以中产阶层的价值观为导向;如果已经是中层经理,并一步步朝着上层前进,那么就应逐渐将顶级联盟的规矩放在心上。

晋升与前进:"阶级晋升者"这一词听起来就像标签,作家丹妮拉·德洛舍(Daniela Dröscher)如此叙述自己的看法:"我不喜欢这个词,因为它带着'自吹自擂'的味道。"但问题是,如果不是出生在自己希望的环境,就无法避免通过晋升来到新环境。或许前进是比较好的词?或者起飞?不管怎么说,"阶级晋升"这个词所带有的不好联想,如炫耀自己认识名人、待价而沽、自以为是,或者对其他阶层的忌妒,或许可以因为选用另一个词而消失。

当你前进至中层阶级时,你需尽可能争取大量的专业、方法论,以及文化教育。

当你站在最高层的门槛前时,你需成为个人专业领域中第一名、最优秀的人选,占有领先群雄的头位。

追求成就与成就优势:无论在中层或上层,成就都是核心命题,只是两者表达方式不一样。身处中层的人努力追求并展现成就,有时甚至必须为此付出重大的代价。身处高层的人成就与财产一样丰厚,个人卓越的能力及成绩不再受到质疑。到了这个层级、收入、邀请和荣誉已经足够顶级并炫目，成就及能力因此退居于幕后，成为理所当然的必备条件。在这一点上，无论是白手起家或继承家产的百万富翁都一样，并无差别。

当你前进至中层时，你需追求并展现成就。

当你站在最高层的门槛前，你需树立标准，并朝着新目标前进。

干练与从容：身体会显现出一个人的社会地位。一个人是否自信、是否在周遭环境里如鱼得水，这些都能一眼看出。判断一个人是否安然在位，最明显的指标就是从容的神态和说话语调，这也是中层及高层人士之间最明显的区别。在中层人士明显还有证明自己能力的压力时，高层人士已摆脱这些日常琐事及不顺心。他们行事更加自由，不太在意别人的看法，其行为表现就像只黑豹——随心、恣意且优雅，但如果需要，也能随时敏捷地一跃而起。

当你前进至中层，你需以中场休息及轻松的态度防止匆忙、紧张及过分热衷。

当你站在最高层的门槛前，你需让自己与他人笼罩在从容及认同的氛围之中。

自我营销与自信：在人数众多的中层社会当只灰色小老鼠是不会有机会的。自我营销是成功的关键：提高市场价值，报告项目进度，吸引他人的注目，遥遥领先竞争对手。但在相对保守的上层社会，人们凭仗的是良好声望，享受低调的奢侈。他们自我嘲讽、毫不抢眼的轻描淡写、和蔼可亲且慷慨大方，并在必要时表现出一副几可乱真的轻松神态。这种区别的背后逻辑是——身处顶尖阶层的人已经不必再力争上游了，在这里重要的是参与谈话、被人发现与接受委任。

当你前进至中层时，你需应征，并推销自己。

当你站在最高层的门槛前时，你需接受委任，不想、也不必再证明自己。

不拘小节与熟谙礼仪：中层阶级的品位较实用、必要及注重功能取向。行为举止力求理性，语言表达则是直接明确。当然有时也需要穿西装打领带，但不再讲究多余的礼仪形式。高层社会有不一样的生活风格，礼仪形式及高雅的举止将他们与一般人区隔开来。这种差异也表现在各种生活领域里，例如他们注重养生的饮食、充满外交辞令的语言、欣赏高雅文化及优雅的行为举止。这种对格调的要求使他们能在各种社交场合如鱼得水，但对不熟悉这种文化的中层阶级而言，常会出现不安，甚至厌恶的情绪。

当你前进至中层时，你需掌握适当的行为举止、语言和服装规范。

当你站在最高层的门槛前时，你重视美感、礼仪形式，欣赏高雅文化，以及慎言，避免平庸和笨拙。

优胜劣败与匹配：人才的挑选取决于几个标准：高素质、无违法之虞，还有就是最适合这个职位。一直到中阶主管，职位大约都是依循这样的标准，但到了高阶职位就出现其他的游戏规则。对顶级经理人的专业及人格当然也有很高的要求，但最后决定胜出的关键却是匹配度，例如有共同的兴趣、从容的表现、对行事方法及成功因素有相近的理解，以及直觉上的合拍。至于哪种选择标准比较容易找到真正合适的人，至今尚无定论。但对应征者而言，必须准备好让自己成为对方最好的选择。因此，只有熟习顶级联盟惯习的人，才能掌握真正的通关密码：

成为最佳人选的关键，就是给对方彼此互相匹配的感觉。

当你前进至中层时，你需真正有能力。

当你站在最高层的门槛前时，你需给对方看对眼的感觉。

可预测性与创造力：中产阶级的权力有限，因此出人头地的意愿及降级的恐惧，左右了他们对生活的态度。为了避免错误、失败与不公平，中产阶级非常注意标准、规范、细节、分析，以及透明度。虽然许多人从事满意的工作，但身为受雇阶级还是具有相当程度的依赖性。因此，安全感与缓冲空间对他们的人生规划来说至关重要。这种行为方式虽然可以避免错误和倒退，但也会妨碍对成功的追求。上层社会因为资源充沛，思考较为自由，不必因匮乏而被迫行事，故也更容易超越限制。

从他们的角度来看，中产阶层的想法显得有些像控制狂，经常犹豫不决，并且在道德上太过古板。

当你前进至中层时，你需进行理性决策，以质量及注重细节说服人，并培养慷慨的气度。

当你站在最高层的门槛前时，你需凭直觉做出决定，掌握复杂性，有综观全局的能力。

广结人脉与深耕关系：多参与社交闲聊，加入社交软件群组，出席见面会等公关活动。中层阶级的人都知道，独自待在小房间里无法有什么职业发展，建立人际网络也会使日子过得轻松一些。人际网络的建立大多是同产业、同专业领域，或是同社区的邻居，大家的成就都差不多。在这一阶层，私人及职业领域通常分成两个不同的世界。到了上层阶级，人际关系更为多样，交织愈为繁复，也更加国际化。出版人、星级厨师、能源公司执行长、国务秘书或莱布尼茨奖得主都是社群的一部分，他们互相交流，彼此合作，一起参加庆典，以及庆祝彼此的成就。职业及社交生活交织在一起，发展出来的人际关系彼此亲厚，绝对不是单纯的利害关系而已。

当你前进至中层时，你需寻找人生导师并建立人际网络。

当你站在最高层的门槛前时，你需融入顶级联盟并深耕关系。

抓住眼前机会与放眼远大目标：今日对中间阶层的人而言，通往上层社会的渠道越来越开放。在线互动课程让人有机会进入全球最顶尖的大学；高尔夫球俱乐部也推出九十九欧元的入门课程，让普通人迅速了解高尔夫球的基本技巧，以及进入俱乐部的基本礼仪规则；美术馆提供各种导览及专题讨论引起大家对文化的兴趣；一位教授出其不意地提出可以当他博士生的建议。若能抓紧这些机会，找到通往顶级联盟的渠道似乎就不是那么困难了。只是，就像《兔子和刺猬》的童话，中层阶级与上层阶级是在不同层次上活动，要认识精英，不可能是在网络上，而是要与精英对面的实际交流。当求知欲旺盛的中层阶级还在努力弄懂油画及蛋彩画的差别时，精通艺术的富人们已经开始搜集那些尚未被市场发掘的画作了。

当你前进至中层时，你需抓住机会，就算觉得还没准备好。

当你站在最高层的门槛前时，你需辨识机会，并为长远目标做好准备。

无论你现在处在哪个阶段，也不管你追求什么样的目标，都可以加速提升个人的社会地位。想重新塑造个人惯习，无论什么时间、不管哪个阶段都可以着手进行。或许你是家族中首位上大学的人，或许你刚进入新的产业，在那里，人是否对味与解决方案是否优雅一样重要；或者你正朝着顶端前进，却觉得缺少了什么；或者你正在与最优秀人才交手，发现原来人格发展是不能停下来的。无论你关心什么，或者企图心有多大，祝你能达到自己所能达到的最高目标。

致　谢

写书的过程，有时就像守门员在十二码罚球时那样孤独。

我期待这本书能为读者提供另外的动力，也因此赢得八位杰出同事对这本书的鼓励与支援。作为访谈对象，他们提供机会让我与读者了解他们的才智；作为灵感提供者，他们的知识丰富了这本书，就像所有能促进自我发展的惯习一样，他们为这本书创造出一种能激励读者，感动读者，引人注目的氛围，并成为读者的榜样。

感谢马提亚斯·克斯勒博士、雷纳·齐特尔曼博士、多萝西亚·亚希斯和多萝媞·埃西特、马蒂亚斯·霍克斯、凯萨琳娜·斯塔雷、简·绍曼，以及艾娃·弗德列克博士。他们在自己的工作外，花费时间关注并帮助这本书完成，这本他们一开始只知道书名的书。

参考书目

Asserate, Asfa-Wossen. Manieren. Dtv 2003.

Assig, Dorothea; Echter, Dorothee. Ambition. Wie große Karrieren gelingen. Campus 2012.

Assig, Dorothea; Echter, Dorothee. Freiheit für Manager. Wie Kontrollwahn den Unternehmenserfolg verhindert. Campus 2018.

Bourdieu, Pierre. Die feinen Unterschiede. Kritik der gesellschaftlichen Urteilskraft. Suhrkamp taschenbuch wissenschaft. 1. Auflage 1987,26. Auflage 2018.

Bundeszentrale für politische Bildung. Oben – Mitte – Unten. Zur Vermessung der Gesellschaft. Aus Politik und Zeitgeschichte (APuZ), Band 1576. Bonn 2015.

Brooks, David. Bobos in Paradise: The New Upper Class and How They Got There. Simon & Schuster 2001.

Currid-Halkett, Elizabeth. Sum of Small Things: A Theory of the Aspiratio- nal Class. Princeton University Press 2017.

DeAngelis, Tori. Class differences. American Psychological Association. February 2015, Vol 46, No. 2. Seite 62 ff.

Dossier: Brauchen wir Eliten? Philosophie Magazin, Nr. 06/2018. Seite 43–63 Dröscher, Daniela. Zeige deine Klasse. Die Geschichte meiner sozialen Herkunft. Hoffmann und Campe 2018.

El-Mafaalani, Aladin. BildungsaufsteigerInnen aus benachteiligten Milieus. Habitustransformation und soziale Mobilität bei Einheimischen und Türkeistämmigen. VS Verlag für Sozialwissenschaften 2012.

Eribon, Didier. Gesellschaft als Urteil: Klassen, Identitäten, Wege. edition suhrkamp 7330. Suhrkamp Verlag 2017.

Friedrichs, Julia. Gestatten: Elite: Auf den Spuren der Mächtigen von morgen. Piper Taschenbuch 2017.

Hahn, Ulla. Das verborgene Wort. Deutsche Verlags-Anstalt 2001. Hahn, Ulla. Aufbruch. Deutsche Verlags-Anstalt 2009.

Hank, Rainer. Erfolg durch Zufall? Der Leistungsmythos. Frankfurter Allgemeine Zeitung, 10. Juli 2016. Online verfügbar unter: http://www.faz. net/aktuell/wirtschaft/arm-und-reich/erfolg-durch-zufall-der-leistungsmythos-14333152.html (abgerufen am 31. Oktober 2018)

Hanley, Lynsey. Respectable. The Experience of Class. Penguin, 2016. Hecht, Martin. Das große Jagen. Auf der Suche nach dem erfolgreichen Leben. Deutscher Taschenbuchverlag 2004.

Hradil, Stefan. Soziale Schichtung. Bundeszentrale für politische Bildung, 31. Mai 2012. Online verfügbar unter: http://www.bpb.de/politik/grund-fragen/deutsche-verhaeltnisse-eine-sozialkunde/138439/soziale-schich- tung (abgerufen am 31. Oktober 2018)

Hartmann, Michael. Die Abgehobenen. Wie die Eliten die Demokratie gefährden. Campus 2018.

Kestler, Matthias. Besetzung von Spitzenpositionen. Warum Sie immer die falschen Manager bekommen. Wirtschaftswoche, 23. März 2017.

Kestler, Matthias. Wanted. Headhunter, Unternehmen und die knifflige Suche nach den idealen Kandidaten. Campus 2018.

Kwan, Kevin. Crazy Rich Asians. Corvus 2013.

Lee, E. M., & Kramer, R. (2013). Out with the Old, In with the New? Habitus and Social Mobility at Selective Colleges. Sociology of Education, 86(1), 18–35. Online verfügbar unter: https://doi.

org/10.1177/0038040712445519 (abgerufen am 31. Oktober 2018)

Martin, Wednesday. The Primates of Park Avenue. A Memoir. Simon & Schuster 2016.

Märtin, Doris. Die ungeschriebenen Erfolgscodes der Eliten. Der große Knigge Juni 2016. Seite 35 – 50.

Payne, Ruby; Krabill, Don L. Hidden Rules of Class at Work. Why you don't get promoted. aha! Process, Inc. 2016.

Reitz, Michael. Das Denken Pierre Bourdieus im 21. Jahrhundert. Noch feinere Unterschiede? Deutschlandfunk, 26.11.2017. Online verfügbar unter: https://www.deutschlandfunk.de/das-denken-pierre-bourdieus-im-21-jahrhundert-noch-feinere.1184.de.html?dram:article_id=398990 (abgerufen am 31. Oktober 2018)

SINUS Markt und Sozialforschung GmbH. Informationen zu den Sinus Milieus® 2018. Heidelberg/Berlin 2018. Online verfügbar unter: https://www.sinus-institut.de/veroeffentlichungen/downloads/ (abgerufen am 31. Oktober 2018)

Starlay, Katharina. Stilgeheimnisse. Frankfurter Allgemeine Buch, 4. Auflage: 2016

Todd, Richard. Who me, rich? Worth, September 1997. Seite 70–84.

Wlodarek, Eva. Vertage nicht dein Glück, ändere dein Leben. Herder 2018.

Zitelmann, Rainer. Die Psychologie der Superreichen. Das verborgene Wissen der Vermögenselite. FinanzBuch Verlag 2017.

Ungleichland - Wie aus Reichtum Macht wird. Was Deutschland bewegt (2/6). Ein Film von Julia Friedrichs, Fabienne Hurst, Andreas Spinrath und Michael Schmitt. Das Erste 7. Mai 2018. 20:15–21:00 Uhr. 45 Min

图书在版编目（CIP）数据

惯习 /（德）多丽丝·马丁著；刘于怡译. — 广州：广东人民出版社，2025.8. — ISBN 978-7-218-18617-7

Ⅰ.C91-49

中国国家版本馆 CIP 数据核字第 2025822DU4 号

广东省著作权合同登记图字：19-2025-136 号

Habitus: Sind Sie bereit für den Sprung nach ganz oben?
© 2019 Campus Verlag GmbH, Frankfurt am Main
Simplified Chinese Translation Copyright © 2025 by Beijing ZITO Books Co., Ltd.
through Andrew Nurnberg Associates Limited

GUANXI

惯习

[德] 多丽丝·马丁 著　刘于怡 译

版权所有　翻印必究

出 版 人：肖风华
责任编辑：钱飞遥　李　娜
产品经理：李　娜
责任技编：吴彦斌
监　　制：黄　利　万　夏
营销支持：曹莉丽
特约编辑：曹莉丽
版权支持：王福娇
装帧设计：紫图图书 ZITO®

出版发行：广东人民出版社
地　　址：广东省广州市越秀区大沙头四马路10号（邮政编码：510199）
电　　话：（020）85716809（总编室）
传　　真：（020）83289585
网　　址：https://www.gdpph.com
印　　刷：艺堂印刷（天津）有限公司
开　　本：880mm×1230mm　1/32
印　　张：10　字　数：349千
版　　次：2025年8月第1版
印　　次：2025年8月第1次印刷
定　　价：55.00元

如发现印装质量问题，影响阅读，请与出版社（020-85716849）联系调换。
售书热线：（020）87716172